普通高等教育车辆工程专业"新工科"建设系列教材

Zhineng Qiche Cekong Jishu
智能汽车测控技术

赵祥模　汪贵平　李　立　关丽敏　编著

张　毅　主审

人民交通出版社股份有限公司

北京

内 容 提 要

本书是"普通高等教育车辆工程专业'新工科'建设系列教材"之一。本书编写的主要目的是扩大学生视野,了解智能汽车发展新理论、新方法和新技术,使学生掌握智能汽车测控技术的基本原理,服务于社会经济发展对跨学科交叉创新人才培养的要求。

本书所涉及内容是作为智能汽车工程师必须掌握的知识和技能,其主要内容包括智能汽车的基本知识、总体架构、先进传感器、常用检测识别算法、先进辅助系统、高精度地图、高精度定位系统、智能控制理论、路径规划和智能汽车测试技术等。本书自成体系,十分注重实用性和可操作性,充分考虑各专业学生的知识现状,力求简洁实用、通俗易懂、图文并茂,便于学生自学。

本书可作为高等院校车辆工程、自动化、计算机等专业高年级本科生的专业方向教材,也可作为智能汽车方向研究生教材,以及相关行业技术人员学习智能汽车测控技术的入门参考书。

图书在版编目(CIP)数据

智能汽车测控技术/赵祥模等编著. —北京:人民交通出版社股份有限公司,2022.6
ISBN 978-7-114-17912-9

Ⅰ.①智… Ⅱ.①赵… Ⅲ.①智能控制—汽车—教材 Ⅳ.①U46

中国版本图书馆 CIP 数据核字(2022)第 062668 号

书　　　名:	智能汽车测控技术
著 作 者:	赵祥模　汪贵平　李　立　关丽敏
责任编辑:	钟　伟
责任校对:	孙国靖　卢　弦
责任印制:	刘高彤
出版发行:	人民交通出版社股份有限公司
地　　　址:	(100011)北京市朝阳区安定门外外馆斜街 3 号
网　　　址:	http://www.ccpcl.com.cn
销售电话:	(010)59757973
总 经 销:	人民交通出版社股份有限公司发行部
经　　　销:	各地新华书店
印　　　刷:	北京市密东印刷有限公司
开　　　本:	787×1092　1/16
印　　　张:	16.5
字　　　数:	389 千
版　　　次:	2022 年 6 月　第 1 版
印　　　次:	2022 年 6 月　第 1 次印刷
书　　　号:	ISBN 978-7-114-17912-9
定　　　价:	48.00 元

(有印刷、装订质量问题的图书由本公司负责调换)

普通高等教育车辆工程专业"新工科"建设系列教材

编 委 会

主　任

赵祥模(长安大学)

副主任(按姓名拼音顺序)

陈　南(东南大学)	高振海(吉林大学)	郭应时(长安大学)
黄　彪(北京理工大学)	刘　杰(湖南大学)	吴光强(同济大学)

委　员(按姓名拼音顺序)

曹立波(湖南大学)	冯崇毅(东南大学)	龚金科(湖南大学)
郭伟伟(北方工业大学)	韩英淳(吉林大学)	胡兴军(吉林大学)
黄　江(重庆理工大学)	黄韶炯(中国农业大学)	李　凡(湖南大学)
李志恒(清华大学)	刘晶郁(长安大学)	鲁植雄(南京农业大学)
栾志强(中国农业大学)	史文库(吉林大学)	谭继锦(合肥工业大学)
谭堃元(北方工业大学)	汪贵平(长安大学)	王　方(长沙理工大学)
吴志成(北京理工大学)	谢小平(湖南大学)	杨　林(北京理工大学)
姚为民(吉林大学)	于海洋(北京航空航天大学)	张　凯(清华大学)
张志沛(长沙理工大学)	周淑渊(泛亚汽车技术中心)	左曙光(同济大学)

前言

19世纪末,世界上最发达的国家英国,其首都伦敦普遍采用马车作为日常交通工具,当时《泰晤士报》预测,在接下来的50年里,伦敦将被高达9英尺的马粪所淹没,并很可能导致严重的疾病传播,葬送城市文明。然而到了20世纪初,在内燃机技术的发展引领下,汽车的出现淘汰了马车,所谓的"马粪危机"迎刃而解。可见:跨行业的颠覆性技术威力是多么强大!时至今日,汽车已经成为走进千家万户的日常消费品,但是汽车出行所带来的交通拥堵、行车安全、能源消耗和环境污染等新问题成为长期困扰世界各国政府和人民的顽疾。

时至今日,我国已经发展成为世界最大的汽车生产国和消费国,我国的汽车工业体系和技术研发实力也由弱到强,在以电动化为代表的新汽车技术革命中实现了从跟跑到并跑的快速发展。作为下一轮引领汽车产业发展的跨行业颠覆性技术,智能科学技术与传统汽车工程交叉融合产生的智能汽车将会为汽车产业链带来新的变革。据预测,到2025年全球各类型智能汽车数量将接近7400万辆,而我国的智能汽车数量将达到2800万辆,我国将成为全球最大的智能汽车市场。届时,汽车不再仅仅是代步工具,还是提供众多服务,连接技术与场景的移动终端和移动生活空间。也许在未来某一天,大家只能在专用场地才能享受手动驾驶汽车的乐趣了。

随着我国深入推进汽车强国、交通强国建设,汽车交通产业的智能化转型升级需要更多相关专业的高水平人才的智力支撑。本书作者具有多年智能汽车领域的教学和科研经验,近年来越发深刻感受到这一领域教学用书亟待补强。为了帮助学生了解具有蓬勃发展前景的智能汽车的基本构成和工作原理,本书作者多次参加学术会议和教学讨论会,从教学目的、课程设置、课时分配、教学内容、授课方式、案例选择和考核方式等方面综合考虑,历经三年多时间逐步形成以下教材编写指导思想:

(1)本书应重点突出,内容紧密围绕智能汽车测控技术展开,并确保图文并茂,具有较强可读性。

(2)本书应充分考虑机电类不同专业学生的知识构成,保持与本科专业课程教学内容的有效链接,在教材内容上有所取舍,以智能汽车相关基础知识为主,并在智能汽车的新理论、新方法和新技术方面保持合理的深度。

(3)本书应多安排典型案例教学,通过从做中学、从学中做,使学生从元件、部件和系统三个层次了解智能汽车的基本知识和实用技术,激发学生的学习和研究热情。

本书由赵祥模、汪贵平、李立和关丽敏共同编写,具体分工为:赵祥模负责第一、二、七章编写,汪贵平负责第四、五章编写,李立负责第八、九、十章编写,关丽敏负责第三、六章编写,李立负责全书统稿。多位课题组研究生协助完成了资料收集整理、插图绘制、实验和仿真案例调试工作。

本书得到了国家重点研发计划项目《车路协同环境下车辆群体智能控制理论与测试验证》(项目编号:2018YFB1600600)的资助,项目负责人清华大学张毅教授在本书初稿形成和完善过程中给予了大量指导和帮助。长安大学徐志刚教授、雷旭教授级高工、闵海根副教授和王润民高级工程师也提出了不少宝贵的意见和建议。本书初稿作为课程讲义先后在长安大学2018—2020级三届研究生选修课上试用,取得了良好的教学效果,同学们对讲义的使用反馈意见也成为进一步完善本书初稿的依据。在编写过程中,作者得到了所在单位长安大学的领导和同事的大力支持和帮助,在此对他们以及本书编写所参考的文献资料作者一并表示诚挚的感谢。

本书虽然经过反复讨论、试用和修改,但由于作者水平有限,加之智能汽车测控技术发展迅猛,书中难免有错误和不妥之处,敬请批评指正。相关意见和建议请发送至xmzhao@chd.edu.cn 或 gpwang@chd.edu.cn。

赵祥模

2022 年 1 月 20 日

目录 Contents

第一章 绪论	1
第一节 智能、人工智能和智能汽车	1
第二节 智能汽车的发展历程	2
第三节 智能汽车分级标准	4
第四节 智能网联交通系统	10
本章小结	12
第二章 智能汽车总体架构	13
第一节 智能汽车构成及工作原理	13
第二节 智能汽车体系结构	19
第三节 智能汽车产业链	23
第四节 智能汽车标准体系	27
第五节 智能汽车开发平台	29
本章小结	41
第三章 先进传感器技术	42
第一节 汽车传感器概述	42
第二节 超声波传感器	46
第三节 激光雷达	51
第四节 毫米波雷达	60
第五节 视觉传感器	70
本章小结	75
第四章 环境感知识别技术	76
第一节 环境感知的主要内容	76
第二节 数据集	79
第三节 常用检测识别方法	81
本章小结	101
第五章 先进驾驶辅助系统	102
第一节 ADAS 的基本概念	102
第二节 自适应巡航控制系统	106
第三节 智能泊车辅助系统	112
第四节 前向碰撞预警系统	115

第五节　自动紧急制动系统 ··· 123
　　本章小结 ··· 134
第六章　高精度地图 ·· 135
　　第一节　高精地图概述 ·· 135
　　第二节　高精地图技术 ·· 137
　　第三节　高精地图的制作与更新 ·· 142
　　第四节　高精地图的应用 ··· 146
　　第五节　高精地图案例 ·· 148
　　本章小结 ··· 154
第七章　高精度定位系统 ··· 155
　　第一节　全球导航卫星系统 ··· 155
　　第二节　惯性导航定位技术 ··· 161
　　第三节　多传感器融合定位 ··· 165
　　第四节　无线定位技术 ·· 168
　　第五节　高精度定位系统应用实例 ·· 174
　　本章小结 ··· 183
第八章　智能汽车运动控制 ··· 184
　　第一节　底盘线控系统 ·· 184
　　第二节　控制理论 ··· 189
　　第三节　车辆运动控制 ·· 200
　　第四节　运动控制算法实例 ··· 203
　　本章小结 ··· 210
第九章　智能汽车路径规划 ··· 211
　　第一节　基本概念 ··· 211
　　第二节　路径规划算法分类 ··· 214
　　第三节　静态环境地图构建 ··· 215
　　第四节　基于图搜索的路径规划 ·· 217
　　第五节　基于采样的路径规划 ··· 222
　　第六节　基于人工智能的路径规划 ·· 226
　　本章小结 ··· 230
第十章　智能汽车测试技术 ··· 231
　　第一节　测试评价目的及测试分类 ·· 231
　　第二节　测试场景设计 ·· 233
　　第三节　实验室测试 ·· 237
　　第四节　封闭试验场地测试 ··· 243
　　本章小结 ··· 251
参考文献 ··· 252

第一章 绪 论

本章主要介绍智能汽车的基本概念、发展历程、分级标准和智能汽车运用必不可少的智能网联交通系统。

第一节 智能、人工智能和智能汽车

一、智能和人工智能

智能(Intelligence)是智力和能力的总称。其中,"智"指进行认识活动的某些心理特点,"能"则指进行实际活动的某些心理特点。中国古代思想家一般把智与能看作是两个相对独立的概念。《荀子·正名篇》中提到:"所以知之在人者谓之知,知有所合谓之智。所以能之在人者谓之能,能有所合谓之能。"可以看出,合是关键!其中"合"表示整合、结合和综合的意思。可以将上句话简化为:学有所合谓之智,干有所合谓之能。也有不少思想家把"智"和"能"结合起来作为一个整体看待。《论衡·实知篇》中提到:"故智能之士,不学不成,不问不知。""人才有高下,知物由学,学之乃知,不问不识。"作者把"人才"和"智能之士"相提并论,认为人才就是具有一定智能水平的人,其实质就在于把智与能结合起来作为考察人的标准。根据霍华德·加德纳的多元智能理论,人类的智能可以分成语言能力、数学逻辑、空间想象、身体运动、音乐欣赏、人际关系、自我认知和自然认知。

人工智能(Artificial Intelligence,AI)是研究、开发用于模拟、延伸和扩展人的智能的理论、方法、技术及应用系统的一门新的技术科学。尼尔逊教授定义:"人工智能是关于知识的学科——怎样表示知识以及怎样获得知识并使用知识的科学。"美国麻省理工学院的温斯顿教授定义:"人工智能就是研究如何使计算机去做过去只有人才能做的智能工作。"这些说法反映了人工智能学科的基本思想和基本内容。即人工智能是通过研究人类智能活动的规律,构造具有一定智能的人工系统,研究如何让计算机去完成以往需要人的智力才能胜任的工作,也就是研究如何应用计算机的软硬件来模拟人类某些智能行为的基本理论、方法和技术,被认为是21世纪三大尖端技术(基因工程、纳米科学、人工智能)之一。

计算机是用来研究和实现人工智能技术的主要物质基础,人工智能的发展历史与计算机科学技术的发展史紧密相连。除了计算机科学以外,人工智能还涉及信息论、控制论、自动化、仿生学、生物学、心理学、数理逻辑、语言学、医学和哲学等多门学科。在我国教育部发布的学科分类体系中,人工智能原来是计算机科学的一个分支,现在已经独立为一个一级学科。人工智能学科研究的主要内容包括:知识表示、自动推理和搜索方法、机器学习和知识获取、知识处理系统、自然语言理解、计算机视觉、智能机器人、自动程序设计等方面。

二、智能机器人和智能汽车

具有类人感知、思考和行为功能的机器称为智能机器人。智能机器人之所以智能,主要是因为它有相当发达的"大脑"。尽管智能机器人的外观可能各不相同,但其电子控制系统都可以指挥机器人按设定目标动作。智能机器人按用途至少可分为如下几种:

(1)工业机器人,如弧焊机器人、喷涂机器人和装配机器人等。

(2)服务机器人,如扫地机器人、消防救援机器人、手术机器人、智能型公共服务机器人和智能护理机器人等。

(3)移动机器人,如重载自动导引车辆(Automated Guided Vehicle,AGV)、激光叉车AGV和轮式机器人等。

随着技术的进步,智能机器人的种类将呈井喷式发展,在各行各业中得到广泛应用。按照智能机器人的分类,智能汽车属于轮式机器人的一种。

从车辆工程角度来看,智能汽车是在普通汽车上增加雷达、摄像头等先进的传感器、控制器、执行器等装置,通过车载传感系统和信息终端实现与人、车、路等的智能信息交换,使车辆具备智能的环境感知能力,能够自动分析车辆行驶的安全或危险状态,并使车辆按照人的意愿到达目的地,最终实现替代人为操作的目的。

第二节 智能汽车的发展历程

传统的汽车技术变革是以逐步升级和改良的方式进行的。但是人工智能等技术的跨界介入,具有颠覆性。为汽车产业带来革命性变化,也会对社会发展带来重大影响。

一、汽车工业的发展历史

汽车工业经历了漫长的萌芽和发育,如图1-1所示,1886年汽车诞生在欧洲。福特公司于1913年创建了世界上第一条汽车装配生产流水线,并开始大规模生产,使汽车得到了普及并逐渐实现平民化。20世纪50年代,我国的汽车工业开始起步。1958年5月,长春第一汽车制造厂自行研制生产了第一辆红旗牌轿车。虽然我国起步较晚,但在新能源汽车等领域以较快速度赶上了世界发展潮流,并有望在智能汽车发展进程中发挥引领作用。可以看出,汽车工业的发展历史是随核心技术的更新换代层层演进的。

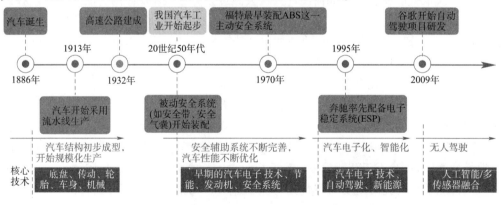

图1-1 汽车工业发展历程

二、国外智能汽车的发展历史

国外在智能驾驶技术的研究方面起步较早,已经论证了技术的可行性并进行了实际道路测试,典型的研究代表如美国卡耐基梅隆大学的 NavLab-5 与 Boss 智能车、谷歌公司的 Google Driverless Car、意大利帕尔马大学的 The ARGO Vehicle、德国联邦国防军大学的 VaMP 智能驾驶系统等。国外自动驾驶的发展历程如图1-2所示。

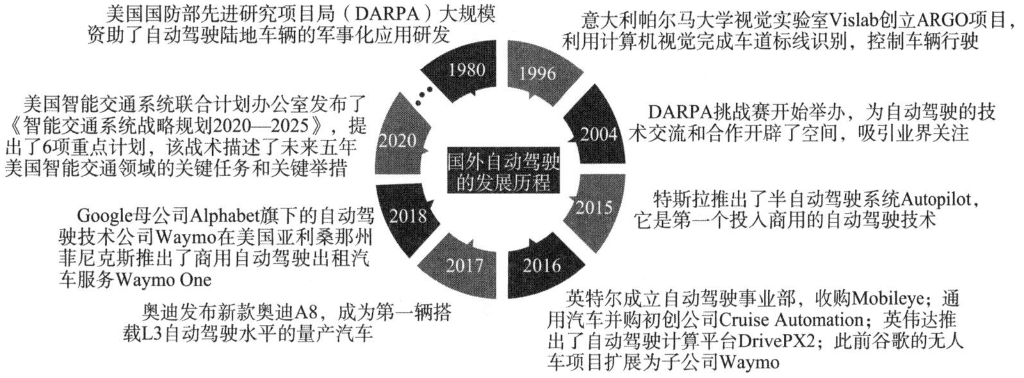

图1-2 国外自动驾驶的发展历程

- **1980**：美国国防部先进研究项目局（DARPA）大规模资助了自动驾驶陆地车辆的军事化应用研发
- **1996**：意大利帕尔马大学视觉实验室Vislab创立ARGO项目,利用计算机视觉完成车道标线识别,控制车辆行驶
- **2004**：DARPA挑战赛开始举办,为自动驾驶的技术交流和合作开辟了空间,吸引业界关注
- **2015**：特斯拉推出了半自动驾驶系统Autopilot,它是第一个投入商用的自动驾驶技术
- **2016**：英特尔成立自动驾驶事业部,收购Mobileye;通用汽车并购初创公司Cruise Automation;英伟达推出了自动驾驶计算平台DrivePX2;此前谷歌的无人车项目扩展为子公司Waymo
- **2017**：奥迪发布新款奥迪A8,成为第一辆搭载L3自动驾驶水平的量产汽车
- **2018**：Google母公司Alphabet旗下的自动驾驶技术公司Waymo在美国亚利桑那州菲尼克斯推出了商用自动驾驶出租汽车服务Waymo One
- **2020**：美国智能交通系统联合计划办公室发布了《智能交通系统战略规划2020—2025》,提出了6项重点计划,该战略描述了未来五年美国智能交通领域的关键任务和关键举措

20世纪80年代初,美国开始自动驾驶技术的军事化应用。80年代中期,欧洲开始研发自动驾驶车辆,主要强调的是单车自动化和智能化的研究,日本略晚于欧洲和美国,主要关注于采用智能安全系统来降低事故发生率以及采用车间通信方式辅助驾驶。

自动驾驶研发初期,欧洲、美国和日本的特点为"产、学、研"相结合,开发测试了不同程度自动化、智能化的车辆。进入21世纪,美国的DARPA挑战赛为自动驾驶的技术交流和合作开辟了空间,激发了相关从业者的研发热情。

当前,自动驾驶和车路协同技术成为世界各国关注的焦点,美国率先将其作为国家发展战略,从政府监管到市场主导转变,着重推动单车智能技术研发应用,从封闭测试到开放测试到多模式多场景运营示范。同时,美国交通部在纽约州、佛罗里达州、怀俄明州三个地区试点车路协同技术应用,推进整个车联网产业发展。

随着自动驾驶技术的快速发展,为使自动驾驶技术在合法的监管环境下发展,2019年3月8日,日本政府通过了《道路车辆运输法》修正案、《道路交通法》修正案,对自动驾驶汽车的管理进行了相关规定。欧盟层面积极协调推进产业发展,2015年提出GEAR2030战略,重点推进高度自动化和网联化驾驶领域合作;2018年发布《自动驾驶路线图:欧盟未来的驾驶战略》,计划在2030年实现完全自动驾驶的社会。

三、国内智能汽车的发展历史

高精尖科技往往发端于学术研究。自20世纪90年代起,国内各高校和研究机构已经陆续开展自动驾驶的研发工作,推出多个测试车型。自1991年我国"八五"计划开始,自动驾驶进入我国国防重点科研项目。2003年,一汽集团与国防科技大学联合研制了具备自动驾驶技术的红旗轿车。2009年以来,国家自然科学基金委员会举办"中国智能车未来挑战赛",吸引多个高校和研究机构参与,为自动驾驶技术的交流和发展起到了良好的促进作用,在此期间,一汽、北汽等传统车企也逐步布局。国务院在2015年发布《中国制造2025》,无人驾驶成为汽车产业转型升级的重要方向之一。2021年8月,《汽车驾驶自动化分级》推荐性国家标准发布,规定了汽车驾驶自动化功能的分级,于2022年3月1日正式实施。国内自动驾驶发展历程如图1-3所示。

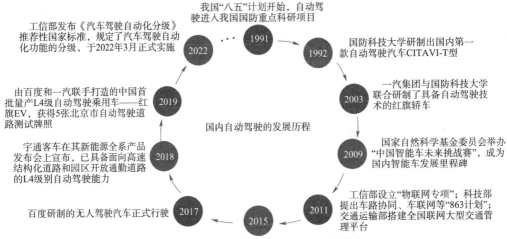

图 1-3　国内自动驾驶的发展历程

如今,互联网科技巨头、大型传统车企、技术型创业公司纷纷抓住产业升级机会,切入自动驾驶领域,对于自动驾驶技术的发展和大规模应用落地而言,国家标准的出台是关键的前置条件,明确的分级标准将有助于促进各类自动驾驶汽车的量产与落地进程。

2019 年 9 月 7 日,交通运输部、工信部联合认定,上海临港智能网联汽车研究中心有限公司、江苏中质智通检测技术有限公司、湖北襄阳达安汽车检测中心有限公司所属自动驾驶测试基地为智能汽车自动驾驶封闭场地测试基地。此次联合认定测试基地,有利于实现制造与使用的有机衔接,有利于在保障安全的前提下促进自动驾驶技术健康发展。

第三节　智能汽车分级标准

智能汽车多种多样,其名称及含义也略有不同,在使用时应根据分级标准确定。

一、SAE 分级标准

智能汽车和自动驾驶紧密相连。2013 年,美国交通部下属的国家公路交通安全管理局(National Highway Traffic Safety Administration,NHTSA)率先发布了自动驾驶汽车的分级标准,并对所分的 4 个等级进行了定义。2014 年,国际汽车工程师学会(International Society of Automotive Engineers,SAE)制定了一套自动驾驶汽车分级标准《标准道路机动车驾驶自动化系统分类与定义》(SAE J3016),其对汽车自动化的描述分为 5 个等级。

两种分级标准都特别强调:传统汽车无自动驾驶功能。只有自动驾驶汽车才具备分级的资格。两种分级标准较为相似,NHTSA 分级标准语言简练,SAE 参照了不同公司在自动驾驶研究上的发展趋势且发布较晚,更加具体完整。SAE 将 NHTSA 的第 4 级分解为 SAE 的第 4 级和第 5 级。从某种意义上来说,SAE 所定义的 L5 级自动驾驶汽车是智能汽车的最高境界,是理想目标。

SAE 分级标准影响力巨大,但随着技术进步也显示出其不足。SAE J3016 先后于 2016 年 9 月和 2018 年 6 月进行了两次更新。2018 年最新修订版 SAE J3016 细化了每个分级的描述,见表 1-1。

SAE自动驾驶定义和等级划分　　　　　　　　　　　　　　　　　　　　　　表1-1

等级	名称	概念界定	DDT 持续的横向或纵向的车辆运动控制	OEDR	DDT Fallback	ODD
\multicolumn{7}{c}{驾驶人执行部分或全部的动态驾驶任务}						
L0	无自动驾驶（No Driving Automation）	即便有强化的安全系统，仍由驾驶人全权驾驶汽车	驾驶人	驾驶人	驾驶人	不可用
L1	驾驶辅助（Driver Assistance）	在设计应用范围内，自动驾驶系统可持续执行车辆横向或纵向运动控制的子任务，由驾驶人执行其他的动态驾驶任务	驾驶人及系统	驾驶人	驾驶人	有限
L2	部分自动驾驶（Partial Driving Automation）	在设计应用范围内，自动驾驶系统可持续执行车辆横向和纵向运动控制的子任务，驾驶人完成OEDR子任务并监督自动驾驶系统	系统	驾驶人	驾驶人	有限
\multicolumn{7}{c}{自动驾驶系统执行全部的动态驾驶任务（使用状态中）}						
L3	有条件的自动驾驶（Conditional Driving Automation）	在设计应用范围内，自动驾驶系统可以持续执行完整的动态驾驶任务，用户需要在系统失效时接受系统的接管请求并及时响应	系统	系统	驾驶人（接管驾驶任务）	有限
L4	高度自动驾驶（High Driving Automation）	在设计应用范围内，自动驾驶系统可以自动执行完整的动态驾驶任务和动态驾驶任务接管，驾驶人无需响应系统请求	系统	系统	系统	有限
L5	完全自动驾驶（Full Driving Automation）	自动驾驶系统能在所有道路环境中执行完整的动态驾驶任务和动态驾驶任务接管，驾驶人无需介入	系统	系统	系统	无限制

该标准引入了"动态驾驶任务（Dynamic Driving Task，DDT）"这个概念，强调了防撞功能并认为驾驶中有3个主要参与者：驾驶人、驾驶自动化系统以及其他车辆系统和组件。其驾驶自动化水平通过参考以上3个主要角色以及DDT、DDT地接管和设计运行范围来定义。现将主要概念说明如下。

1. 动态驾驶任务（DDT）

DDT属于基本驾驶任务范畴，除策略性功能外，还需完成车辆驾驶所需的感知、决策和执行等行为，包括但不限于：车辆横向运动控制、车辆纵向运动控制、目标和事件探测与响应、驾驶决策、车辆照明及信号装置控制。

设车辆直行方向为X轴（纵向），和其垂直的方向为Y轴（横向），则有：

（1）车辆横向运动控制：动态驾驶任务中沿着Y轴实时、持续的车辆运动控制，应用转向和/或差动制动输入来保持适当的横向定位，主要为转向控制。

（2）车辆纵向运动控制：动态驾驶任务中沿着X轴实时、持续的车辆运动控制，主要为加速及减速控制。

（3）目标和事件的探测与响应（Object and Event Dection and Reponse，OEDR）：为 DDT 的子任务，包括监视驾驶环境（检测、识别、分类目标和事件，并根据需要准备响应）以及对此类目标和事件执行适当的响应，即根据需要完成 DDT 和/或 DDT 接管。

车辆横纵向运动控制与 OEDR 组合就形成了完整的动态驾驶任务 DDT。

2. 动态驾驶任务接管（DDT Fallback）

当发生驾驶自动化系统失效、车辆关联系统失效或即将不满足设计运行条件时，由驾驶人/系统执行动态驾驶任务，使车辆达到最小风险状态的行为。

3. 设计运行范围（Operational Design Domain，ODD）

自动驾驶系统的设计作用条件及适用范围，通过对已知的天气环境、道路情况（直路、弯路的半径）、车速、车流量等信息做出测定，以确保系统能力在安全环境之内。

SAE J3016 将 DDT 和 DDT Fallback 分配给驾驶人或自动驾驶系统，根据责任分配及 ODD 是否存在限制，即可得到表 1-1 中的驾驶自动化的分级标准。

二、国内分级标准

2021 年 8 月 20 日，由工信部提出、全国汽车标准化技术委员会归口的《汽车驾驶自动化分级》（GB/T 40429—2021）推荐性国家标准由国家市场监督管理总局、国家标准化管理委员会批准发布（国家标准公告 2021 年第 11 号文），于 2022 年 3 月 1 日起实施。

《汽车驾驶自动化分级》基于驾驶自动化系统能够执行动态驾驶任务的程度，根据在执行动态驾驶任务中的角色分配以及有无设计运行范围限制，将驾驶自动化基于以下 6 个要素划分成 0 级至 5 级。不具备目标和事件探测与响应能力的功能（如定速巡航、电子稳定性控制等）不在驾驶自动化功能的范围内。

（1）驾驶自动化系统是否持续执行动态驾驶任务中的目标和事件探测与响应。
（2）驾驶自动化系统是否持续执行动态驾驶任务中的车辆横向或纵向运动控制。
（3）驾驶自动化系统是否同时持续执行动态驾驶任务中的车辆横向和纵向运动控制。
（4）驾驶自动化系统是否持续执行全部动态驾驶任务。
（5）驾驶自动化系统是否自动执行最小风险策略。
（6）驾驶自动化系统是否存在设计运行范围限制。

《汽车驾驶自动化分级》中 0 级至 5 级的具体划分定义如下。

1. 0 级驾驶自动化

0 级驾驶自动化（应急辅助，Emergency Assistance）系统不能持续执行动态驾驶任务中的车辆横向或纵向运动控制，但具备持续执行动态驾驶任务中的部分目标和事件探测与响应的能力。0 级驾驶自动化不是无驾驶自动化，而是要求驾驶自动化系统能感知环境，并提供提示信息或短暂介入车辆控制（如车道偏离预警、前向碰撞预警、自动紧急制动、车道偏离抑制等紧急情况下提供的辅助功能），以辅助驾驶人避险。

2. 1 级驾驶自动化

1 级驾驶自动化（部分驾驶辅助，Partial Driver Assistance）系统在其设计运行条件下持续地执行动态驾驶任务中的车辆横向或纵向运动控制，且具备与所执行的车辆横向或纵向运动控制相适应的部分目标和事件探测与响应的能力。对于 1 级驾驶自动化，驾驶人和驾驶自动化系统共同执行全部动态驾驶任务,并监管驾驶自动化系统的行为和执行适当的响应或操作(如车道居中控制、自适应巡航控制等功能)。

3. 2级驾驶自动化

2级驾驶自动化(组合驾驶辅助,Combined Driver Assistance)系统在其设计运行条件下持续地执行动态驾驶任务中的车辆横向和纵向运动控制,且具备与所执行的车辆横向和纵向运动控制相适应的部分目标和事件探测与响应的能力。对于2级驾驶自动化,驾驶人和驾驶自动化系统共同执行全部动态驾驶任务,并监管驾驶自动化系统的行为和执行适当的响应或操作。

4. 3级驾驶自动化

3级驾驶自动化(有条件自动驾驶,Conditionally Automated Driving)系统在其设计运行条件下持续地执行全部动态驾驶任务。对于3级驾驶自动化,动态驾驶任务后援用户以适当的方式执行接管。

5. 4级驾驶自动化

4级驾驶自动化(高度自动驾驶,Highly Automated Driving)系统在其设计运行条件下持续地执行全部动态驾驶任务并自动执行最小风险策略。对于4级驾驶自动化,系统发出介入请求时,用户可不作响应,系统具备自动达到最小风险状态的能力,如园区接驳车等。

6. 5级驾驶自动化

5级驾驶自动化(完全自动驾驶,Fully Automated Driving)系统在任何可行驶条件下持续地执行全部动态驾驶任务并自动执行最小风险策略。对于5级驾驶自动化,系统发出介入请求时,用户可不作响应,系统具备自动达到最小风险状态的能力。5级驾驶自动化在车辆可行驶环境下没有设计运行范围的限制(商业和法规因素等限制除外)。

驾驶自动化等级与划分要素的关系见表1-2。

驾驶自动化等级与划分要素的关系　　　　表1-2

分级	名　称	持续的车辆横向和纵向运动控制	目标和事件探测与响应	动态驾驶任务后援	设计运行范围
0级	应急辅助	驾驶人	驾驶人及系统	驾驶人	有限制
1级	部分驾驶辅助	驾驶人和系统	驾驶人及系统	驾驶人	有限制
2级	组合驾驶辅助	系统	驾驶人及系统	驾驶人	有限制
3级	有条件自动驾驶	系统	系统	动态驾驶任务后援用户(执行接管后成为驾驶人)	有限制
4级	高度自动驾驶	系统	系统	系统	有限制
5级	完全自动驾驶	系统	系统	系统	无限制

除划分驾驶自动化等级之外,各个等级相应的技术应满足以下要求。

(1)0级驾驶自动化系统应满足以下要求:

①具备持续执行部分目标和事件探测与响应的能力。

②当驾驶人请求驾驶自动化系统退出时,立即解除系统控制权。

(2)1级驾驶自动化系统应满足以下要求：
①持续地执行动态驾驶任务中的车辆横向或纵向运动控制。
②具备与车辆横向或纵向运动控制相适应的部分目标和事件探测与响应的能力。
③当驾驶人请求驾驶自动化系统退出时,立即解除系统控制权。
(3)2级驾驶自动化系统应满足以下要求：
①持续地执行动态驾驶任务中的车辆横向和纵向运动控制。
②具备与车辆横向和纵向运动控制相适应的部分目标和事件探测与响应的能力。
③当驾驶人请求驾驶自动化系统退出时,立即解除系统控制权。
(4)3级驾驶自动化系统应满足以下要求：
①仅允许在其设计运行条件下激活。
②激活后在其设计运行条件下执行全部动态驾驶任务。
③识别是否即将不满足设计运行范围,并在即将不满足设计运行范围时,及时向动态驾驶任务后援用户发出介入请求。
④识别驾驶自动化系统失效,并在发生驾驶自动化系统失效时,及时向动态驾驶任务后援用户发出介入请求。
⑤识别动态驾驶任务后援用户的接管能力,并在其接管能力即将不满足要求时,发出介入请求。
⑥在发出介入请求后,继续执行动态驾驶任务一定的时间供动态驾驶任务后援用户执行接管操作。
⑦在发出介入请求后,如果动态驾驶任务后援用户未响应,适时采取减缓车辆风险的措施。
⑧当用户请求驾驶自动化系统退出时,立即解除系统控制权。
(5)4级驾驶自动化系统应满足以下要求：
①仅允许在其设计运行条件下激活。
②激活后在其设计运行条件下执行全部动态驾驶任务。
③识别是否即将不满足其设计运行范围。
④识别驾驶自动化系统失效和车辆其他系统失效。
⑤识别驾乘人员状态是否符合其设计运行条件(如有)。
⑥在发生下列情况之一且用户未响应介入请求时,自动执行最小风险策略：
a. 即将不满足其设计运行范围。
b. 驾驶自动化系统失效或车辆其他系统失效。
c. 驾乘人员状态不符合其设计运行条件。
d. 用户要求实现最小风险状态。
⑦除下列情形以外,不得解除系统控制权：
a. 已达到最小风险状态。
b. 驾驶人在执行动态驾驶任务。
⑧当用户请求驾驶自动化系统退出时,解除系统控制权,如果存在安全风险可暂缓解除。
(6)5级驾驶自动化系统应满足以下要求：
①无设计运行范围限制。

②仅允许在其设计运行条件下激活。
③激活后在其设计运行条件下执行全部动态驾驶任务。
④识别驾驶自动化系统失效和车辆其他系统失效。
⑤在发生下列情形之一且用户未响应介入请求时,自动执行最小风险策略:
a.驾驶自动化系统失效或车辆其他系统失效。
b.用户要求实现最小风险状态。
⑥除下列情形以外,不得解除系统控制权:
a.已达到最小风险状态。
b.驾驶人在执行动态驾驶任务。
⑦当用户请求驾驶自动化系统退出时,解除系统控制权;如果存在安全风险,可暂缓解除。

《汽车驾驶自动化分级》符合国内汽车市场的发展模式,给国内汽车行业提出了具体、全面、统一的自动驾驶分类,给政府行业管理部门、企业产品开发及宣传、消费者提供了可靠的参照标准,为自动驾驶时代的到来做好了准备。同时,《汽车驾驶自动化分级》与 SAE 的自动驾驶标准区别不是很大,符合国际上的通用惯例,这为日后量产车面世后与相关国际标准接轨,提供了良好的铺垫。

三、无人驾驶、自动驾驶和智能驾驶

按照分级标准,智能汽车可分为 5 级,即 L1~L5,但在实际应用中也存在智能驾驶、自动驾驶和无人驾驶等说法,因此有必要作出说明。

无人驾驶专指 L4 和 L5 级智能汽车,它能够在限定环境乃至全部环境下完成全部的驾驶任务。在驾驶人不介入的情况下,可以完成全自动驾驶的各种控制动作。无人驾驶是自动驾驶汽车技术发展的最终形态,无人驾驶汽车是汽车智能化、网联化发展的终极目标。所对应的智能汽车可称之为无人车。

自动驾驶指汽车至少在某些具有关键安全性的控制功能方面(如转向、加速或制动)无需驾驶人直接操作即可自动完成各种控制动作。自动驾驶汽车一般使用车载传感器、全球导航卫星系统(Global Navigation Satellite System,GNSS)和其他通信设备获得信息,针对安全状况进行决策规划,在某种程度上恰当地实施控制。

自动驾驶覆盖 L1 到 L5 级。在 L1~L2 级,汽车的自动驾驶系统只作为驾驶人的辅助,但能够持续承担汽车横向或纵向某一方面的自主控制,完成感知、认知、决策、控制、执行的完整过程。由于预警提示如前向碰撞预警(Forward Collision Warning,FCW)和短暂干预如自适应巡航控制(Adaptive Cruise Control,ACC)等驾驶技术不能完成上述完整的流程,不在自动驾驶技术范围之内。

智能驾驶指搭载先进的智能系统和多种传感器设备如摄像头、雷达和导航设备等,具备复杂的环境感知、智能决策、协同控制和执行等功能,可实现安全、舒适、节能、高效行驶,并最终可替代人为操作。智能驾驶包括无人驾驶和自动驾驶。此外,它还涵盖其他在某一环节为驾驶人提供辅助甚至替代驾驶人和优化驾车体验的技术等。其覆盖 L1 到 L5 级以及其他应用于 L0 级的智能辅助驾驶技术。

图 1-4 说明了智能驾驶、自动驾驶和无人驾驶三者的关系,可见其技术层层递进,内涵层层缩小。

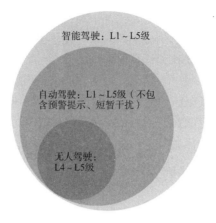

图1-4 三种驾驶方式关系图

第四节 智能网联交通系统

汽车在机械化、电子化、智能化和网联化渐进发展的进程中,交通系统也从一般化、信息化、智能化和网联化方向发展。

一、智能交通系统

智能交通系统(Intelligent Transportation System,ITS)是将信息技术、计算机技术、数据通信技术、传感器技术、电子控制技术、自动控制理论、运筹学、人工智能等有效地综合运用于车辆制造、交通运输和服务控制加强车辆、道路、使用者三者之间的联系,从而形成一种保障出行安全、提高工作效率、改善环境状况、降低能源消耗的综合运输系统。

智能交通系统主要由如下三部分组成。

1. 交通信息采集系统

利用安装在道路上和车辆上的交通信息采集系统进行交通流量、行车速度、管制信息、道路状况、停车场、天气等动态信息的采集。主要使用的传感器有环形感应线圈、微波检测器、视频监控、GNSS 车载导航仪器、GNSS 导航手机、车辆通行电子信息卡、红外雷达检测器、光学检测仪和气象传感器等。采集数据也可人工输入计算机。

2. 信息处理分析系统

信息处理分析系统主要由信息服务器、专家系统、GIS 应用系统和人工决策等组成。其输入是采集系统的数据,经专家系统计算和判断后给出计算结果,由人工决策给出信息发布指令。

3. 信息发布系统

信息发布系统可以通过互联网、手机、车载终端、广播、路侧广播、电子情报板和电话服务台等将交通信息发布给公众。

在中国 ITS 体系框架(第二版)中,用户服务包括 9 个服务领域、47 项服务、179 项子服务;逻辑框架包括 10 个功能领域、57 项功能、101 项子功能、406 个过程、161 张数据流图;物理框架包括 10 个系统、38 个子系统、150 个系统模块、51 张物理框架流图;应用系统包括 58 个应用系统。

ITS 在国外也得到了广泛应用,如美国的 IntelliDrive 计划、日本的 SmartWay 计划和韩国的 SmartHighway 系统等,实践证明能够有效提高交通运输效率、减少交通事故、缓解交通阻塞、降低能源消耗、减轻环境污染。

二、车联网和智能汽车

车联网(Internet of Vehicle,IOV)是利用互联网、信息处理、分布式数据库、无线通信、智能传感器等技术获取车辆的位置、速度、周边环境状况和行驶路线等信息,从而实现 V2X(V 代表汽车,X 代表车、路、行人、互联网及路侧单元)之间的信息交互的一体化网络。

网联汽车(Connected Vehicle,CV)是指基于通信互联建立车与车之间的连接,车与网络中心和智能交通系统等服务中心的连接,甚至是车与住宅、办公室以及一些公共基础设施的连接,也就是可以实现车内网络与车外网络之间的信息交互,全面解决人-车-外部环境之间的信息交流问题。网联汽车的初级阶段以车载信息技术为代表。

智能网联汽车(Intelligent Connected Vehicle,ICV)是指车联网与智能车的有机结合。它搭载先进的车载传感器、控制器、执行器等装置,并融合现代通信与网络技术,实现车与 X 之间的智能信息交换、共享,具备复杂环境感知、智能决策、协同控制等功能,可实现车辆"安全、高效、舒适、节能"行驶,并最终可实现替代人为操作的新一代汽车。

智能网联汽车是智能汽车技术发展的高级新阶段,网联化和智能化是实现无人驾驶的两翼,二者相互取长补短,其作用如图 1-5 所示。随着人工智能和 5G 通信技术的发展,各大汽车公司和互联网企业跨界发展。目前,国内外都已研发出 L4 级智能汽车,并纷纷转向基于车路协同的智能网联汽车的研发。从图 1-5 可以看出,网联化 + 智能化是无人驾驶的必经之路。

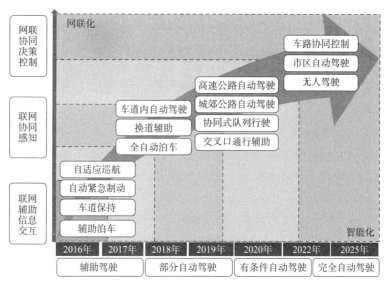

图 1-5 智能汽车发展路径

三、智能网联交通系统

智能网联交通系统作为智能交通系统的终极发展形式,是物联网技术在交通运输领域的重要应用。其通过雷达、视频等先进的车端、路侧感知设备对道路交通环境进行实时高精度感知,按照约定的通信协议和数据交互标准,实现车与车、车与路、车与人以及车与道路交通设施间的通信、信息交换以及控制指令执行,最终形成智能化交通管理控制、智能化动态信息服务以及网联车辆自动驾驶的一体化智能网络系统。广义上,智能网联交通系统涵盖了智能网联汽车系统与智能网联道路系统,即智能网联汽车、车联网、主动道路管理系统、自动公路系统等,均包含于智能网联交通系统。

车路协同的概念产生于21世纪初,以美国网联公路为代表,提出之后得到各国高度重视。基于车路协同技术的行车安全就被公认为是继安全带、安全气囊后的新一代交通安全技术。为加快车路协同技术的应用,美国密歇根大学、明尼苏达大学等提出并建立了硬件在环仿真测试环境。2015年美国交通部还在纽约州、佛罗里达州和怀俄明州三地启动了智能网联汽车测试。

本章小结

测控技术是智能汽车的核心技术,正是因为有了测控系统,替代了人,汽车才变成了智能汽车。智能汽车按驾驶方式可分为智能驾驶、自动驾驶和无人驾驶;按网联方式可分为网联汽车和智能网联汽车。虽然其各有特点,为描述方便,后续统一使用智能汽车一词。

和汽车一样,智能汽车也将是未来交通系统的重要组成部分。随着物联网的发展与应用,智能交通系统将向智能网联交通系统发展。"聪明的路+聪明的车+车路协同"将使道路交通更加快捷、安全和绿色环保,给智能汽车发展带来更大的空间。

第二章　智能汽车总体架构

2020年2月，我国发布的《智能汽车创新发展战略》中，对智能汽车定义如下：智能汽车是指通过搭载先进传感器等装置，运用人工智能等新技术，具有自动驾驶功能，逐步成为智能移动空间和应用终端的新一代汽车。智能汽车通常又称为智能网联汽车、自动驾驶汽车等。除了特定政策规范文件和专有名词以外，本书后续章节将统一使用"智能汽车"的说法。智能汽车涉及到的装置和技术众多，其延展性很强。本章重点介绍其总体结构。

第一节　智能汽车构成及工作原理

智能汽车多种多样，图2-1所示为不同种类的智能汽车实物图。图2-1a)所示为长安大学研制的"信达号"无人车。该车采用比亚迪线控底盘传统汽车，通过搭载激光雷达、毫米波雷达和摄像头等，改装成智能汽车，用于研究信息感知、多传感器信息融合、人工智能算法应用和智能决策控制等一系列关键技术的开发验证平台。

图2-1b)所示为智能模型车，这款奥迪微型Q2是一辆研发模型车，尺寸仅为常规版的1/8大小，但其所采用的技术将在奥迪未来车型中推广。该模型车仅搭载前后两只单摄像头；同时，车上还配置有10个超声波传感器，5个在车的前方，5个在后。Q2的车载计算机利用这些传感器采集信息实现自动泊车测试验证。

图2-1c)所示为L4级百度智能汽车。该车主要由雷达、摄像头、导航定位系统、高精度地图、同步传感器等组成。该车可自动识别交通指示牌、标线和道路行车信息等功能。用户只要向导航系统输入目的地，汽车即可自动行驶，前往目的地。

图2-1d)为Waymo智能汽车。其自动驾驶系统在特定的地理区域和特定的条件下，可以完成整个动态的驾驶任务，驾驶人不需要提供操作。该车达到L4级，已完成数千万千米的开放道路测试，是目前世界上最先进的智能汽车之一。

图2-1e)为智能公交车。其搭载自主知识产权的自动驾驶、人车对话、视觉防盗、扫码付费、无人零售、人车语音交互、逃票追索、眼控广告等十余项先进技术。该车属于智能汽车在公交中的应用示范。

图2-1f)所示为智能快递车。快递业在我国飞速发展，用人量大。针对这一问题，京东物流设计了智能快递车。该车属于智能汽车在特定行业的典型应用。

综上所述，智能汽车具有如下特点：

(1)从外形来看，智能汽车和传统汽车大致相同，只是为安装传感器对外形进行了调整。

(2)智能汽车在各行各业应用非常广泛。有的用于开发验证平台，有的用于开放道路测试，有的用于特定行业。

(3)智能汽车随着功能增加和性能提升，所需部件也会增多，这些部件都隐藏在汽车内部，但其组成和工作原理基本相同。

a) 长安大学"信达号"

b) 奥迪智能模型车

c) 百度智能车

d) Waymo汽车

e) 智能公交车

f) 智能快递车

图 2-1　智能汽车实物图

一、智能汽车构成

智能汽车从部件构成来看,只是在传统汽车上加装先进传感器、控制器和执行器来完成自动驾驶任务,图 2-2 所示为其部件构成图。先进传感器多种多样,主要替代人完成信息感知;控制器完成感知信息的融合、计算和决策分析;执行机构替代人完成纵、横向控制,实现从起点到目的地的运动控制。

图 2-3 所示为智能汽车系统构成的另一种表现形式。控制器接收传感器的输入数据,经深度学习算法计算处理后,直接输出控制信号,完成车辆的纵、横向控制。

图 2-2 所示着重强调控制系统部件构成,是实物的对应。图 2-3 所示着重强调支持端到端(end-end)机器学习算法。端到端机器学习算法简化了系统流程,强化了车载计算要求,但其更具黑箱性,运算和决策过程难以解释,实现难度较大。端到端指的是输入是原始数据,输出是最后的结果,非端到端的输入端不是原始数据,而是在原始数据中提取的特征值,这一点在车载图像处理问题上尤为突出,因为图像像素数太多,数据维度高,会产生维度灾难。

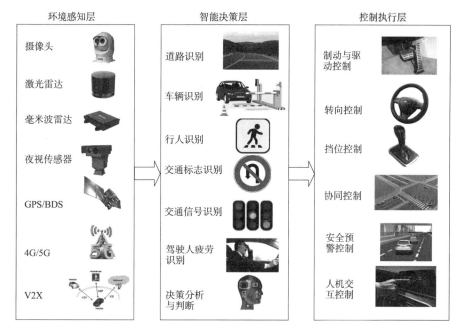

图 2-2 智能汽车的部件构成

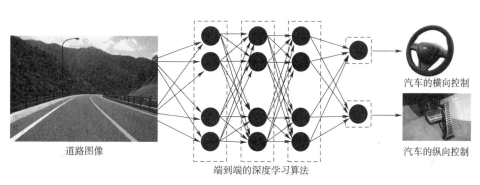

图 2-3 采用端到端控制方式的智能汽车构成

上述两种表示方法客观存在均有其合理性,但对"人"在智能汽车中的作用描述都不易理解。智能汽车从 L2 级到 L3 级的过渡,实质上是汽车掌控权由人到机器转移的过程,换言之,L3 级以上智能汽车是自动化汽车,是软件定义的机器,它能替代驾驶人的认知,成为有记忆、决策、行为能力的"认知主体"。因此,有必要了解人脑在驾驶行为中的作用。

人脑主要有性格、情绪、长期记忆、工作记忆、动机以及学习和思维等功能区域。在驾车时,为确保安全,人脑应将情绪排除掉,保留与驾驶相关的功能,因此智能汽车应更好地在动态行驶过程中继承驾驶人的经验、交互能力和临场处置能力,做出符合人类取向的决策。

按照这种拟人化思路,我国自动化系统专家李德毅院士提出了基于驾驶脑的自动驾驶流程图,如图 2-4 所示。各部分功能说明如下:

(1)感觉记忆:驾驶脑以传感器为感知渠道。雷达、摄像头等传感器采集到的数据信息(如摄像头图像、雷达检测到的点云信号)属于驾驶脑实时产生的短暂的感觉记忆,一旦新数据进入后,感觉记忆的缓存数据即被覆盖。

(2)工作记忆:图像、点云等感知数据经过特征提取和融合处理,能够通过以车辆为中心的不同驾驶态势CT图形式化地表达出来,分别表示障碍物、信号灯、交通标线等驾驶脑认知、决策所需的特征属性。多个CT图整合形成图簇,构建成以本车为中心的三维全景驾驶认知视图,从而使汽车对周边情况有了整体的认知,构成工作记忆。

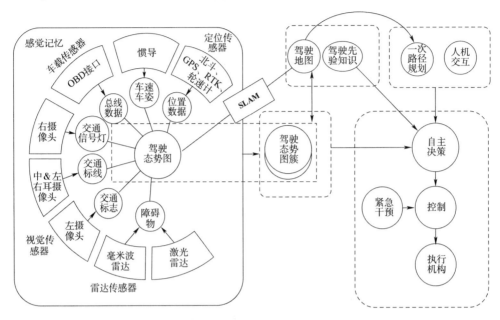

图2-4 自动驾驶流程图:驾驶脑

(3)长期记忆:要形成对地图信息的精细记录,需要使用实时定位与建图技术(Simultaneous Localization and Mapping,SLAM)。借助图像数据和点云数据,汽车使用SLAM技术采集定位信息和其他与驾驶有关信息,完成驾驶所需比电子导航地图更精细的3D增量式地图绘制,并储存在本地或上传至云端。

所谓增量式地图是指新增数据只需以更新方式补充原有地图,而不必重新构建。此外,还有一些汽车处理路况的算法规则,即图2-4中的驾驶的先验知识,与驾驶地图共同组成长期记忆。基于此,驾驶脑便具有"老司机"的特点,对走过的行程轻车熟路,也具有处理各种交通情景的本能反应。尽管图中没有明确指出,但事实上工作记忆在接收来自感觉记忆的实时信息之外,还会提取来自长期记忆的先验知识,工作记忆与长期记忆将共同为决策提供信息池。

(4)动机:长期记忆形成之后,车主通过人机交互,设定目的地等指标,使驾驶脑形成动机,自动驾驶汽车进而依据驾驶地图完成"一次路径规划"。该规划一次性给出起点到终点的规划轨迹,且不与传感器信息直接挂钩,也就是说,"一次路径规划"规划轨迹并不考虑驾驶过程中会出现的道路施工、交通拥堵等随机事件,未必适用于当下的实际操作。

(5)学习和思维:在动机的引导下,驾驶脑需要提取出长期记忆和工作记忆进行协同,对当前的驾驶态势进行补充确认,使道路信息和汽车的实时位置更加完整,进而使决策模块形成更为精细的路径规划,即"二次路径规划"。综合以上的分析决策,学习和思维模块向控制模块(方向盘、制动、转向控制器等)发出指令,进而通过线控模块完成驾驶动作的执行。此外,图中也纳入驾驶人紧急干预的可能性。

李德毅院士还强调了驾驶脑的三大认知:记忆认知、交互认知、计算认知。记忆认知是脑认知的核心,驾驶脑的记忆如同人脑,能将大量、反复或难忘的短期记忆抽象化为长期记忆,而其余的记忆将会丢失遗忘;交互认知则包括与外部世界、其他车辆、人类的互动过程,能够理解他者的动机意图;计算认知则包括抽象、演绎等的大脑分析思考过程,自然语言处理和图像识别就是人工智能模拟人脑计算认知的例子。这种认知形式贯穿于驾驶脑的整个流程,是驾驶脑所需的认知能力。

基于驾驶脑的自动驾驶流程图将智能汽车的硬件和人脑的思维模式有机结合在一起,便于学习和理解。在大量行业从业者重视以算法和软件来提升汽车自动化能力、以机器定义未来无人车的时候,驾驶拟人化、个性化发展思路确实具有相当程度的启发意义。

二、智能汽车工作原理

根据自动驾驶的拟人化实现思路,智能汽车工作原理如图 2-5 所示,其流程可以分为感知、认知、决策、控制和执行五部分。

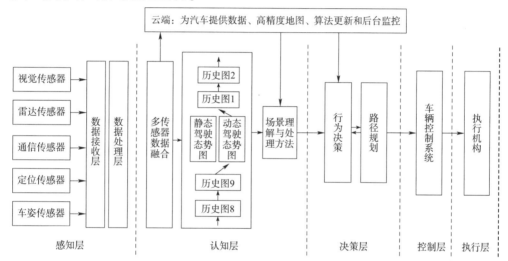

图 2-5　智能汽车工作原理

1. 感知层

感知层通过多种传感器实现车辆对周边交通主体的感知,它为智能汽车获取道路、车辆、障碍物等外在环境的详细数据,因此,感知层是智能汽车正常驾驶与精准控制的基础。在感知层中,借助卫星定位技术与视觉感知技术,能够帮助智能汽车实现精准定位与相关的道路标志识别,从而为控制系统提供准确的外在环境数据,为后续的相应指令提供重要的数据支撑。

2. 认知层

认知阶段是依据感知信息完成处理融合的过程,形成全局整体的理解,据此通过算法得出决策结果,传递给控制系统生成执行指令,完成驾驶动作。

3. 决策层

决策层分为交通识别和路径规划,是以芯片作为载体搭载决策算法技术来实现的。通过实际路测和虚拟路测两种方式,算法训练可以提升其与传感数据之间的协同,完善算法的环境感知和路径规划能力,将可能发生的事故率降到最低。通过决策层,可以规划由起始点到目的地之间的最优路径,并根据车辆当前所处环境,动态规划最优行驶行为路线。

4. 控制层

控制系统是智能汽车的组成核心。操作控制系统能够实现,通过算法的决策对执行系统发送控制指令。在确保安全的前提下实现对车辆行驶速度与方向的操控。例如,智能汽车的车道保持与规避碰撞等功能的实现。

5. 执行层

智能汽车控制的高精准度与高重复性优势依赖于其执行系统。智能汽车的执行层主要包括对测试车辆的离合、制动、加速三个重要踏板的操纵,同样执行系统对转向盘、换挡杆、点火等进行相应操纵。借助执行系统能够保证智能汽车与经验丰富的驾驶人保证控制一致。

上述五层流程模仿了人类由感官感知到动作完成的驾驶流程,其研发路线更具操作性,输出结果可解释。据此搭建的完整的自动驾驶系统十分复杂,需要多家企业间的相互协作才能完成。

事实上,智能汽车主要完成的是一个动态驾驶任务 DDT,更具体一点,就是完成一次从起始点到终点的运动。图 2-6 所示为智能汽车控制系统工作原理,其中 P^* 为给定的智能汽车运行终点位置,是一个矢量,由 x^*、y^*、z^* 组成。P 是智能汽车的实时位置,是由 x、y、z 组成的矢量;全局路径规划接收高精度地图、导航定位信号和道路交通信息等信息,经计算输出全局路线图 P_1^*。同理,局部路径规划也接收上述信息,经计算确定智能汽车局部路线图 P_2^*;将 P_2^* 和 P 进行比较产生 P^*;即时路径规划接收前方路况和 P^*,经计算输出即时路径,经控制器计算输出控制信号给线控系统,从而控制车辆的运行。

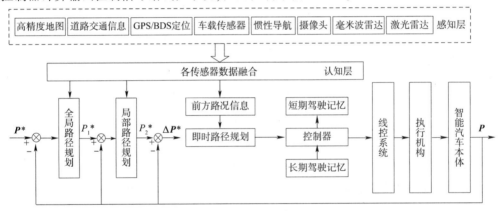

图 2-6 智能汽车控制系统工作原理

从图 2-6 可以看出:

(1)感知层和认知层在各主要环节都会使用;检测精度决定控制精度,因此非常重要。

(2)智能汽车控制可看作一个三闭环控制系统。内环是车辆即时控制系统,它根据给定的即时路径和传感器检测到的路况信息,控制智能汽车的运行。中环是局部路径规划,给出短期路径规划,外环是全局规划。三个闭环在探测距离和执行速度上不同,其中内环可感知范围为车辆周边 200m 范围,要求在 100ms 内最少要完成一次;中环可提供车辆时实位置 2km 以上范围,10s 完成一次输出即可;外环是全局规划,覆盖 DDT 全范围,时间可以更长。

(3)整个系统都是多变量输入和多变量输出,控制系统非常复杂。其中多传感器信息融合、路径规划、即时路径规划和控制器等涉及多种算法,尤其是内环控制最为复杂。

采用图 2-6 说明智能汽车控制系统工作原理有利于了解智能汽车的整个运行过程,有利于抓住智能汽车这个"整条鱼",其三环结构有利于对其控制原理的理解。

第二节 智能汽车体系结构

一、智能汽车的技术逻辑结构

智能汽车技术逻辑的两条主线是"信息感知"和"决策控制",其发展的核心目标是由系统进行信息感知、决策预警和智能控制,逐渐替代驾驶人的驾驶任务,并最终完全自主执行全部驾驶任务。智能汽车技术逻辑结构如图2-7所示。智能汽车通过智能化与网联化两条技术路径协同实现"信息感知"和"决策控制"功能。

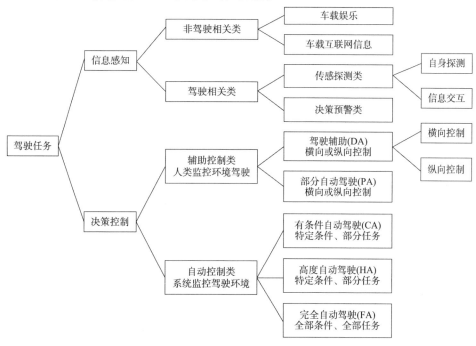

图2-7 智能汽车技术逻辑结构

1. 信息感知

在信息感知方面,根据信息对驾驶行为的影响和相互关系分为"驾驶相关类信息"和"非驾驶相关类信息"。其中,"驾驶相关类信息"包括传感探测类和决策预警类,"非驾驶相关类信息"主要包括车载娱乐服务和车载互联网信息服务。传感探测类可根据信息获取方式进一步细分为依靠车辆自身传感器直接探测所获取的信息,以及车辆通过车载通信装置从外部其他节点所接收的信息。"智能化+网联化"的融合可以使车辆在自身传感器直接探测的基础上,通过与外部节点的信息交互,实现更加全面的环境感知,从而更好地支持车辆进行决策和控制。

2. 决策控制

在决策控制方面,根据车辆和驾驶人在车辆控制方面的作用和职责,决策控制可分为"辅助控制类"和"自动控制类",分别对应不同等级的决策控制。其中,辅助控制类指车辆利用各类电子技术辅助驾驶人进行车辆控制,如横向控制和纵向控制及其结合,可分为驾驶辅助和部分自动驾驶;自动驾驶类则根据车辆自主控制以及替代人进行驾驶的场景和条件,进一步细分为有条件自动驾驶、高度自动驾驶和完全自动驾驶。

二、智能汽车的技术架构

按照技术应用和应用场景,智能汽车的技术架构可归纳为"两横三纵"的结构,如图2-8所示。"三纵"包含车辆关键技术、信息交互关键技术、基础支撑技术;"两横"包含车载平台与基础设施条件。图中的基础设施条件是指除了车载平台外,支撑智能汽车发展的所有外部环境条件,如道路、交通、通信网络等。一方面智能汽车需要车路协同、车路一体化,另一方面在智能汽车的推动下,道路等基础设施将逐渐向电子化、信息化、智能化方向发展。下面对表2-1中的"三纵"进行详细介绍。

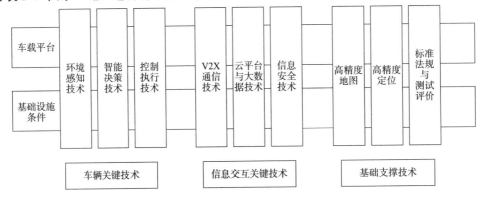

图2-8 智能汽车技术架构

智能汽车"三纵"技术体系　　　　　　表2-1

第一层	第二层	第三层
车辆/设施关键技术	环境感知技术	雷达探测技术
		机器视觉技术
		车辆状态感知技术
		乘员状态感知技术
		协同感知技术
		信息融合技术
	智能决策技术	行为预测技术
		态势分析技术
		任务决策技术
		轨迹规划技术
		行为决策技术
	控制执行技术	关键执行机构(驱动/制动/转向/悬架)
		车辆纵向/横向/垂向运动控制技术
		车间协同控制技术
		车路协同控制技术
		智能电子电气架构

续上表

第一层	第二层	第三层
信息交互关键技术	V2X通信技术	车辆专用短程通信技术
		车载无线射频通信技术
		LTE-V通信技术
		移动自组织网络技术
		面向智能交通的5G通信技术
	大数据技术	非关系型数据库技术
		数据高效储存和检索技术
		车辆数据关联分析和挖掘技术
		驾驶人行为数据分析和应用技术
	平台技术	信息服务平台
		安全/节能决策平台
	信息安全技术	车载终端信息安全技术
		手持终端信息安全技术
		路侧终端信息安全技术
		网络信息安全技术
		数据平台信息安全技术
基础支撑技术	高精度地图	三维动态高精度地图
	高精度定位	卫星定位技术
		惯性导航与轨迹推算技术
		通信基站定位技术
		协作定位技术
	基础设施	路侧设施与交通信息网络建设
	车载硬件平台	通用处理平台/专用处理芯片
	车载软件平台	交互终端操作系统
		车辆控制器操作系统/共用软件基础平台
	人机工程	人机交互技术
		人机共驾技术
	整车安全架构	整车网络安全架构
		整车安全功能架构
	标准法规	标准体系与关键标准
	测试评价	测试场地规划与建设
		测试评价方法
	实例应用	实例应用与推广

1. 环境感知技术

智能车辆在道路上行驶离不开对车辆状态及行驶环境的感知,每一代感知技术的进步都会促进车辆智能化技术的飞跃。环境感知能力是指对于环境的场景理解能力,例如对障碍物类型、道路标志及标线、行车车辆的检测,以及交通信息等数据的语言分类,其依赖于机器视觉、雷达传感器、超声波传感器、激光传感器等传感设备。

2. 智能决策技术

智能汽车决策系统的目标是使网联车执行安全、合理的驾驶行为。它需要融合多传感信息,根据驾驶需求进行任务决策,在避开可能存在的障碍物前提下,通过一些特定的约束条件,规划出两点间多条可选安全路径,并在这些路径中选取一条最优的路径作为车辆行驶轨迹。

3. 控制执行技术

控制执行技术包括面向驱动/制动的纵向运动控制,面向转向的横向运动控制,基于驱动/制动/转向/悬架的底盘一体化控制,融合车联网通信及车载传感器的多车队列协同和车路协同控制等。

4. V2X 通信技术

V2X 通信技术包括车辆专用通信系统、实现车间信息共享与协同控制的通信保障机制、移动自组织网络技术、多模式通信融合技术等。根据车联网产业技术创新联盟的定义,车联网是以车内网、车际网和车云网组成,进行无线电通信和信息交互的大系统网络。如图 2-9 所示,通过三网融合,可以实现 V2X 之间通信的无缝连接,提高通信效率,减少通信盲区。

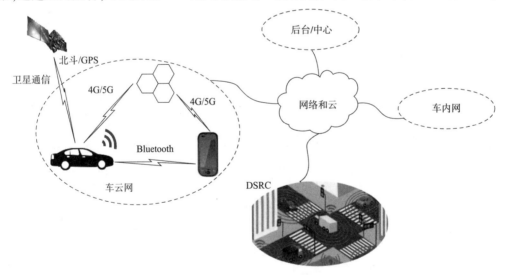

图 2-9 车内网、车际网、车云网

5. 云平台与大数据技术

云平台与大数据技术包括智能汽车云平台架构与数据交互标准、云操作系统、数据高效存储和检索技术、大数据的关联分析和深度挖掘技术等。

6. 信息安全技术

信息安全技术包括汽车信息安全建模技术、数据存储、传输与应用三维度安全体系、汽车信息安全测试方法、信息安全漏洞应急响应机制等。

7. 高精度地图和高精度定位技术

高精度地图和高精度定位技术包括高精度地图数据模型与采集式样、交换格式和物理存储的标准化技术、基于北斗地基增强的高精度定位技术、多源辅助定位技术等。

8. 标准法规与测试评价

标准法规与测试评价包括智能汽车整体标准体系、涉及汽车、交通、通信等各领域的关键技术标准、智能汽车测试评价方法与测试环境建设等。

第三节　智能汽车产业链

汽车产业正在进入一个大的技术变革时期，这次变革基于新一代信息技术和人工智能。与传统的汽车技术变革不太一样，此次变革涉及到汽车各个机构及外延系统，因此，整个汽车产业链将发生重大变化。

一、智能汽车产业链形态分布

1. 按系统结构分

如图 2-10 所示，根据智能汽车的系统构成，其产品体系可以分为传感系统、计算平台和执行机构三部分。其中，传感系统包括雷达、摄像头、V2X 通信、精确定位组件等；计算平台包括决策单元和控制单元等；执行机构包括制动踏板和加速踏板、电动助力转向、自动变速器等。

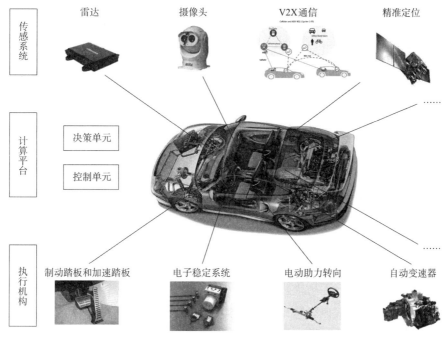

图 2-10　智能汽车的产品层次

2. 按产品物理结构划分

智能汽车的产品物理结构是把技术逻辑结构所涉及的各种"信息感知"与"决策控制"功能落实到物理载体上，具体结构如图 2-11 所示。车辆控制系统、车载终端、交通设施、外接设备等按照不同的用途,通过不同的网络通道、软件或平台对采集或接收到的信息进行传输、处理和执行,从而实现不同的功能或应用。

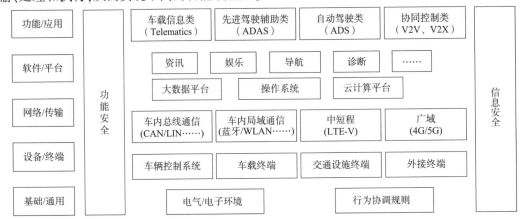

图 2-11　智能汽车产品物理结构

(1)功能与应用层根据产品形态、功能类型和应用场景,分为车载信息类、智能驾驶辅助类、自动驾驶类以及协同控制类等,涵盖与智能汽车相关各类产品所应具备的基本功能。

(2)软件和平台层主要涵盖车载计算平台和操作系统等基础平台产品,以及资讯、娱乐、导航和诊断等应用软件产品,共同为智能汽车相关功能的实现提供平台级、系统级和应用级的服务。

(3)网络和传输层根据通信的不同应用范围,分为车内总线通信、车内局域通信、中短程通信和广域通信,是信息传递的"管道"。

(4)设备终端层按照不同的功能或用途,分为车辆控制系统、车载终端、交通设施终端、外接设备等,各类设备和终端是车辆与外界进行信息交互的载体,同时也作为人机交互界面,成为连接"人"和"系统"的载体。

(5)基础和通用层涵盖电气/电子环境以及行为协调规则。安装在智能汽车上的设备、终端或系统需要利用汽车电源,在满足汽车特有的电气、电磁环境要求下实现其功能;设备、终端或系统间的信息交互和行为协调也应在统一的规则下进行。

此外,产品物理结构中还包括功能安全和信息安全两个重要组成部分,两者作为智能汽车各类产品和应用需要普遍满足的基本条件,贯穿于整个产品物理结构之中,是智能汽车各类产品和应用实现安全、稳定、有序运行的可靠保障。

3.按各配套体系划分

智能汽车产业链包含上游的软、硬件供应商和中游的整车车企,以及下游的应用服务商,如图 2-12 所示。

其中,上游包括芯片厂商、传感器厂商、通信供应商,涵盖传感系统、控制系统、执行系统等。芯片厂商开发和提供车规级芯片系统,包括环境感知系统芯片、车辆控制系统芯片、通信芯片等。传感器厂商开发和供应先进的传感器系统。通信供应商开发 V2X 通信系统、安全解决方案、电气电子架构以及云控平台等领域。

中游涵盖自动驾驶解决方案和整车企业。自动驾驶解决方案主要有激光雷达优先和多传感器融合两条路线;整车企业提供产品需求、智能汽车平台,开放车辆信息接口,进行集成测试等。

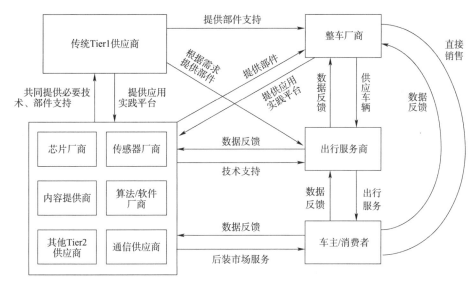

图 2-12 智能汽车产业链

下游则是服务商,进行通信运营服务、车载平台服务、生活娱乐服务、出行服务等应用服务。平台开发与运营商开发车联网服务平台,提供平台运营与数据挖掘分析服务。

(1)传感器厂商。在智能汽车中,传感器厂商生产的车用传感器能够将发动机、底盘、车身各个部分的运作工况信息以信号方式传输给车载电脑,从而使汽车在最佳状态运行。定位、雷达、视觉等环境感知传感器会将汽车周边的环境信息输入到相应的系统模块中,进行判断,提前给驾驶人预警或提供紧急防护。

(2)Tier1 供应商与 Tier2 供应商。Tier1 供应商指一级供应商,负责给设备厂商供货,也就是产品直接供应整车厂的汽车零部件供应商。同理,Tier2 指二级供应商。Tier1 供应商直接向整车制造商供货,双方形成直接的合作关系。Tier1 供应商不仅直接向整车制造商供应总成及模块,还与整车制造商相互参与对方的研发和设计,属于整车制造过程中参与度最高的供应商。Tier2 供应商主要向 Tier1 供应商提供配套,Tier2 供应商大都生产专业性较强的总成系统及模块拆分零部件,我国该层次龙头企业部分产品已达国际先进水平,处于高速发展阶段。

(3)芯片厂商。随着自动驾驶时代来临,传统的车载电脑硬件计算能力无法满足机器算法的需要,拥有更高运算力、更高数据传输带宽的计算平台成为智能汽车市场需求,使芯片厂商积极投入汽车计算平台研发。我国对于人工智能算法的刚性需求正推动芯片与计算平台的国产化,更高的性能功耗需求使国内厂商有机会开发专用型芯片。国内用于自动驾驶的芯片开发厂商如寒武纪等专攻于机器算法专用芯片、加速器架构、智能计算平台,产品覆盖服务器和终端,地平线机器人则在研发自动驾驶专用芯片领域取得了一定的成功。

(4)通信供应商。通信供应商是能够提供智能驾驶所需通信技术研发、设备供应和系统集成供应的企业,如5G 通信技术、通信设备、V2X 通信系统、其他远程管理和服务等。

(5)内容提供商。内容提供商主要提供高精度地图、高精度定位服务等。传统的导航地图无法满足自动驾驶的需要,因此高精度地图应运而生,它具备更多数据维度,更新更及时,导航精度能够到达厘米级,成为自动驾驶技术落地的关键驱动力。四维图新、高德作为国内最大地图供应商,在自动驾驶和高精度地图领域投入最多。高精度定位将自动驾驶汽车的环境感知结果与高精地图进行对比,得到车辆在高精地图中的精确位置和姿态。我国的北斗系统等各类全球导航卫星系统可全天候、全天时为各类用户提供高精度、高可靠的定位。这些内容提供商为自动驾驶提供支持,保证行车安全。

(6)算法/软件厂商。自动驾驶的机器学习算法覆盖感知、决策等关键环节,算法/软件厂商能够提供自动驾驶部分或全套算法,如视觉算法、传感器融合算法、决策算法等。算法和软件应用的外部性效益十分明显,拥有更多使用者的算法/软件厂商将更有市场优势,而其他落后者将面临淘汰的可能。

(7)整车厂商。整车厂商提出产品需求,提供智能汽车平台,开放车辆信息接口,进行集成测试。在资金体量、汽车制造设计上也具有明显优势。厂商有成熟的供应销售链和生产线,商业化落地也更容易被消费者接受。而且,厂商的平台优势能够大批量地获取驾驶数据,推动高度自动驾驶技术发展。

(8)服务商。服务商主要用于开发车联网服务平台、提供平台运营与数据挖掘分析服务。车联网是借助新一代信息通信技术,实现车内、车-人、车-车、车-路、车-服务平台的全方位网络连接和汽车智能化水平提升。可以提供诸如共享租赁、通讯社交等服务。

智能汽车产业链相关的公司企业上千家,涉及计算机、电子、通信、汽车等各个领域。数据、共享经济和人工智能技术正在打破过去成熟的金字塔式的汽车产业链结构。不同环节的企业相互合作,以实现最佳的经济效益为目标,使得数据、技术、资本得以在整个智能汽车产业生态之中流动、循环。

二、智能汽车产业链主要特征

智能汽车产业链主要呈现以下特征:

(1)产业链附加值变动引发企业商业模式改革,企业业务向产业链高价值部分延伸。智能汽车行业将使传统汽车行业上下游的附加值发生变动,行业的主要参与者正在避免成为低价值产出的代工方,积极向上游的研发环节和下游的运营服务环节靠拢。国内车企同时向上下游扩张。

(2)产业链从链状向网状转变。在出行生态服务体系发展的过程中,相关企业都尝试成为出行生态服务体系的主导者,力争占据有利的竞争位置,这将推动相关产业深度融合和相关产业链相互交叉,并加速产业竞争格局从传统的以产品为核心的线性产业链,向以出行服务为核心的网状产业生态转变。

(3)信息技术对产业创新和发展的作用越来越大。在新一轮科技革命的带动下,通过互联网、大数据等信息化手段,为低成本、高效率地获取消费者需求信息、整合行业资源、提供个性化和高体验的出行服务,以及构建智能化出行生态,打下坚实基础,并支持产业重塑。

(4)全社会的信息化和互联网化,使相关企业第一次有机会在全社会范围内,依托大数据、云平台,以非常低的成本和较高的效率了解和分析消费者需求,整合产业资源,构建新的产业生态,具有强大资源整合能力的企业将成为行业的领导者。相关企业将整合包括整车制造、数据分析、出行服务、电子支付等在内的各种行业资源,最终成长为产业重塑之后的行业领导者。

第四节 智能汽车标准体系

智能汽车标准体系是整个车联网标准体系的重要组成部分,主要针对智能汽车通用规范、核心技术与关键产品应用,有目的、有计划、有重点地指导智能汽车标准化工作,加快构建包括整车及关键系统部件功能安全和信息安全在内的智能汽车标准体系,充分发挥智能汽车标准在车联网产业关键技术、核心产品和功能应用的基础支撑和引领作用,并逐步形成统一、协调的国家车联网产业标准体系架构。

一、标准体系框架及内容

2017年,工信部、国标委联合发布了《国家车联网产业标准体系建设指南(智能网联汽车)》。智能汽车标准体系如图2-13所示,包括"基础""通用规范""产品与技术应用""相关标准"四个部分,同时根据各具体标准在内容范围、技术等级上的共性和区别,对四部分做进一步细分,形成内容完整、结构合理、界限清晰的14个子类。

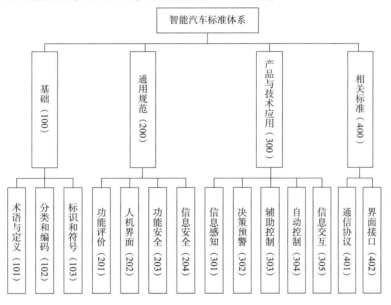

图2-13 智能汽车标准体系

基础类标准主要包括智能汽车术语和定义、分类和编码、标识和符号三类基础标准。

"通用规范"类标准主要从整车层面提出全局性的要求和规范,主要包括功能评价、人机界面、功能安全和信息安全等方面。

"产品与技术应用"类标准主要涵盖信息感知、决策预警、辅助控制、自动控制和信息交互等智能汽车核心技术和应用的功能、性能要求及试验方法,但不限定具体的技术方案,以避免对未来技术的创新发展和应用产生制约或障碍。

相关标准主要包括车辆信息通信的基础——通信协议以及界面接口,主要涵盖实现车与X(人、车、路、云端等)智能信息交互的中短程通信、广域通信等方面的协议规范。在各种物理层和不同的应用层之间,还包含软硬件界面接口的标准规范。

图2-14所示为网联汽车标准体系建设计划,2020年实现初步建立支撑驾驶辅助及低

级别自动驾驶的智能汽车标准体系,2025 年实现支撑高级别自动驾驶的智能汽车标准体系。

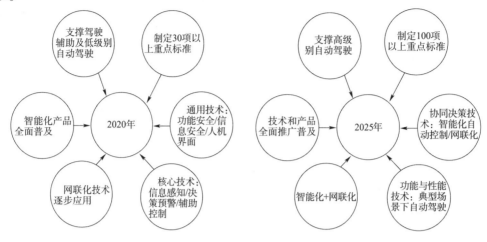

图 2-14　智能汽车标准体系建设计划

二、标准体系现状

近年来,工信部定期发布了智能汽车标准化工作要点,全国汽车标准委员会的工作也在工信部的工作思路指导下陆续开展,近期的重点工作包括:

(1)完成标准体系建设指南第一阶段的工作,建成支撑辅助驾驶和低级别自动驾驶基础标准的工作。

(2)加快各类急需标准的制定。

(3)加强国际标准的协调。

在智能汽车标准体系及各技术领域路线图的指引下,目前智能汽车标准制定及研究项目累计开展了 81 项,覆盖了基础、核心功能、安全保障、关键系统部件等方面。

(1)优先开展共性技术以及通用规范类的标准研究制定,其中包括术语定义、分类编码、标识符号、操作系统、通用功能等标准。

(2)加快智能汽车,尤其是自动驾驶相关核心标准的制定,在自动驾驶领域,关注技术、试验方法以及关键系统类的标准;在网联领域,关注应用场景、通用规范类的标准。

(3)协调推进智能汽车安全保障类标准的研究制定。此类标准主要包括功能安全和信息安全。在功能安全方面,在原有功能安全标准的基础上,进一步融入了预期功能安全标准,同时抓紧制定各细分系统功能安全标准;在信息安全方面,关注整车及系统部件的信息安全标准。

(4)加强智能汽车关键系统核心部件类标准的研究,具体有几个方面:

①感知部件的标准,这类部件对智能汽车自动驾驶功能的实现,具有决定性影响。

②先进辅助驾驶系统的标准,先进驾驶辅助系统对改善车辆的主被动安全具有重要影响,需对其进行相关标准的研究制定。

③其他重要的系统部件的标准。

依据标准进度安排,目前已开展 16 项标准的试验验证,涉及先进驾驶辅助系统、网联功能与应用等多个领域,为相关标准制定提供有力的支撑。

2020年9月15日,第六届智能网联汽车技术及标准法规国际交流会在天津开幕,9项智能汽车标准化需求研究项目的牵头专家共同上台发布了标准化需求研究成果,分别为《智能泊车功能标准化需求研究报告》《车载感知融合标准化需求研究报告》《智能网联汽车测试设备标准化需求研究报告》《自动驾驶实际道路测试标准化需求研究报告》《物流领域自动驾驶技术应用标准化需求研究报告》《智能网联汽车与移动终端信息交互功能标准化需求研究报告》《自动驾驶系统设计运行条件白皮书》《汽车电子控制单元信息安全防护技术要求研究报告》以及"智能网联汽车网联功能与应用标准制定路线图"。

第五节 智能汽车开发平台

平台泛指进行某项工作所需要的环境或条件。智能汽车开发平台是开发智能汽车所需的工作环境。使用开发平台可降低开发难度和节省时间。

智能汽车开发平台按用途不同可分为智能小车开发平台、轮式机器人开发平台和智能汽车开发平台几种。

一、智能小车开发平台

为提高学生动手能力、创新能力和团队协作能力,促进高等教育教学改革,教育部高教司委托自动化类教学指导委员会主办全国大学生智能汽车竞赛。该竞赛是以智能汽车为研究对象的创意性科技竞赛,分设光电组、摄像头组、电磁组和创意组等多个组别,其标准硬软件技术平台由竞赛秘书处设计并规范。竞赛过程包括理论设计、实际制作、整车调试和现场比赛等环节,要求学生组成团队,协同工作,初步体会一个工程性研究开发项目从设计到实现的全过程。图2-15所示为智能汽车竞赛现场。

1. 智能小车硬件平台

智能小车底盘由四大系统组成:转向系统、动力传动系统、制动系统和行驶系统。智能小车是仿真赛车的模型车,与量产汽车一样,底盘具备四大系统,只是具体结构相对简单。如图2-16所示,智能小车车架长为25cm,宽为17.5cm。底盘由具有较强的弹性和刚性纤维材料制作,厚度为2.5mm,全车采用滚珠轴承,前后轮轮轴高度可以调节。

图2-17所示为智能小车硬件结构。各部分的主要功能如下:

(1)滚轮式小车:滚轮式小车是智能小车机械结构的主要部分,由车身、底盘、车轮等结构部件组成。

(2)信息采集模块:作为智能小车获取现场信息的"眼睛",主要由摄像头、电磁传感器和线性CCD组成。

(3)控制器:主要由单片机、稳压电源和外围接口电路等组成。图2-16所示的电路板就是控制器,其功能和智能汽车的相似,便于学习和掌握。

(4)扩展接口:为便于调试,会在设计过程中预留一些可扩展接口。

(5)运动执行模块:完成智能小车的纵向和横向运动控制。

(6)通信模块:完成智能小车和上位机的通信任务。其将智能小车的各种运行状态信息发送给PC机供调试和监控使用。

(7)交互接口:用于智能小车的参数设置和小车状态数据的显示。

(8) 辅助检测模块：完成小车车速、加速度和位置的检测。
(9) 7.2V 电池：为智能小车提供动力。

图 2-15　智能汽车竞赛现场　　　　　　图 2-16　智能小车示意图

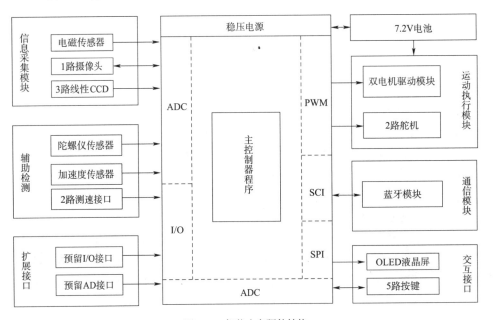

图 2-17　智能小车硬件结构

2. 智能小车软件平台

从图 2-16 和图 2-17 可以看出，智能小车本质上就是一个以小车为载体的单片机应用系统。全国大学生智能汽车竞赛秘书处规定了几种可参赛的单片机，其中包括国产以 C51 为核心的 STC8H 系列单片机。智能小车软件平台取决于所使用的单片机，接下来介绍 STC8H 系列单片机所使用的 μVision5 软件平台。

1997 年 Keil Software 公司推出了基于 Windows 的开发工具软件 μVision2，为 51 系列单片机应用程序开发和调试提供了完整的解决方案。2003 年，Keil Software 公司更新了集成的工具软件，推出了功能更强的 μVision3，此后于 2009 年发布了 Keil μVision4，新版本支持更多最新的 ARM 芯片，还添加了一些其他新功能。2013 年，Keil Software 公司正式发布了 Keil μVision5。

μVision5 是一款经典的、功能强大的、适用宽广的集成开发环境 IDE，其将编辑器、编译器、调试器及辅助工具集成在一起,支持汇编语言和C51语言编程。C51μVision5的软件界面如图2-18所示。该版本引入了灵活的窗口管理界面,新的用户界面可以更好地利用屏幕空间和更有效地组织多个窗口,提供一个整洁,高效的环境来开发应用程序。

μVision5的内容丰富,精通掌握还请参阅其使用说明书。

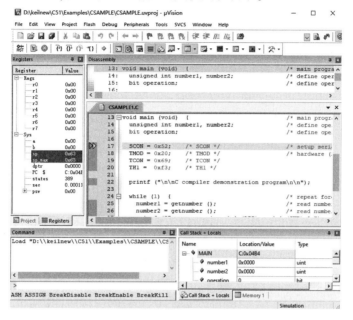

图2-18　C51范例的调试模式

二、轮式机器人开发平台

智能汽车属于轮式机器人,在交通运输中应用很广,因为应用场景多,所以开发应用难度更大。轮式机器人是以驱动轮子来带动机器进行运动和工作的机器人。轮式机器人开发所使用的操作系统Robot Operating System(ROS)的名称就是机器人操作系统,目前,ROS在智能汽车开发中也得到了广泛应用。

1. ROS操作系统

1)简介

ROS是一个应用广泛的机器人系统软件框架。2007年,斯坦福大学人工智能实验室在斯坦福AI项目中开发了ROS,2008年后由机器人技术公司Willow Garage继续推动研发,如今已经被机器人领域广泛使用。

ROS是面向机器人开发的开源操作系统。提供类似一般计算机的诸多功能,如硬件抽象、底层设备控制、常用功能实现、进程间消息传递和程序包管理等。此外,它还提供相关工具和库,用于获取、编译、编辑代码以及在多个计算机之间运行程序完成分布式计算。目前,ROS已拥有很多知名的机器人开源库,如计算机视觉、点云处理驱动、3D建模与仿真、坐标转换等,为用户提供了便利。

ROS提供了一种发布和订阅的信息框架,便于简捷快速地搭建分布式计算系统;所提供的大量实用工具,为计算机系统的配置、开发、调试和测试等提供可视化界面,其具备定位、控制、规划、决策等功能开发资源。ROS还有一个活跃的技术社区供开发者讨论交流。

2) ROS 系统的特点

(1) 点对点设计。使用 ROS 的系统包括一系列进程,这些进程存在于多个不同的主机,并且在运行过程中通过端对端的拓扑结构进行联系。虽然基于中心服务器的软件框架也可以实现多进程和多主机的优势,但是在这些框架中,当各计算机通过不同的网络进行连接时,中心数据服务器就会发生问题。ROS 的点对点设计以及服务和节点管理器等机制可以分散由计算机视觉和语音识别等功能带来的实时计算压力,从而适应多机器人系统的挑战。

(2) 多语言支持。ROS 现在支持许多种编程语言,例如 C++、Python、Octave 和 LISP,也包含其他语言的多种接口实现。ROS 的特殊性主要体现在消息通信层,端对端的连接和配置利用 XML-RPC 机制进行实现,XML-RPC 也包含了大多数主要语言的合理实现描述。为了支持交叉语言,ROS 利用了简单的、语言无关的接口定义语言去描述模块之间的消息传送。接口定义语言使用了简短的文本去描述每条消息的结构,也允许消息的合成。

(3) 精简与集成。ROS 建立的系统具有模块化的特点,各模块中的代码可以单独编译,而且编译使用的 CMake 工具使其很容易就实现精简的理念。ROS 将复杂的代码封装在库里,只是创建了一些小的应用程序显示库的功能。单元测试也变得较为容易,一个单独的测试程序可以测试库中很多的功能。ROS 可以不断地从社区维护中进行升级,包括从其他的软件库、应用补丁里升级 ROS 的源代码。

(4) 工具包丰富。为了管理复杂的 ROS 软件框架,开发者利用大量的小工具去编译和运行多种多样的 ROS 系统。这些工具承担各种业务,例如组织源代码的结构、获取和设置配置参数、形象化端对端的拓扑连接、测量频带使用宽度、描绘信息数据、自动生成文档等。

(5) 免费开源。ROS 遵从 BSD(Berkeley Software Distribution)协议,大部分源代码都是公开发布的。开发者可以根据自身系统设计需要,进行二次开发。

3) ROS 文件系统层

在 ROS 系统中,不同组件需要根据功能放在不同的文件夹中。ROS 文件系统层如图 2-19 所示。

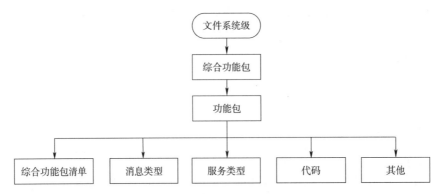

图 2-19 ROS 文件系统层级

(1) 功能包(Package)。一个功能包具有用于创建 ROS 代码的最小结构和最小内容,是 ROS 中软体组织的基本形式。一个 Package 包含节点(ROS Runtime Processes)、ROS 程序库(ROS-Dependent Library)、数据集(Datasets)、配置文件(Configuration)等。

(2) 综合功能包清单(Metapackage Manifes)。描述了一个功能包的元信息,包括了功能包的名字、版本、功能简述、证书信息、依赖关系等。

(3)消息类型(Message Type)。消息是一个进程发送到其他进程的信息。ROS系统有很多的标准类型消息,存储在消息文件中。

(4)服务类型(Service Type)。服务描述说明定义了ROS服务通信中请求和响应的数据结构,存储在Service文件中。

4) ROS计算图层

计算图层是ROS在点对点网络里整合并处理数据的过程。基本计算图层概念包括节点、节点管理器、参数服务器、消息、服务、主题和消息记录包,如图2-20所示。

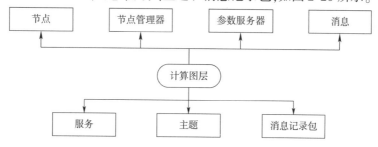

图2-20　ROS计算图层

(1)节点(Node)。节点是主要的计算执行进程。一个机器人控制系统通常由很多节点组成。例如一个节点处理雷达点云,一个节点执行定位,一个节点执行路径规划。节点需要使用ROS客户端编写,如roscpp或rospy。

(2)节点管理器(Master)。节点管理器用于在计算图层中注册或查找节点名称。如果没有节点管理器,就不会有节点、消息、服务之间的通信。

(3)参数服务器(Parameter Server)。参数服务器能够使数据通过关键词存储在系统的核心位置。

(4)消息(Message)。节点之间通过传递消息实现通信,消息实际上是一种数据结构。ROS中包含很多标准类型的消息,也可以自定义消息类型。

(5)主题(Topic)。在ROS中消息以一种发布/订阅的方式传递。一个节点可以在给定的主题中发布消息,一个节点可以订阅某个主题,接收该主题上来自其他节点的消息。一个主题内可以同时由多个节点订阅和发布消息,一个节点也可以订阅多个主题或者发布消息到多个主题内。消息的订阅者和发布者之间互相解耦,无须知道对方的存在。主题的名称不能重复,以避免同名主题产生消息路由错误。

(6)服务(Service)。当需要从某一个节点获得一个请求或应答时,就不能依靠主题来实现了。但是,服务可以允许直接与某个节点交互。服务由一对消息结构定义,一个用于请求,另一个用于应答。

(7)消息记录包(Bag)。消息记录包是一种用于保存和回放ROS消息数据的文件格式。消息记录包是一种重要的存储数据的机制,能够记录传感器数据。

2. 硬件平台:机甲大师实例

RoboMaster S1是大疆创新推出的首款教育轮式机器人。机器人配有6块感应装甲,更为形象的名字为:机甲大师S1。S1配备有光、声、力等多种传感器,拥有中央处理器的控制电路板、定制无刷电机、全向移动底盘和高精度云台等。S1采用模块化设计,用户可在拼装过程中了解机器人机械结构,享受创造乐趣。

S1 全身配备了 31 个传感器,可以感知图像、光线、声音、振动等。FPV 摄像头结合机器视觉技术,让 S1 能够识别多样的物体,6 块感应装甲让 S1 可以感知物理打击,麦克风让其可以识别声音,红外传感器则能让它接收来自另一台 S1 的红外信号。此外,S1 预留了 6 个 PWM 拓展接口以及可以帮助进阶用户扩展硬件。

图 2-21 机甲大师 EP

S1 支持 Python 编程语言。用户利用 Python 编程可以为 S1 开发更多高级别的创意功能。此外,机甲大师 S1 还为用户提供了多样编程环境,其应用程序可在 IOS、Android、Windows 等多平台下工作,用户无需额外配置环境即可轻松编写属于自己的程序。

图 2-21 所示为大疆创新发布的教育机器人——机甲大师 EP(RoboMaster EP),其在 S1 教育机器人的基础上开放官方 SDK,延展出丰富的软硬件拓展性,配套完善的人工智能与竞赛课程以及全新 RoboMaster 青少年挑战赛。

在此基础上,新推出的 RoboMaster EP 沿用了 S1 的底盘结构,如图 2-22 所示,相对于 S1,EP 新增了不少新的配件。

图 2-22 RoboMaster EP 添加的新部件

新增的模块包括高性能舵机、机械爪、机械臂、红外深度传感器、传感器转接模块以及电源转接模块。通过这些新模块可以完成物体的抓取、避障测距等任务。并且 EP 还支持外接的第三方开源硬件,比如 Microbit、Arduino、树莓派等。

RoboMaster EP 每个传感器转接模块均有两个传感器接口及供电功能,电源转接模块在为第三方开源硬件供电的同时,还提供接口拓展功能,方便学生连接更多硬件,发挥创造力。红外深度传感器可在 0.1~10m 的测距范围内实现高测量精度。

三、智能汽车开发平台

本节所介绍的智能汽车开发平台中的汽车是真实车辆,因此其开发平台更为复杂。这种智能汽车开发平台可分为三种。

1. 智能汽车开放式开发平台

智能汽车开放式开发平台是指通过公开程序编程接口(API)或函数使外部程序可以调用系统功能或集成系统功能的软硬件结合的平台方案,其有助于汽车行业及自动驾驶领域的合作伙伴结合车辆和硬件系统,快速搭建一套属于自己的自动驾驶系统。

开放式可以实现资源共享和创新加速,可以更快地研发、测试和部署自动驾驶车辆。参与者越多,积累的行驶数据就越多,将加速自动驾驶技术的成熟,实现持续共赢。这类平台提供大量的开发资源,客户可以快速进行智能汽车的开发。最为典型的是Apollo自动驾驶开放平台。

2. 智能汽车自制式开发平台

这类平台不对外开放,只在内部使用。其硬件平台和开放式平台基本相同,只是在部件和设备在选型和配置数量可能不同。在软件开发平台方面,自制式开发平台多采用ROS操作系统,需要从底层开发做起,难度较大,优点是自成一体,便于全面掌握整个开发过程。

3. 智能汽车定制式开发平台

这类平台通常是大型汽车制造厂家、软件厂商和互联网公司联合建立的开发平台。该平台主要用于特定车型的开发,不对外开放,只有联盟内部才有机会使用,但其原理和开放式平台相同。

四、Apollo自动驾驶开放平台

以百度的Apollo自动驾驶开放平台为例介绍智能汽车开发平台。

1. Apollo开放平台发展历程

2017年7月,百度正式发布了Apollo 1.0自动驾驶平台。2018年1月8日,百度发布了Apollo 2.0版本,增加了很多功能。2018年7月,百度在AI开发者大会上正式发布了Apollo 3.0版本。2019年1月,百度在CES大会上正式发布了Apollo Enterprise和Apollo 3.5版本。

2. Apollo技术框架

Apollo技术框架如图2-23所示,它由四层构成。

云服务平台	高精度地图	仿真平台	数据平台	安全模块	在线升级（OTA）	DuerOS	量产服务组件	V2X路侧服务
开放软件平台	地图引擎	定位模块	感知模块	规划模块	控制模块	端到端	人机交互接口	V2X适配器
	Apollo Cyber RT框架							
	实时操作系统（RTOS）							
硬件开发平台	计算单元	GPS/IMU	摄像头	激光雷达	毫米波雷达	超声波雷达	人机交互接口设备	黑盒子	Apollo传感器单元	Apollo拓展单元	V2X车载终端
开放车辆认证平台	Apollo认证线控车辆						开放车辆接口标准		

图2-23　Apollo 3.5架构图

(1)硬件平台,包括计算单元、导航/定位、摄像头、激光雷达、毫米波雷达、超声波雷达、人机交互接口设备和黑盒子等硬件。

(2)软件开放平台,包括实时操作系统、承载所有模块的框架层、高精度地图与定位模块、感知模块、决策规划模块、控制模块、端到端和人机交互接口。

(3)云服务平台,包括高精度地图、仿真平台、数据平台、OTA模块、安全模块和DuerOS。

(4)车辆平台,经开放平台认证的线控车辆的集合,包括车辆接口标准。线控车辆是指一辆能够接受电子信号控制的车辆。开放平台为经认证的线控车辆提供接口支持,便于平台接收线控车辆的信息和发送对其纵、横向控制的指令。

3. Apollo硬件平台

硬件平台直接决定了系统的感知能力、运算能力、功耗强度、可靠性等,它是自动驾驶必不可少的部分。Apollo 开放平台提供了完整的硬件设备参考,包括指定线控车辆、核心硬件选型及辅助硬件设备。为硬件选择与安装提供了参考指南,为软件集成及车辆上路提供可靠保障。Apollo 的硬件平台架构及数据流程图如图 2-24 所示。

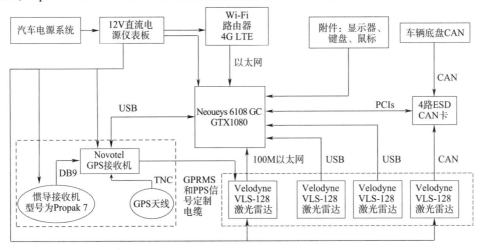

图 2-24　Apollo 硬件平台及数据流程图

从图 2-24 可以看出,硬件平台包括以下组成部分:

(1) 汽车电源经变换后给硬件平台供电,其供电质量决定了系统可靠性。

(2) 硬件平台使用了多种通信方式,如 USB、CAN、无线通信和网络通信。因此掌握这些通信方式原理很重要。

(3) 车辆底盘。计算单元通过 PCI 板卡经 CAN 总线发送命令直接完成对车辆底盘的纵横向控制。

(4) 传感器平台。图中所示传感器包括 4 个 128 线激光雷达、GNSS 定位系统和惯导系统。常用的其他传感器如摄像头、毫米波雷达、超声波传感器等未列出,需要相应的公开 API 或函数才能接入开发平台。

(5) 计算平台。自动驾驶系统各模块实时运行过程中,会产生大量的数据。以感知传感器为代表,数据量大,实时性要求高。因此,需要选择性能强劲的计算平台完成实时大规模数据处理任务。图中所列 Neoueys 6108GC GTX1080 就是一款高性能工业控制计算机。

4. Apollo 软件平台

自动驾驶系统涵盖多个软件模块,如感知、规划、控制等,同时整合了各硬件模块,如传感器平台、计算平台和线控车辆平台等。软硬件资源的有效调配十分关键,需要一个稳定、可靠的操作系统平台搭建自动驾驶软件模块。

软件平台主要由如下模块构成:

(1) 感知平台。感知平台包括线上感知模块和线下标定服务平台。线上感知模块提供基于深度学习的点云动态障碍物的检测、分割和基于运动的跟踪。线下标定服务平台提供云端的跨平台标定服务。线下标定平台使开发者无须在本地式车端配置运行标定程序,大大提升了跨平台标定的灵活性,为开发者降低了开发门槛。

线上感知模块主要包括障碍物检测识别和红绿灯检测识别两部分。障碍物检测识别模块通过输入激光雷达点云数据和毫米波雷达数据,输出基于两种传感器的障碍物融合结果,包括障碍物的位置、形状、类别、速度、朝向等信息。红绿灯检测识别模块通过输入两种焦距下的相机图像数据,输出红绿灯的位置、颜色状态等信息。这两大感知功能使智能汽车具备在简单城市道路自动驾驶的能力。

以 Apollo3.5 为例,其感知框架如图 2-25 所示。

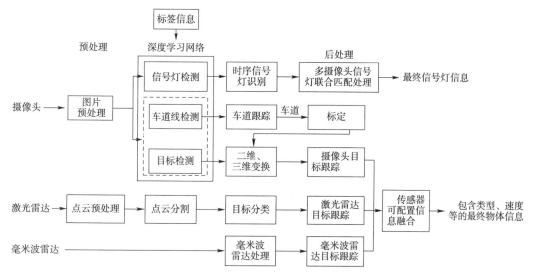

图 2-25　Apollo3.5 感知框架

(2)地图引擎。地图引擎是车载终端的高精地图数据管理服务,它封装了地图数据的组织管理机制,屏蔽底层数据细节,对应用层模块提供统一数据查询接口。它包含元素检查、空间检索、格式适配、缓存管理等核心能力,并提供了模块化、层次化、可高度定制化、灵活高效的编程接口,用户可以基于此轻松构建专属的终端高精地图解决方案。

(3)定位模块。Apollo 使用以下几种定位融合方案。GNSS 主要依靠卫星定位,但其信号容易受到干扰,所以 GNSS 定位精度大概在米级别。为了提高其精度,可以通过建立实时动态(Real-Time Kinematic,RTK)基站,将两者信号做差分,这样环境因素就可以忽略不计,从而提高 GNSS 的精确度到 10cm 左右。但单纯依靠 RTK 仍然不够,因为只有车辆靠近 RTK 基站范围内 16km 左右才能发挥其作用,且 GNSS 和 RTK 的计算结果是实时的,存在跳变的可能,此时需要惯性导航单元(Inertial Measurement Unit,IMU)发挥关键作用。IMU 可以根据车辆的位置和各种速度的叠加做积分,从而预算出车辆的行径位置,提高车辆定位的精确度。当遇到桥洞或隧道时,GNSS 的信号也会变差,这时候需要用点云或视觉定位。通过配合点云地图和实时数据的采集来分析车辆位置,再加上摄像头为主的视觉定位,以及 GNSS + RTK 和 IMU 的配合,车辆定位就可以达到厘米级的精度。

图 2-26 为多传感器融合定位模块框架,左边列出了 Apollo2.0 定位模块依赖的硬件以及数据,包括惯性测量单元 IMU、车端天线、基站、激光雷达,以及定位地图;中间是 GNSS 定位以及激光点云定位模块,GNSS 定位输出位置及速度信息,点云定位输出位置及航向角信息;右边是融合框架,包括两部分:惯性导航解算、Kalman 滤波;融合定位的结果会反过来用于 GNSS 定位和点云定位的预测;融合定位的输出是一个 6-DoF 的位置和姿态,以及协方差矩阵。

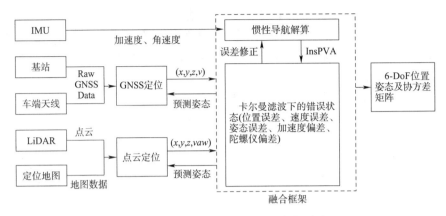

图 2-26　Apollo2.0 多传感器融合定位模块框架

(4) 规划模块。当车辆装备了综合预测、决策与规划系统,自动驾驶汽车能够根据实时路况、道路限速等信息作出相应的轨迹预测和智能规划,同时兼顾安全性和舒适性,提高行驶效率。

如图 2-27 所示,规划模块可以分为两个部分:一部分负责对数据的监听、获取和预处理;另一部分负责管理各个优化模块。数据进入规划模块后,对其综合处理为规划模块的内部数据结构,由任务管理器调度合适的优化器进行各个优化任务。综合优化的结果经过最终的验证后,输出给控制模块。在设计上,规划模块实现了策略的可替换,使得各个优化器可以灵活配置不同策略,提升迭代效率。图中的 DP 为基于动态规划(Dynamic Programming,DP),QP 为二次规划(Quadratic Programming,QP)。在 Apollo1.5 中,EM Planner 是基于 DP 和 QP 的路径规划器与速度规划器。Lattice Planner 是 Apollo2.5 中开始开放的一种路径和速度同时规划的规划器。

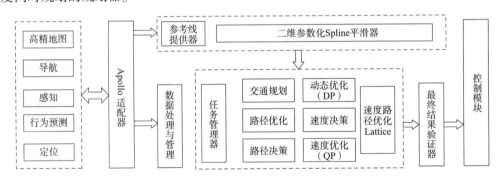

图 2-27　Apollo 规划整体架构

(5) 车辆控制。百度自动驾驶汽车的控制与底盘交互系统具有精确性、普适性和自适应性,能够适应不同路况、不同车速、不同车速和底盘交互协议。Apollo 开放循迹自动驾驶能力,控制精度将达到 10cm 级别。车辆控制将 GNSS 和惯性导航单元(Inertial Measurement Unit,IMU)提供的信息作为输入,处理后生成规划信息(包括路径和信息),提供给控制模块使用,然后实现车辆控制。

(6) 端到端解决方案。端到端自动驾驶解决方案因成本低、工程复杂度低等优势正在被不断地探索。通过使用地图采集车采集的大量真实道路数据,完全基于深度学习构造横向和纵向驾驶模型,快速地在真车上进行了实践。

5. 云服务平台

1) 高精地图

高精度地图也可称为自动驾驶地图,是 Apollo 的必备环节。与普通地图不同,高精地图主要服务于自动驾驶车辆,通过一套独特的导航体系,帮助自动驾驶解决系统性能问题,扩展传感器检测边界。目前 Apollo 内部高精地图主要应用在高精定位、环境感知、决策规划、仿真运行四大场景,帮助解决林荫 GNSS 系统信号弱、红绿灯的定位于感知以及十字路口复杂等导航难题。具体的关于 Apollo 高精地图的介绍可参考本书第七章。

2) 仿真

仿真是 Apollo 的重要组成部分之一。仿真服务拥有大量的实际路况及自动驾驶场景数据,基于大规模云端计算容量,具有行驶百万千米的虚拟运行能力。通过开放的仿真服务, Apollo 的合作伙伴可以接入海量的自动驾驶场景,快速完成测试、验证和模型优化等一系列工作,场景覆盖全面且安全高效。

Apollo 仿真平台内置高精地图的仿真场景,支持感知、规划、控制多算法模块验证,使自动驾驶算法验证更为严谨。使车辆不仅能"看得见"路况,更能了解路况信息。在模拟环境中可以训练自动驾驶车辆的能力,如在虚拟环境中发生"车祸",工程师可以对仿真引擎进行修正、训练。自动驾驶汽车上路之前要积累超过 100 亿 km 的测试里程,而要达到这个目标,需要 100 辆车 7×24 小时测试上百年。但 Apollo 的仿真引擎通过虚拟场景模拟现实,对测试场景进行复现,可以让开发者轻松日行百万千米。

Apollo 仿真平台有以下开放功能:

(1) 内置高精地图的仿真场景,基于不同的道路类型、障碍物类型、道路规划、红绿灯信号场景。

(2) 场景上传调试:支持同时多场景的高速运行,支持单算法模块的上传运行,支持系统整套算法和运行环境的上传与运行。

(3) 智能场景通过判别系统:Apollo 目前开放 10 个判别标准,包括碰撞检测、闯红灯检测、限速检测、在路检测、到达目的地检测等。

(4) 三维展示功能:提供实时路况,算法模块输出的可视化信息,以及智能汽车本身状态的全局信息。

3) 数据平台

自动驾驶的算法开发需要在海量数据集的基础上反复训练,将机器学习算法的研发流程安排在云端实现,可大幅度提高算法研发效率。图 2-28 所示为 Apollo 数据开放平台。

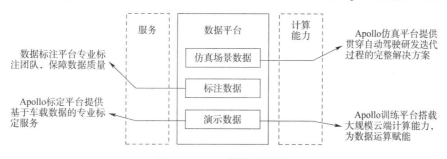

图 2-28 Apollo 数据开放平台

(1) 仿真场景数据。对这部分数据,Apollo 有相对应的仿真平台。仿真场景数据包括人工编辑以及真实采集的场景,覆盖多种道路类型、障碍物类型以及道路环境,同时开放云端仿真平台,支持算法模块在多场景中并发在线验证,加快算法迭代速度。

其中自动驾驶虚拟场景的场景集来源于人工编辑,构造了红绿灯、十字路口、直行车道等多种场景集合,丰富的人工场景编辑有助于快速验证算法的基础能力,加快迭代效率。实际道路真实场景的场景集采集于真实道路场景,覆盖了城市道路中红绿灯、十字路口、直行车道等多种场景集合,可高效验证算法在复杂场景中的处理能力。

(2)标注数据。对这部分数据,Apollo 有相应的训练平台。标注数据是为满足机器学习训练需求,经人工标注生成的数据。目前 Apollo 开放了多种标注数据,同时在云端配套提供相应的计算能力,供开发者在云端训练算法,提升算法迭代效率。标注数据主要包括激光点云障碍物分类、红绿灯检测、road hackers、基于图像的障碍物检测分类、障碍物轨迹预测、场景解析等类型。

(3)演示数据。Apollo 开放了多种演示数据,覆盖了车载系统演示数据、自定位、端到端数据等模块数据,旨在帮助开发者调试各模块代码,确保 Apollo 最新开放的代码模块能够在开发者本地环境运行成功,通过演示数据体验各模块的能力,主要包括车载系统演示数据、标定演示数据、端到端数据、自定位模块演示数据等。

除开放数据外,还配套开放云端服务,包括数据标注平台,训练学习平台以及仿真平台和标定平台,为 Apollo 开发者提供一套数据解决方案,加快迭代创新。

4)安全平台

Apollo 提供创新的 4S 解决方案:Scan(漏洞扫描)、Shield(安全防御)、See(可视化监控)、Save(免召回修复),来实现生命周期的车辆信息安全。对于 Shield 安全防御,Apollo 安全产品已率先部署在量产汽车上,包括车辆入侵检测防御系统、车载防火墙、安全升级套件,用以保护用户隐私和汽车信息安全。

安全平台包括三个部分,分别为汽车信息安全解决方案、Apollo 汽车黑匣子和 Apollo Pilot 安全报告。其中汽车信息安全解决方案是 Apollo 在基于隔离和可信的安全体系下提供了完善的安全框架及系统组件,免受网络入侵;黑匣子在 Apollo 平台中作为智能汽车的数据记录软硬件产品;Apollo Pilot 是 Apollo 平台的自动驾驶量产解决方案的总称,得到了众多行业专家、机构、合作伙伴和高校的指导和支持,对于推动行业统一标准的建立提供了理论支持。

5)人机交互接口

DuerOS 为百度研发的对话式人工智能系统,现在已完成与 Apollo 平台的集成。Apollo 的人机交互接口包含以下几种产品:

(1)适用于 Android 车辆的 CarLife。CarLife 是在 Android 平台上实现 CarLife 协议。CarLife 是一款智能手机集成解决方案,驾驶人可通过多屏共享和交互技术与移动设备(MD)和主机(HU)共享适合安全驾驶条件的移动应用程序,并使用触摸屏、按键、旋钮控制和话筒控制 CarLife。

(2)CarLifeVehicleLib。CarLifeVehicleLib 是一个基于 C++语言的跨平台动态库,它实现了 HU CarLife 中的通道建立、数据发送和接收、协议解析和打包的功能。使用这个库可以加速 HU 中 Carlife 的开发。

(3)DuerOS 启动器。DuerOS 启动器是 Android 终端的第一个用户图形交互界面,在终端入口处(电话、收音机等,需要连接到 App)安装其他应用程序。

本章小结

　　智能汽车涉及多学科知识和专业技术,掌握其总体架构有助于"会当凌绝顶,一览众山小"。智能汽车系统构成有三种表达方式:部件构成、软体构成和驾驶脑。三种方式强调的侧重点各有不同,驾驶脑兼具前二者的特点。智能汽车工作原理有两种,一种是拟人化实现思路:其将控制流程分为感知、认知、决策、控制和执行五部分,有助于理解;另一种是按自动控制调节原理思路,将DDT分为三个闭环实现,有助于完成程序的编制和调试。智能汽车体系结构分为技术逻辑结构和技术架构,从中可以看出智能汽车的关键技术。智能汽车开发平台是学习和开发智能汽车的必备工具,掌握开发平台有助于推动创新。标准体系建立是智能汽车产业化的保证,掌握产业链形态分布有助于找到技术转移的落地点。

第三章　先进传感器技术

传感器是能测量被测对象状态变化并按一定的规律将其转换为可用输出信号的器件或装置。举例来说,人的耳朵、眼睛、鼻子等都是人本身与生俱来的传感器。在智能汽车中,雷达、视觉等传感器协作配合,以图像、点云等形式收集到环境数据,并通过算法进行数据提取、处理和融合,形成完整的汽车周边驾驶态势图,为驾驶行为决策提供依据。本章在简要介绍汽车传感器的基础上,着重介绍智能汽车常用的几种传感器。掌握其构成、工作原理和主要技术指标将有助于对智能汽车测控系统的深入理解。

第一节　汽车传感器概述

一、传感器的定义和组成

1. 传感器的定义

人类获取的外界信息是依靠人的感觉器官。自动控制系统,也需要依靠相当于人的感觉器官的传感器来获取外界信息。图 3-1 表示了人体与自动控制系统的对应关系。

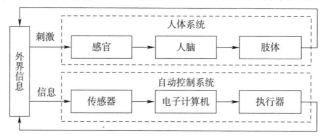

图 3-1　人体系统与自动控制系统的对应关系

广义上,传感器就是能感知外界信息并能按一定规律将这些信息转换成可用信号的装置,传感器是将外界信号转换为电信号或者其他可用信号的装置。在《传感器通用术语》(GB 7665—2005)中,将传感器定义为:"能感受被测量并按照一定的规律转换成输出信号的器件或装置,通常由敏感元件和转换元件组成。"传感器是一种检测装置,能感受到被测量的信息,并能将检测、感受到的信息,按一定规律变换成电信号或其他所需形式的信息输出,以满足信息的传输、处理、存储、显示、记录和控制等要求。它是实现自动检测和自动控制的首要环节。

2. 传感器的组成

传感器的基本组成如图 3-2 所示。

(1)敏感元件。敏感元件是指传感器中能直接感受被测非电量,并按一定规律将其转换成与被测量有确定关系的其他量的元件。当进行非电量到电量的变换时,并非所有的非电量都能一次直接变换为电量,通常是将被测非电量预先变换成另一种易于变换成电量的非电量。例如应变式压力传感器的弹性膜片就是敏感元件,其作用是将压力转换成弹性膜片的形变。

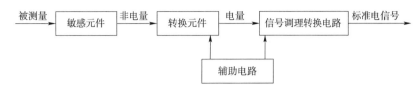

图3-2 传感器基本组成框图

(2)转换元件。转换元件又称变换器,是指能将敏感元件感受到的被测非电量直接转换成电量的器件。一般情况下,转换元件不直接感受被测量,特殊情况下例外,如应变式压力传感器中的应变片就是转换元件,其作用是将弹性膜片的形变转换成电阻值的变化。

(3)信号调理转换电路。信号调理转换电路是指把传感元件输出的电信号进行放大、滤波、运算、调制等,转换为便于显示、记录、处理和控制的有用电信号的电路。

(4)辅助电路。辅助电路通常包括电源等。需要外部接电源的传感器称为有源传感器,不需要外部接电源的传感器称为无源传感器,如电阻式、电感式和电容式传感器就是有源传感器,工作时需要外部电源供电。压电式传感器、热电偶传感器是无源传感器,工作时不需要外部电源供电。

应该指出的是传感器的构成形式是多种多样的,并不是所有的传感器都包括敏感元件和转换元件等组件。有一些传感器能直接将被测量转换成电量,如光敏三极管、电阻式温度传感器。还有一些传感器,其敏感元件和转换元件是合二为一的,如压电式传感器、光电器件等。再如集成传感器,将敏感元件、转换元件和信号调理电路做在同一块半导体芯片上,除具有信号转换功能外,还具有信号处理、温度补偿等功能。

二、常用汽车传感器的分类

汽车传感器是汽车电子控制系统的关键部件,是汽车电子控制系统信息的主要来源,利用安装在汽车各部位的信号转换装置,能够测量或者检测汽车在各种运行状态下相关机件的工作参数,并将它们转换成计算机能接受的电信号后送给电子控制单元(Electronic Control Unit,ECU),ECU根据这些信息进行运算处理,进而发出指令给执行元件。现代汽车都配有少则十多个,多则数百个汽车传感器。它们各司其职,一旦某个传感器失灵,对应的装置工作就会不正常甚至不工作。因此,传感器在汽车上的作用非常重要。

汽车传感器种类繁多,可以用不同的方法对传感器进行分类,具体见表3-1。

汽车用传感器的分类 表3-1

分类依据	类 型	相关说明
按照能量的传递方式分类	有源	在信息变化过程中,其能量需要外部提供,产生电信号给ECU的传感器,如霍尔传感器、磁阻传感器、光电效应传感器等
	无源	主要由能量变换元件组成,不需要外部提供电源或激励源,传感器本身可以将一种能量形式转换为另一种能量形式,产生电信号给ECU,如氧传感器、爆震传感器、电磁式传感器等
按照转换原理分类	物理型	利用物质的某些物理性质发生明显变化的特性制成(如压电效应,磁致伸缩现象,热电、光电、磁电等效应)
	化学型	利用能把化学物质的成分、浓度等化学量转化成电信号的敏感元件制成

续上表

分类依据	类　　型	相关说明
按照工作原理分类	压阻式	按传感器的工作原理不同,可分为不同类型的传感器
	压电式	
	霍尔式	
	电磁式	
	电容式	
	其他	
按照测量系统不同进行分类	发动机控制系统传感器	用来测量汽车电控系统正常工作所需的关键物理参数
	自动变速器控制系统传感器	
	安全气囊控制系统传感器	
	ABS防抱死控制系统传感器	
	巡航控制系统传感器	
	其他	
按照测量的参数不同进行分类	位置(行程或角度)型	用来测量被测量的位置或角度
	速度(或加、减速度)型	用来测量被测量的速度或加、减速度
	流量型	检测被测量的流量,如空气流量传感器等
	压力型	检测被测量的压力,如大气压力传感器等
	温度型	检测被测量的温度,如进气温度传感器等
	气体浓度型	检测被测量的气体浓度,如氧传感器等
	振动型	检测被测量的振动状态,如爆震传感器等
	其他	检测真空度、压差、比热容、磨损量等
按照输出的信号不同分类	模拟型	将被测量的非电学量转换成模拟电信号
	数字型	将被测量的信号量转换成频率信号或短周期信号输出(包括直接或间接转换)
	开关型	当一个被测量的信号达到某个特定的阈值时,传感器相应地输出一个设定的低电平或高电平信号
按照制造工艺分类	集成传感器	用标准的硅基半导体集成电路的工艺技术制造,通常还将用于初步处理被测信号的部分电路也集成在同一芯片上
	厚膜传感器	利用相应材料的浆料涂覆在陶瓷基片上制成,使用混合工艺时,同样可将部分电路制造在此基板上
	薄膜传感器	通过沉积在基板上的相应敏感材料的薄膜形成,使用混合工艺时,同样可将部分电路制造在此基板上
	陶瓷传感器	采用标准的陶瓷工艺或其某种变种工艺(溶胶凝胶等)生产

三、汽车传感器的性能要求

汽车传感器的性能指标包括精度指标、响应性、可靠性、耐久性、结构紧凑性、适应性、输出电平和制造成本等。对汽车传感器的性能有如下要求：

(1)有较好的环境适应性。由于部分汽车部件工作环境恶劣，特别是发动机，它是在高温、振动、油污等恶劣环境下工作，因此要求传感器能适应温度、湿度、冲击、振动、腐蚀及油污等恶劣的工作环境。

(2)有较高的工作稳定性及可靠性。同普通传感器一样，汽车传感器的可靠性是十分重要的，且测量稳定性要好。

(3)重复性好。由于电子计算机控制系统在汽车上的应用，即使传感器线性特性不良，只要重复性好，通过计算机也可以对测量值进行修正。

(4)适于批量生产和具有通用性。汽车电子化的发展趋势使得传感器市场前景广阔，因此要求传感器适于批量生产。一种传感器信号经常作为多个控制系统的输入，所以要求传感器具有通用性。

(5)传感器数量不受限制。在现代汽车电子控制系统中，传感器能把被测参数变换成电信号，无论参数的数量怎样多，只要把传感器信号输入计算机，既便于处理，又易于实现汽车的高精度控制。

(6)其他要求。体积和外形尽可能小型、轻量、便于安装，符合标准化要求。

表3-2为部分汽车传感器的检测项目和精度要求。

部分汽车传感器的检测项目和精度要求　　　　表3-2

检测项目	检测范围	精度要求	分辨能力	响应时间
进气歧管压力	10~100kPa	±2%	0.1%	2.5ms
空气流量	6~600kg/h	±2%	0.1%	2.5ms
冷却液温度	-50~150℃	±2.5%	1℃	10s
曲轴转角	10°~360°	±0.5%	1°	20μs
节气门开度	0°~90°	±1%	0.2°	10ms
排气中氧浓度	0.4~1.4	±1%	1%	10ms

四、汽车传感器的选用原则

(1)量程的选择。量程是传感器测量上限和下限的代数差。例如，检测车高用的位移传感器，要求测量上限为40mm，测量下限为-40mm，则选择位移传感器的量程应为80mm。

(2)灵敏度的选择。传感器输出变化值与被测量的变化值之比称为灵敏度。例如，测量发动机冷却液温度的传感器，它的测量变化值为170℃(-50~120℃)，而它的输出电压值要求为0~5V，所以选择其灵敏度为5V/170℃。

(3)分辨率的选择。分辨率表示传感器可能检测出的被测信号的最小增量。例如，发动机的曲轴位置传感器，要求分辨率为0.1°，也就是表示设计或选择数字传感器时，它的脉冲当量选择为0.1°。

(4)误差的选择。误差是指测量指示值与真实值之间的差。有的用绝对值表示，例如温度传感器的绝对误差为0.2℃；有的用相对于满量程之比来表示，例如空气流量传感器的相对误差为±1%。传感器误差是系统总体误差所要求的，应当得到满足。

(5)重复性的选择。重复性是传感器在工作条件下，被测量的同一数值在一个方向上进行重复测量时,测量结果的一致性。例如,检测发动机在转速上升时期对某一个速度重复测量时,数值的一致性或误差值应满足规定要求。

(6)线性度的选择。汽车传感器的线性度是指它的输入/输出关系曲线与其理论拟合直线之间的偏差。这种偏差的选择要大小一定,重复性好,而且有一定的规律,这样在计算机处理数据时可以用硬件或软件进行补偿。

(7)过载的选择。过载表示传感器允许承受的最大输入量(被测量)。在这个输入量作用下传感器的各项指标应保证不超过其规定的公差范围,一般用允许超过测量上限(或下限)的被测量值与量程的百分比表示,选择时只要实际工况超载量不大于传感器说明书上的规定值即可。

(8)可靠度的选择。可靠度的含义是在规定条件(规定的时间,产品所处环境条件、维护条件和使用条件等)下,传感器正常工作的可能性。例如压力传感器的可靠度为 0.997(2000h),它是指压力传感器符合上述条件时,工作 2000h,它的可靠性(概率)为 0.997(99.7%)。在选择时,要求传感器的工作时间长短及概率两指标都要符合要求,以保证整个系统的可靠性指标。

(9)响应时间的选择。传感器的响应时间(或称建立时间)是指阶跃信号激励后,传感器输出值达到稳定值的最小规定百分数(如5%)时所需时间。例如压力传感器响应时间要求≤10ms,也就是要求该传感器在工作条件下,输入信号加入 10ms 以内输出值达到所要求的数值。该参数太小直接影响汽车工况变换的时间,如汽车起动时间的大小。

第二节　超声波传感器

一、超声波传感器的定义

1. **声波及超声波**

声波是声音的传播形式,发出声音的物体称为声源。声波是一种机械波,由声源振动产生,声波可以理解为介质偏离平衡的小扰动的传播。这个传播过程只是能量的传递过程,而不发生质量的传递。如果扰动量比较小,则声波的传递满足经典的波动方程,是线性波。如果扰动很大,则不满足线性的声波方程,会出现波的色散和激波的产生。

声波频率的范围如图3-3所示。频率在 $16 \sim 2 \times 10^4$Hz 之间,能被人耳识别的机械波,称为声波;低于 16Hz 的机械波,称为次声波;频率高于 2×10^4Hz 的机械波,称为超声波;频率在 $3 \times 10^8 \sim 3 \times 10^{11}$Hz 之间的波,称为微波。

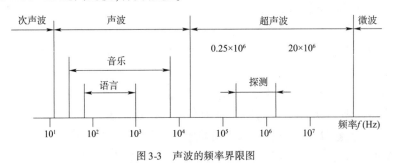

图 3-3　声波的频率界限图

超声波具有频率高、波长短、绕射现象小,特别是方向性好、能够成为射线而定向传播等特点。超声波的能量消耗较缓慢,在介质中传播的距离较远,穿透性强,测距的方法简单,成本低。

2. 超声波传感器的定义

超声波传感器也称超声波雷达,它是利用超声波的特性研制而成的传感器,是在超声波频率范围内将交变的电信号转换成声信号或将外界声场中的声信号转换为电信号的能量转换器件。按照安装方式分类,超声波传感器可以分为直射式和反射式,反射式又可以分为发射头与接收头分体和收发一体两种形式,如图3-4所示。其中,直射式适用于遥控器、防盗报警器、自动门、接近开关等。分离式反射型适用于测距、液位或料位的检测,收发一体反射型适用于材料的探伤、测厚等。

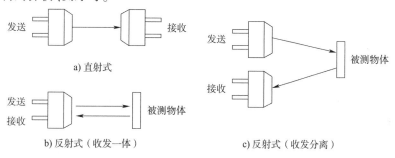

图3-4 超声波传感器的3种基本应用方式

按照结构分类,超声波传感器可分为直探头、斜探头、表面波探头、双探头、聚焦探头、水浸探头以及其他专用探头。按照实现超声波换能器工作的物理效应的不同分类,超声波传感器可以分为电动式、电磁式、磁致伸缩式、压电式等,其中以压电式最为常用。按照工作频率分类,超声波雷达有40kHz、48kHz、58kHz三种。一般来说,频率越高,灵敏度越高,但水平与垂直方向的探测角度也越小,汽车测距超声波雷达主要使用40kHz。按使用场景分类,汽车超声波雷达有超声波泊车辅助(Ultrasonic Parking Assistant,UPA)和全自动泊车辅助(Automatic Parking Assistant,APA)两种。UPA探测距离在15~250cm之间,安装在汽车前后保险杠上,用于汽车前后障碍物的测距。通常,一套汽车倒车辅助系统需要在车后安装4个UPA,而自动泊车系统需要在倒车辅助系统的基础上,再增加车前4个UPA和车侧4个APA。

二、超声波传感器的结构组成及工作原理

1. 超声波传感器的结构组成

超声波传感器按其工作原理可分为压电式、磁致伸缩式、电磁式等,其中以压电式最为常用。压电式超声波探头常用的材料是压电晶体和压电陶瓷,它是利用压电材料的压电效应来工作的。压电效应有正向压电效应和逆向压电效应。逆压电效应将高频电振动转换成高频机械振动,从而产生超声波,可作为发射探头;而正压电效应是将超声振动波转换成电信号,可作为接收探头。

超声波探头结构如图3-5所示,它主要由压电晶

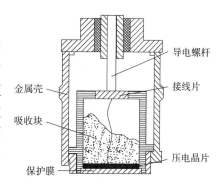

图3-5 压电式超声波传感器的结构

片、吸收块(阻尼块)、保护膜、导电螺杆、接线片及金属壳等组成。压电晶片多为圆板形，厚度为 δ。超声波频率 f 与其厚度 δ 成反比。压电晶片的两面镀有银层，作导电的极板。吸收块(阻尼块)的作用是降低晶片的机械品质，吸收声能量。如果没有吸收块(阻尼块)，当激励的电脉冲信号停止时，晶片将会继续振荡，加长超声波的脉冲宽度，使分辨率变差。

2. 超声波传感器的收发过程

以收发一体超声波传感器为例介绍其收发过程。收发一体超声波传感器有两个压电晶片和一个共振板，当其两极外加脉冲信号，且频率等于压电晶片的固有振荡频率时，根据逆压电效应，压电晶片将会发生共振，并带动共振板振动产生超声波。超声波产生过程如图 3-6 所示。反之，如果两电极间未外加电压，当共振板接收到超声波时，将迫使压电晶片振动，根据正压电效应，在晶片的两个表面上便产生极性相反的电荷，将机械能转换为电信号，这些电荷被转换成电压经放大后送到测量电路，最后记录或者显示出来，这时它就成为超声波接收器。超声波接收器接收超声波的过程如图 3-7 所示。

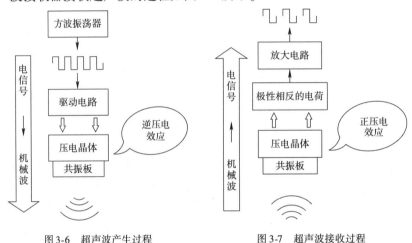

图 3-6　超声波产生过程　　　　图 3-7　超声波接收过程

3. 超声波传感器的测距原理

超声波能用于测距是由其物理性质决定的。超声波反射能力强、方向性好，使其成为测距的理想选择。超声波测距原理是通过超声波发射器向某一方向发射超声波，在发射时刻的同时开始计时，超声波在空气中传播时碰到障碍物就立即返回来，超声波接收器收到反射波就立即停止计时。超声波在空气中的传播速度为 v，根据计时器测出发射和接收超声波的时间差 Δt，就可以计算出发射点距障碍物的距离 S，即：

$$S = \frac{v\Delta t}{2} \tag{3-1}$$

这就是时间差测距法。

由于超声波也是一种声波，声速 C 与温度有关，表 3-3 列出了几种不同温度下的声速。在使用时，如果温度变化不大，则可认为声速是基本不变的。常温下超声波的传播速度是 334m/s，但其传播速度 V 易受空气中温度、湿度、压强等因素的影响，其中受温度的影响较大，如温度每升高 1℃，声速增加约 0.6m/s。如果测距精度要求很高，则应通过温度补偿的方法进行校正。已知现场环境温度 T 时，超声波传播速度 V 的计算公式为：

$$V = 331.45 + 0.607T \tag{3-2}$$

温度确定后,只要测得超声波往返的时间,即可求得距离。这就是超声波测距的原理。

声速与温度关系表　　　　　　　　　　表3-3

温度(℃)	-30	-20	-10	0	10	20	30	100
声速(m/s)	313	319	325	332	338	344	349	386

三、超声波传感器的主要参数和性能

超声波传感器主要有以下特性参数和性能:

(1)测量范围。超声波传感器的测量范围取决于其使用的波长和频率;波长越长,频率越小,检测距离越大。测量汽车前后障碍物的短距超声波传感器探测距离一般为 15~250cm;安装在汽车侧面、用于测量侧方障碍物距离的长距超声波传感器探测距离一般为30~500cm。

(2)测量精度。测量精度是指传感器测量值与真实值的偏差。超声波传感器测量精度主要受被测物体体积、表面形状、表面材料等影响。被测物体体积过小、表面形状凹凸不平、物体材料吸收声波等情况都会降低超声波传感器测量精度。测量精度越高,反馈信息越可靠。

(3)波束角。传感器产生的声波以一定角度向外发出,声波沿传感器中轴线方向上的超声射线能量最大,向其他方向逐渐减弱。以传感器中轴线的延长线为轴线,到一侧能量强度减小一半处的角度称为波束角。波束角越小,指向性越好。一些传感器具有较窄的波束角6°,更适合精确测量相对较小的物体。一些波束角为 12°~15°的传感器能够检测具有较大倾角的物体。

(4)工作频率。工作频率直接影响超声波的扩散和吸收损失、障碍物反射损失、背景噪声,并直接决定传感器的尺寸。汽车用选择 40kHz 左右,这样传感器方向性尖锐,且避开了噪声,提高了信噪比;虽然传播损失相对低频有所增加,但不会给发射和接收带来困难。

(5)抗干扰性能。超声波为机械波,使用环境中噪声会干扰超声波传感器接收物体反射回来的超声波,因此要求超声波传感器具有一定的抗干扰能力。

四、超声波传感器的优缺点

1. 超声波传感器的优点

(1)超声波传感器的频率都相对固定。例如,汽车上用的超声波传感器频率为40kHz。

(2)超声波传感器结构简单、体积小、成本低、信息处理简单可靠、易于小型化与集成化,并且可以进行实时控制。

(3)超声波传感器灵敏度较高。

(4)超声波传感器抗环境干扰能力强,对天气变化不敏感。

(5)超声波传感器可在室内、黑暗中使用。

2. 超声波传感器的缺点

(1)超声波传感器适用于低速场景,在高速情况下测量距离具有一定的局限性。这是因为超声波的传输速度容易受天气情况的影响,在不同的天气情况下,超声波的传输速度不同。当汽车高速行驶时,使用超声波测距无法跟上汽车车距的实时变化,误差较大。

(2)超声波有一定的扩散角,只能测量距离,不可以测量方位,所以只能在低速(如泊车)时使用,而且必须在汽车的前、后保险杠不同方位上安装多个超声波传感器。

(3)对于低矮、圆锥、过细的障碍物或者沟坎,超声波传感器不容易探测到。

(4)超声波的发射信号和余振的信号都会对回波信号造成覆盖或者干扰,因此在低于某一距离后就会丧失探测功能,这就是普通超声波传感器的探测有盲区的原因之一,若在盲区内,则系统无法探测到障碍物。因此,比较好的解决办法是在安装超声波传感器的同时安装摄像头。

五、超声波传感器的应用

利用超声波的特性,可做成各种超声波传感器,配合不同的电路,制成各种超声波测量仪器及装置。

下面以汽车倒车探测器(倒车雷达)为例,说明超声波传感器在汽车上的具体应用。选用封闭型的发射超声波传感器 MA40EIS 和接收超声波传感器 MA40EIR 安装在汽车尾部的侧角处,按图3-8所示电路装配即可构成一个汽车倒车尾部防撞探测器。

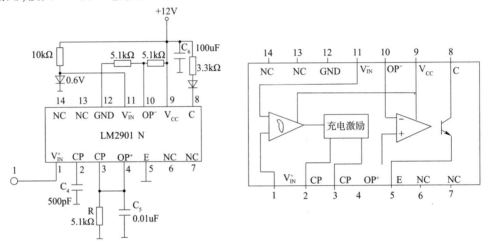

a) 汽车尾部防撞探测器电路

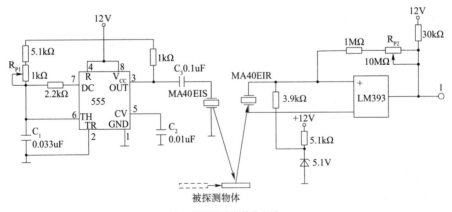

b) LM2901N内部简化电路

图3-8 汽车倒车尾部防撞探测器原理图

该电路分为超声波发射电路、超声波接收电路和信号处理电路。

(1)超声波发射电路。如图3-8b)左边电路所示,超声波发射电路由时基电路555组成,555振荡电路的频率可以调整,调节电位器 R_{P1} 可将超声波接收传感器的输出电压频率调至最大,通常可调至40kHz。

(2)超声波接收电路。如图3-8b)右边电路所示,超声波接收电路使用超声波接收传感器MA40EIR,MA40EIR的输出由集成比较器LM393进行处理。LM393输出的是比较规范的方波信号。

(3)信号处理电路。信号处理电路用集成电路LM2901N,其内部有F/V转换器和比较器,它的输入要求有一定频率的信号。

由图3-8a)可以看出,由于两个串联5.1kΩ电阻的分压,LM2901N的10脚上的电压$V_{OP-}=6V$,这是内部比较器的参考电压。内部比较器的4脚电压V_{OP+}为输入电压,它是R(5.1kΩ)上的电压,这个电压是和频率有关的。当$V_{OP+}>V_{OP-}$时,比较器输出高电平"1",LM2901N内部三极管导通(或饱和)输出低电平"0",则发光二级光LED点亮。也就是说,平时MA40EIR无信号输入,当检测物体存在时,物体反射超声波,MA40EIR就会接收超声波,使$V_{OP+}>V_{OP-}$,发光二极管LED点亮。超声波发射传感器、接收传感器和被探测物体之间的角度、位置均应通过调试来确定。

对超声波发射器和接收器的位置进行确定时,移动被测物体的位置,当倒车对车尾或车尾后侧的安全构成威胁时,应使LED点亮以示报警,这一点要借助于微调电位器R_{p1}进行。调试好发射器、接收器的位置、角度后,再在车辆后保险杠处安装。报警的方式可以用红色发光二极管,也可采用蜂鸣器或扬声器报警,采用声光报警则更佳。

第三节 激光雷达

一、激光雷达的定义

1. 雷达

雷达是英文"Radar"的音译,英文全称是Radio Detection and Ranging,即无线电探测和测距。雷达向目标发射无线电波,通过发送信号与目标反射信号进行对比,来获得目标至发射点间距离、距离变化率、方位、高度以及角度等信息。雷达按频段可分为超视距雷达、微波雷达、毫米波雷达以及激光雷达等,如图3-9所示。

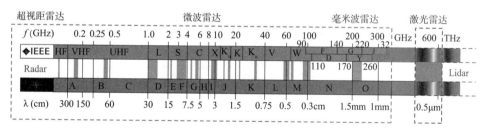

图3-9 雷达频段分类

目前应用于智能汽车的雷达主要有以下三种:

(1)介于微波和红外线之间,频率范围10~200GHz,波长为毫米级的毫米波雷达。

(2)介于红外线和可见光之间,频率大致为10^{14}Hz,波长为纳米级的激光雷达。

(3)频率高于20000Hz的超声波雷达。

2. 激光雷达

激光雷达(Laser Detecting and Ranging,Lidar),英文意为激光探测和测距。激光雷达是工作在光波频段的雷达,它利用光波频段的电磁波先向目标发射探测信号,然后将其接收到的同波信号与发射信号相比较,从而获得目标的位置(距离、方位和高度)、运动状态(速度、姿态)等信息,实现对目标的探测、跟踪和识别。

激光可以分别按照探测体系、应用方向、线束、基于机械/电子部件分类,见表 3-4。

激光雷达的分类　　　　　　　　　　　表 3-4

分类依据	类　　型
按探测体系分类	直接探测激光雷达(自动驾驶、机器人、测绘等)
	相干探测激光雷达(测风速等)
按应用方向分类	激光测距仪
	激光三维成像雷达(自动驾驶)
	激光测速雷达
	激光大气探测雷达
按线束分类	单线激光雷达
	多线激光雷达
按基于机械/电子部件分类	机械型激光雷达
	固态型激光雷达
	混合型激光雷达

机械旋转式激光雷达最早诞生,图 3-10 是机械旋转激光雷达的组成,主要包括:伺服电机、激光源、光学旋转编码器、接收器等。依靠伺服电机,将投射到反射镜的激光旋转投射出去,遇到障碍物反射回收,通过接收器接收回波信号。由于内部核心包含激光器、扫描器、光学组件、光电探测器、接收电路以及位置和导航器件等复杂且精密的部件,硬件成本较高。

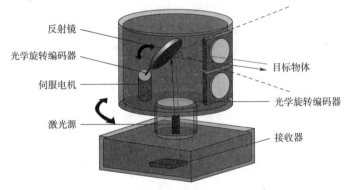

图 3-10　机械旋转激光雷达的组成

二、激光雷达的工作原理和数据特点

1. 激光雷达的工作原理

激光雷达的成像原理简述如下:发射器和接收器连接在一个可以旋转的机械结构上,某时刻,发射器将激光发射出去,之后接收器接收返回的激光并计算激光与物体碰撞点到雷达原点的距离。由于每次发射/接收的角度是预先设定的,因此根据距离、水平角度和垂直角度就能求出碰撞点相对于激光雷达中心的坐标。每条线每次发射激光得到的数据由一个四元向量(x,y,z,i)表示,其中(x,y,z)是三维坐标,i表示反射强度。某款16线激光雷达的成像原理如图3-11所示。

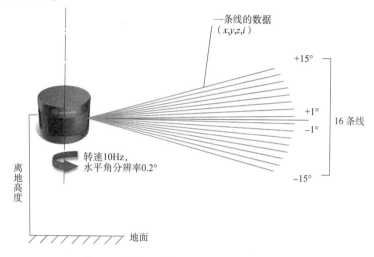

图3-11 某款16线激光雷达的成像原理示意图

图3-11中16根线从上到下排列覆盖$-15°\sim15°$。在工作状态时,这16根线在水平平面旋转可以采集一周360°的数据。雷达的旋转速度和角分辨率是可以调节的,常用转速为10Hz(即一秒转10圈),对应的水平角分辨率为0.2°。通常采集到的360°的数据被称为一帧,16线激光雷达中一帧数据在理论上最多包含$16\times(360°/0.2°)=28800$个点。如果雷达被放置在车的上方大约距地面1.9m的位置,则在比较空旷的场景中大约获得20000个点,一部分激光点因为被发射向天空或被吸收等并没有返回到接收器,也就无法得到对应的点。图3-12是典型的一帧数据的可视化图。

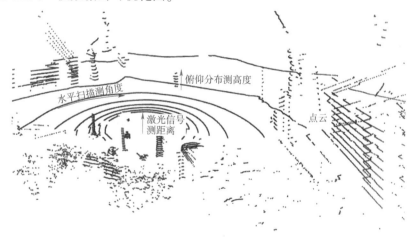

图3-12 某款16线激光雷达的一帧数据的三维可视化图

2. 数据特点

激光雷达采集到的三维数据通常被称为点云。激光雷达的点云数据结构比较简单,点云数据构成如图3-13所示。在无人驾驶系统中,每一帧的数据都会有时间戳,根据时间戳进行后续和时间有关的计算(如距离信息的微分等)。每一线点云的数据结构又是由点云的数量和每一个点云的数据结构组成。由于激光雷达的数据采集频率和单线的点云数量都是可以设置的,因此1线点云数据中需要包含点云数量这个信息。最底层的是单个点云的数据结构,点的表达既可以使用极坐标表示,也可以使用笛卡尔三维坐标表示。每个点云除了坐标外,激光的反射强度也是很重要的要素,激光在不同材料上的反射强度有所不同。

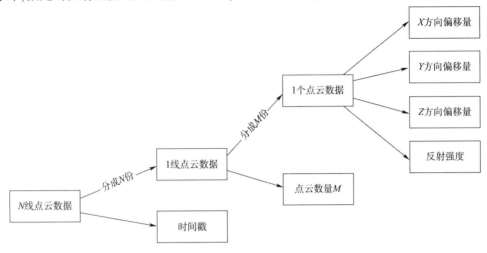

图3-13　N线激光雷达点云数据构成

激光点云数据还有以下特点:

(1)距离中心点越远的地方点云越稀疏。

(2)机械激光雷达的帧率比较低,一般可选5Hz、10Hz和20Hz,但是因为高帧率对应低角分辨率,所以在权衡了采样频率和角分辨率之后常用10Hz。

(3)点与点之间根据成像原理有内在联系,比如平坦地面上的一圈点是由同一个发射器旋转一周生成的。

(4)激光雷达生成的数据中,只保证点云与激光原点之间没有障碍物以及每个点云的位置有障碍物,除此之外的区域不确定是否存在障碍物。

(5)由于自然世界中激光比较少见,所以激光雷达生成的数据一般不会出现噪声点,但是其他激光雷达可能会对其造成影响,另外落叶、雨雪、沙尘、雾霾也会产生噪声点。

(6)与激光雷达有相对运动的物体的点云会出现偏移,例如采集一圈激光点云的耗时为100ms,在这一段时间如果物体相对激光有运动,则采集到的物体上的点会被压缩或拉伸。

三、激光雷达的测距原理

激光雷达的测距原理是通过测算激光发射信号与激光回波信号的往返时间,从而计算出目标的距离。激光雷达发出激光束,激光束碰到障碍物后被反射回来,被激光接收系统进行接收和处理,从而得知激光从发射至被反射回来并接收之间的时间,即激光的飞行时间,根据飞行时间,可以计算出障碍物的距离。

根据所发射激光信号的不同形式,激光测距方法有脉冲测距法、干涉测距法和相位测距法等。

1. 脉冲测距法

用脉冲法测量距离时,激光器发出一个光脉冲,同时设定的计数器开始计数,当接收系统接收到经过障碍物反射回来的光脉冲时停止计数。计数器所记录的时间就是光脉冲从发射到接收所用的时间。光速是一个固定值,所以只要得到发射到接收所用的时间就可以算出所要测量的距离,如图3-14所示。

设 C 为光在空气中传播的速度,$C=3\times10^8\mathrm{m/s}$,光脉冲从发射到接收的时间为 t,则待测距离为 $L=Ct/2$。脉冲式激光测距所测得距离比较远,发射功率较高,一般从几瓦到几十瓦不等,最大射程可达几十千米。脉冲激光测距的关键之一是对激光飞行时间的精确测量。激光脉冲测量的精度和分辨率与发射信号带宽或处理后的脉冲宽度有关,脉冲越窄,性能越好。

2. 干涉测距法

干涉测距法的基本原理是利用光波的干涉特性实现距离测量的方法。根据干涉原理,产生干涉现象的条件是两列有相同频率、相同振动方向的光相互叠加,并且这两列光的相位差固定。干涉法激光的测距原理如图3-15所示。通过激光器发射出一束激光,通过分光镜分为两束相干光波,两束光波各自经过反射镜M1和M2反射回来,在分光镜处汇合到一起。由于两束光波的路程差不同,通过干涉后形成的明暗条纹也不同,所以传感器将干涉条纹转换为电信号之后,就可以实现测距。

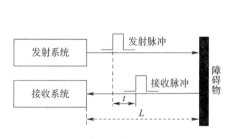

图3-14 脉冲法激光的测距原理　　图3-15 干涉法激光的测距原理

干涉法测距技术虽然已经很成熟,并且测量精度也很好,但是它一般是用在测量距离的变化中,不能直接用它测量距离,所以干涉测距一般应用于干涉仪、测振仪、陀螺仪中。

3. 相位测距法

相位法激光的测距原理是利用发射波和返回波之间所形成的相位差来测量距离的。首先,经过调制的频率通过发射系统发出一个正弦波的光束,然后通过接收系统接收经过障碍物之后反射回来的激光。只要求出这两束光波之间的相位差,便可通过此相位差计算出待测距离。相位法激光的测距原理如图3-16所示。

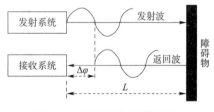

图3-16 相位法激光的测距原理

激光从发射到接收的时间为:

$$t=\frac{\Delta\varphi}{\omega}=\frac{\Delta\varphi}{2\pi f} \qquad (3-3)$$

式中,t 为激光从发射到接收的时间;$\Delta\varphi$ 为发射波和返回波之间的相位差;ω 为正弦波角频率;f 为正弦波频率。待测距离为:

$$L=\frac{1}{2}Ct=\frac{C\Delta\varphi}{4\pi f} \qquad (3-4)$$

相位测距法由于其精度高、体积小、结构简单、昼夜可用等优点,被公认为是最有发展潜力的距离测量技术。相比于其他类型的测距方法,相位测距法正朝着小型化、高稳定性、方便与其他仪器集成的发展方向。

四、激光雷达的标定

1. 单个激光雷达的坐标转换

由于激光雷达封装的数据包仅为水平旋转角度和距离参量,为了呈现三维点云图的效果,可将极坐标下的角度和距离信息转化为笛卡尔坐标系下的 XYZ 坐标,雷达极坐标与 XYZ 坐标映射如图 3-17 所示,它们的转换关系如式 3-5 所示。

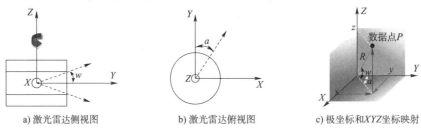

a) 激光雷达侧视图　　b) 激光雷达俯视图　　c) 极坐标和XYZ坐标映射

图 3-17　激光雷达坐标转换原理

$$\begin{cases} x = R\cos w\sin a \\ y = R\cos w\cos a \\ z = R\sin w \end{cases} \tag{3-5}$$

式中,R 为实测距离;w 为激光的垂直角度;x、y、z 为极坐标投影到 X、Y、Z 轴上的坐标。如果需要得到 P 点在世界坐标系中的位置,则还需要一系列的标定和定位工作。

2. 激光雷达的标定

激光雷达与车体为刚性连接,两者间的相对姿态和位移固定不变,为了建立激光雷达之间以及激光雷达与车辆之间的相对坐标关系,需要对激光雷达的安装进行标定,并使激光雷达数据从激光雷达坐标统一转换至车体坐标上。下面以 RS-LiDAR-16 激光雷达为例进行介绍。

激光雷达的标定分为内参标定和外参标定两个部分。内参标定是其内部激光发射器坐标系与雷达自身坐标系的转换关系,在出厂之前已经标定完成,可以直接使用。外参标定是雷达自身坐标系到车体坐标系的转换关系,需要标定两个坐标系之间的旋转矩阵和平移矩阵。

激光雷达坐标系为右手坐标系,旋转轴朝上为 Z 轴正方向,电缆出口方向为 X 轴正方向,根据右手法则,可以判断出 Y 轴的正方向,其中,Y 轴正方向为一帧起始的 0°。车体坐标系以车辆后轴中心为坐标原点,垂直地面向上为 Z 轴,朝前为 Y 轴,按照右手坐标系确定 X 轴坐标系方向。图 3-18 中 (X_W, Y_W, Z_W) 坐标系为车体坐标系(世界坐标系),(X_L, Y_L, Z_L) 坐标系为激光雷达坐标系。

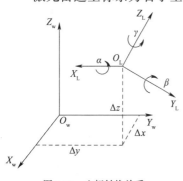

图 3-18　坐标转换关系

设 P 点在车体坐标系(世界坐标系)下的坐标为 (x_w, y_w, z_w),在激光雷达坐标系下的坐标为 $P'(x_L, y_L, z_L)$。P' 点和 P 点的坐标转换关系可表示为:

$$\begin{bmatrix} x_\mathrm{W} \\ y_\mathrm{W} \\ z_\mathrm{W} \end{bmatrix} = R \begin{bmatrix} x_\mathrm{L} \\ y_\mathrm{L} \\ z_\mathrm{L} \end{bmatrix} + T \tag{3-6}$$

其中 R 为旋转矩阵,T 为平移矩阵。α 为绕 X_W 轴旋转的角度,β 为绕 Y_W 轴旋转的角度,γ 为绕 Z_W 轴旋转的角度。

$$R = \begin{bmatrix} 1 & 0 & 0 \\ 0 & \cos\alpha & \sin\alpha \\ 0 & -\sin\alpha & \cos\alpha \end{bmatrix} \begin{bmatrix} \cos\beta & 0 & -\sin\beta \\ 0 & 1 & 0 \\ \sin\beta & 0 & \cos\beta \end{bmatrix} \begin{bmatrix} \cos\gamma & \sin\gamma & 0 \\ -\sin\gamma & \cos\gamma & 0 \\ 0 & 0 & 1 \end{bmatrix} \tag{3-7}$$

$$T = \begin{bmatrix} \Delta x \\ \Delta y \\ \Delta z \end{bmatrix} \tag{3-8}$$

可见,如果知道了 α、β、γ 三个角度以及 Δx、Δy、Δz 三个平移量,就可以求得两个坐标系的旋转、平移矩阵,实现坐标转换。这六个物理量都有实际的物理意义,易于理解和检验标定结果是否正确。

五、激光雷达的技术指标

激光雷达技术指标主要有最大探测距离、距离分辨率、测距精度、测量帧频、数据采样率、视场角、角度分辨率、波长等。

(1)最大探测距离。最大探测距离通常需要标注基于某一个反射率下的测得值,如白色反射体大概70%的反射率,黑色物体7%~20%的反射率。

(2)距离分辨率。距离分辨率是指两个目标物体可区分的最小距离。

(3)测距精度。测距精度是指对同一目标进行重复测量得到的距离值之间的误差范围。

(4)测量帧频。测量帧频与摄像头的帧频概念相同,激光雷达成像刷新帧频会影响激光雷达的响应速度,刷新率越高,响应速度越快。

(5)数据采样率。数据采样率是指每秒输出的数据点数,等于帧率乘以单幅图像的点云数目,通常数据采样率会影响成像的分辨率,特别是在远距离,点云越密集,目标呈现就越精细。

(6)视场角。视场角又分为垂直视场角和水平视场角,是激光雷达的成像范围。

(7)角度分辨率。角度分辨率是指扫描的角度分辨率,等于视场角除以该方向所采集的点云数目,因此本参数与数据采样率直接相关。

(8)波长。目前市场上三维成像激光雷达最经常使用的波长是905nm 和1550nm。波长会影响雷达的环境适应性和对人眼的安全性。

六、实际产品使用

1. 产品简介

RS-LiDAR-16 是深圳市速腾聚创科技有限公司推出的16线激光雷达,主要面向智能汽车环境感知、无人机测绘等领域。其内置16组激光元器件,同时发射与接收高频率激光束,通过360°旋转,进行实时3D成像,提供精确的三维空间点云数据及物体反射率,让机器获得可靠的环境信息,为定位、导航、避障等提供有力的保障。表 3-5 为 RS-LiDAR-16 产品规格。

RS-LiDAR-16 产品规格　　　　　　　　　　　　表 3-5

传感器	
线束	16
波长	905nm
激光等级	1 级
探测距离	0.2～150m(目标反射率 20%)
距离精度	±2cm
垂直视场角	-15°～+15°
垂直角分辨率	2.0°
水平视场角	360°
水平角分辨率	0.1°/0.2°/0.4°(5Hz/10Hz/20Hz)
帧率	5Hz/10Hz/20Hz
转速	300r·min^{-1}/600r·min^{-1}/1200r·min^{-1}(5Hz/10Hz/20Hz)
输　　出	
出点数	32 万点/s(单回波),64 万点/s(双回波)
数据接口	100Mbit/s 以太网
UDP 数据包内容	三维空间坐标、反射率、同步的时间标签
机　　器	
输入电压	9～32VDC
产品功率	9W(典型值)
工作温度	-30°～+60°
存储温度	-40°～+85°
防护安全级别	IP67
尺寸	直径 109mm×高 82.7mm
质量	870g(不包含数据线)

2. 产品使用

下文介绍 Windows 系统下使用 RS-LiDAR-16 的方法。

1)硬件连接

RS-LiDAR-16 硬件连接如图 3-19 所示。

2)安装 RSView

对于从 RS-LiDAR-16 得到的原始数据,可以使用一些免费工具去检测,例如 Wireshark 和 tcp-dump,但对于可视化这些数据,使用 RSView 更为方便。RSView 将 RS-LiDAR-16 得到的距离测量值显示为一个点,支持多种自定义颜色来显示数据,例如反射率、时间、距离、水平角度和激光线束序号。

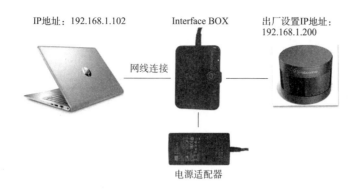

图 3-19　产品接线图

3）设置网络

RS-LiDAR-16 与计算机之间的通信采用以太网介质,使用 UDP 协议,输出包有两种类型:MSOP 包和 DIFOP 包。RS-LiDAR-16 网络参数可配置,出厂默认采用固定 IP 和端口号模式。在此默认情况下需要设定计算机的静态 IP 的地址为 192.168.1.102,子网掩码为 255.255.255.0。此外还需要确保 RSView 没有被防火墙或第三方安全软件禁止。

RS-LiDAR-16 与电脑之间的通信协议主要分为以下三类:

(1) 主数据流输出协议 MSOP:将激光雷达扫描出来的距离、角度、反射率等信息封装成包输出给计算机。

(2) 设备信息输出协议 DIFOP:将激光雷达当前状态的各种配置信息输出给计算机。

(3) 用户权限写入协议 UCWP:用户可以根据自己需求,重新修改激光雷达的某些配置参数。

4）可视化数据

(1) RS-LiDAR-16 接通电源,并用网线和计算机连接。

(2) 右键使用管理员权限运行打开 RSView 软件。

(3) 点击 File > Open 并且选择 Sensor Stream,如图 3-20 所示。

(4) 在弹出的 Sensor Configuration 窗口中,包含一个命名为 RSlidar16CorrectionFile 的雷达默认参数目录,需要用户添加所用雷达对应的参数目录,否则显示的点云图形将会混乱。

(5) RSView 开始显示实时采集到数据。可以通过点击 Play 按钮暂停,再点击一次可以继续显示。图 3-21 就是实时采集的激光雷达点云数据。

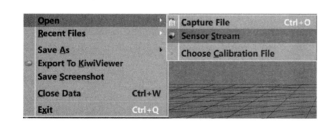

图 3-20　打开 RSView 数据显示

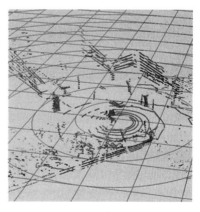

图 3-21　实时采集的激光雷达点云数据

第四节　毫米波雷达

一、毫米波雷达的定义和发展历程

1. 毫米波雷达的定义

毫米波雷达是工作在毫米波(Millimeter Wave)波段探测的雷达。通常毫米波是指30～300GHz频域(波长为1～10mm)。毫米波的波长介于微波和厘米波之间,因此毫米波雷达兼有微波雷达和光电雷达的一些优点。在智能汽车中常用的是24GHz和77GHz毫米波雷达,少数国家(如日本)采用60GHz频段。由于77G相对于24G的诸多优势,未来全球车载毫米波雷达的频段会趋同于77GHz频段(76～81GHz)。

毫米波雷达通过发射与接收高频电磁波来探测目标,后端信号处理模块利用回波信号计算出目标的距离、速度和角度等信息。毫米波雷达是智能汽车核心传感器之一,主要用于自动制动辅助(Advanced Emergency Baking,AEB)系统、前向碰撞预警(Forward Collision Warning,FCW)系统、盲区监测(Blind Spot Detection,BSD)系统等。

2. 毫米波雷达的发展历程

毫米波雷达的发展历程如图3-22所示。车载毫米波雷达的研究始于20世纪60年代,研究主要在德国、美国、日本等发达国家内展开。早期车载毫米波雷达发展缓慢,21世纪后随着汽车市场需求增长开始进入蓬勃发展期。

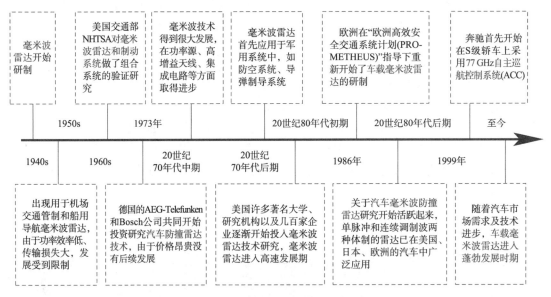

图3-22　毫米波雷达发展历程

在毫米波雷达的发展进程中,有一个绕不开的问题就是车载毫米波雷达频段划分。为避免与其他设备频段冲突,车载雷达需要分配专属频段,各国频段划分略有不同。2015年日内瓦世界无线电通信大会将77.5～78.0GHz频段划分给无线电定位业务,以支持短距离高分辨率车载雷达的发展,从而使76～81GHz都可用于车载雷达,为全球车载毫米波雷达的频率统一指明了方向。各国车载毫米波雷达频段划分历程如图3-23所示。

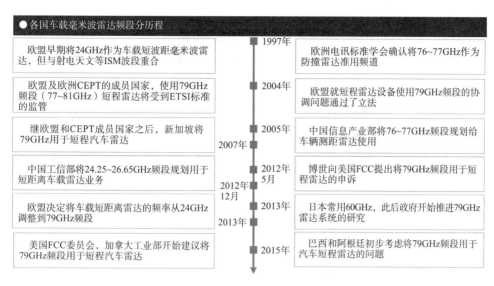

图 3-23　各国车载毫米波雷达频段划分历程

二、毫米波雷达的构成与分类

1. 毫米波雷达的构成

毫米波雷达主要由收发天线、前端收发组件、信号处理器及算法等部分组成。

(1)天线。天线主要用于发射和接收毫米波,由于毫米波波长只有几毫米,当天线长度为波长 1/4 时,天线的发射和接收转换效率最高,因此天线尺寸可以做得很小,同时还可以使用多根天线来构成阵列。目前主流天线方案是采用微带阵列,即在印刷电路 PCB 板上,铺上微带线,形成"微带贴片天线",以满足低成本和小体积的需求。

(2)前端收发组件。前端收发组件是毫米波雷达的核心部分,主要负责毫米波信号的调制、发射、接收以及回波信号的解调。收发组件包含了放大器、振荡器、开关、混频器等多个电子元器件,常采用单片微波集成电路(Monolithic Microwave Integrated Circuit,MMIC)。MMIC 属于半导体集成电路的一种技术,能降低系统尺寸、功率和成本,还能嵌入更多的功能。

(3)信号处理器以及算法。通过芯片嵌入不同的算法,对信号进行处理,实现对探测目标的分类识别。

图 3-24 为某毫米波雷达的实物拆解图,其中微带贴片天线和前端收发组件 MMIC 为核心部件,信号处理器集成在了前端收发组件上。

2. 毫米波雷达的分类

毫米波雷达可以按照工作原理、探测距离和频段进行分类。

1)按工作原理分类

毫米波雷达按工作原理的不同可以分为脉冲式毫米波雷达与调频式毫米波雷达两类。脉冲式毫米波雷达通过发射脉冲信号与接收脉冲信号之间的时间差来计算目标距离,调频式连续毫米波雷达是多普勒效应测量得出不同距离的目标的速度。脉冲式毫米波雷达测量原理简单,但受技术、元器件等方面的影响,实际应用中很难实现。目前,大多数车载毫米波雷达都采用调频式连续毫米波雷达。

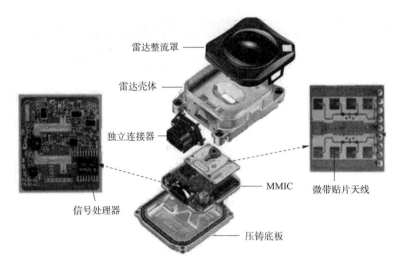

图 3-24 毫米波雷达基本结构组成示意图

2) 按探测距离分类

毫米波雷达按探测距离可分为短程(SRR)、中程(MRR)和远程(LRR)毫米波雷达。短程毫米波雷达一般探测距离小于 60m,中程毫米波雷达一般探测距离为 100m 左右,远程毫米波雷达探测距离一般大于 200m。

3) 按频段分类

(1) 24GHz 频段:这个频段的毫米波雷达目前大量应用于汽车的盲区检测、变道辅助等,主要用作侧向雷达,用于监测车辆后方及两侧车道是否有障碍物,是否可以变道。这个频段的毫米波雷达的主要优点是探测范围广;缺点是频率低,带宽窄,只有 250MHz,探测距离近。

(2) 77GHz 频段:这个频段的频率较高,带宽也较高,可以达到 800MHz。这个频段的雷达性能要优于 24GHz 频段的雷达,主要用作前向雷达,装在前保险杠的位置,探测本车与前车的相对距离和相对速度,目前比较典型的应用有:自适应巡航、主动防撞等。

(3) 76~81GHz 频段:这个频段最大的特点是带宽非常高,所以具备非常高的距离分辨率。对于在无人驾驶应用中,区分行人等诸多精细物体比较有价值。

目前,毫米波雷达主要集中在 24GHz 和 77GHz 这两个频段。除此之外,也有工作在 79 与 60GHz 等频段毫米波雷达,但主流趋势是统一在 77GHz。

三、毫米波雷达的工作原理

1. 毫米波雷达的测量原理

毫米波雷达是利用多普勒效应测量得出目标的距离和速度等信息。多普勒效应是指当声音、光和无线电波等振动源与观测者以相对速度 v 运动时,观测者所收到的振动频率与振动源所发出的频率不同的现象。当目标向雷达天线靠近时,反射信号频率将高于发射信号频率;反之,当目标远离天线时,反射信号频率将低于发射信号频率。

(1) 测距原理。

毫米波雷达发射波的调制方式大多采用调频连续波式,图 3-25 给出了静止目标三角波调制的调频连续波,它的频率在时间上按照三角形规律变化。在时域上,接收信号与发射信号存在时间延时 Δt,它由目标距离 R 决定,它们的关系为:

$$R = \frac{C\Delta t}{2} \tag{3-9}$$

其中，C 为电磁波传播速度，即光速。根据图 3-25 中图形几何关系可以得到：

$$\frac{\Delta t}{\Delta f} = \frac{T}{2B} \tag{3-10}$$

其中，B 为雷达调制带宽，T 为调制周期。将式(3-10)代入(3-9)中，可得目标距离 R：

$$R = \frac{CT}{4B}\Delta f \tag{3-11}$$

由式(3-11)可以看出，在调制带宽 B 与调制周期 T 一定时，目标距离 R 与中频信号频率 Δf 呈线性关系，故只要通过频谱分析中频信号 Δf 即可计算出目标距离 R。

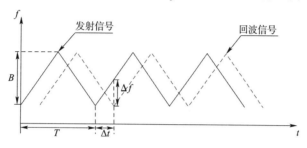

图 3-25　测距原理

(2) 测速原理。

实际应用中，雷达与目标一般会有相对运动。根据多普勒效应，通过计算返回接收天线的雷达波的频率变化就可以得到目标相对于雷达的运动速度，简单地说就是相对速度正比于频率变化量。

当目标与雷达信号发射源之间存在相对运动时，发射信号与回波信号之间除存在时间差外，频率上还会产生多普勒位移 f_d，如图 3-26 所示。f_b^+ 为中频信号在信号上升阶段的频率，f_b^- 为中频信号在信号下降阶段的频率，通过计算返回接收天线的雷达波的频率变化 $f_b^- - f_b^+$，就可以得到目标相对于雷达的运动速度 V，即：

$$V = \frac{(f_b^- - f_b^+)C}{4f_0} \tag{3-12}$$

其中，f_0 为发射波的中心频率。

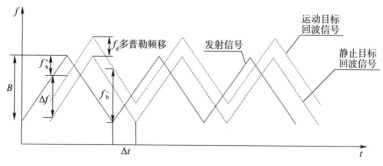

图 3-26　测速原理

(3) 测方位角。

通过并列的接收天线收到同一目标反射的雷达波的相位差计算得到目标的方位角。

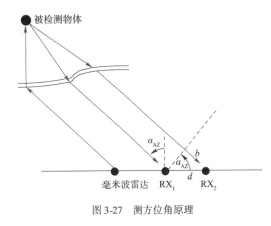

图 3-27 测方位角原理

毫米波雷达的发射天线发射出毫米波后,遇到被监测物体反射回来,通过毫米波雷达并列的接收天线,收到同一监测目标反射回来的毫米波的相位差,就可以计算出被监测目标的方位角,即方位角 α_{AZ} 是通过毫米波雷达接收天线 RX_1 和接收天线 RX_2 之间的几何距离 d,以及两根毫米波雷达天线所收到反射回波的相位差 b,然后通过三角函数计算得到方位角 α_{AZ} 的值,即 $\sin\alpha_{AZ} = b/d$。测方位角原理如图 3-27 所示。

四、毫米波雷达的主要技术参数

毫米波雷达的技术参数主要有最大探测距离、距离分辨率、距离测量精度、最大探测速度、速度分辨率、速度测量精度、视场角、角度分辨率和角度测量精度等。

(1) 最大探测距离。最大探测距离是指毫米波雷达所能检测目标的最大距离,不同的毫米波雷达,最大探测距离是不同的。

(2) 距离分辨率。距离分辨率表示距离方向分辨两个目标的能力。

(3) 距离测量精度。距离测量表示测量单目标的距离测量精度,取决于信噪比。

(4) 最大探测速度。最大探测速度是指毫米波雷达能够探测目标的最大速度。

(5) 速度分辨率。速度分辨率表示速度维区分两个同一位置的目标的能力。

(6) 速度测量精度。速度测量精度表示测量单目标的速度测量精度,取决于信噪比。

(7) 视场角。视场角分为水平视场角和垂直视场角,是指毫米波雷达能够探测的角度范围。

(8) 角度分辨率。角度分辨率表示在角度维分离相同距离、速度目标的能力。雷达的角度分辨率一般较低,在实际情况下,由于距离、速度分辨率较高,因此目标一般可以在距离和速度维区分开。

(9) 角度测量精度。角度测量精度表示测量单一目标的角度测量精度。

五、毫米波雷达的优缺点

1. 毫米波雷达的优点

(1) 探测距离远。毫米波雷达探测距离远,可达 200m 以上。

(2) 探测性能好。毫米波波长较短,汽车在行驶中的前方目标一般都是由金属构成的,这会形成很强的电磁反射,其探测不受颜色与温度的影响。

(3) 响应速度快。毫米波的传播速度与光速一样,并且其调制简单,配合高速信号处理系统,可以快速地测量出目标的距离、速度和角度等信息。

(4) 适应能力强。毫米波具有很强的穿透能力,在雨、雪、大雾等恶劣天气依然可以正常工作。

(5) 抗干扰能力强。毫米波雷达一般工作在高频段,而周围的噪声和干扰处于中低频区,基本上不会影响毫米波雷达的正常运行。

2. 毫米波雷达的缺点

毫米波最主要的缺点是毫米波在大气中传播衰减严重,受空气中氧分子和水蒸气谐振的影响,造成其频率选择性吸收和散射,对器件加工精度要求高。基于毫米波的不足以及制作工艺问题,毫米波雷达在目标探测方面现阶段存在以下几个问题:

(1)无法成像,无法进行图像颜色识别。
(2)对横向目标敏感度低,例如,对横穿车辆检测效果不佳。
(3)行人反射波较弱,对行人分辨率不高,探测距离近。
(4)对高处物体以及小物体检测效果不佳。

六、实际产品使用

1. 产品简介

Delphi ESR 雷达是采用可靠的固态技术的前向探测雷达。ESR 雷达输出精确的测量数据,广阔的应用功能包括自适应巡航控制、前向碰撞告警和间隔距离报警等。Delphi ESR 雷达发射波段为 76～77GHz,同时具有中距离(Middle Range)和远距离(Long Range)的扫描能力。其扫描范围如图3-28所示。

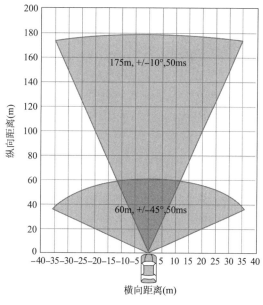

图 3-28 Delphi ESR 毫米波雷达扫描范围

Delphi ESR 包含两种识别范围,即中距离宽覆盖范围和高分辨率长距离,最多可识别64个目标,其主要参数见表3-6。

Delphi ESR 的主要参数   表 3-6

参　　数		长　距　离	中　距　离
刷新率		50msec	50msec
可检测目标数		通过长距离和中距离目标的合并,共计64目标	
覆盖范围	最大检测距离	100m(0 dBsm)	50m(0 dBsm)
	距离	1～175m	1～60m
	相对速度	-100～+25m/s	-100～+25m/s
	水平视角	±10°	±45°

续上表

参数		长距离	中距离
精确度	距离	±0.5m	±0.25m
	相对速度	±0.12m/s	±0.12m/s
	角度	±0.5°	±1°
多目标辨别	距离	2.5m	1.3m
	相对速度	0.25m/s	0.25m/s
	水平视角	3.5°	12°

2. 产品使用

毫米波雷达接线如图3-29所示。

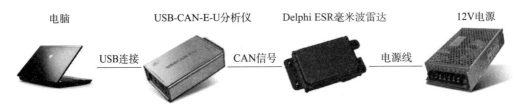

图3-29 毫米波雷达接线图

毫米波雷达通过 CAN 总线与上位机或者 ECU 进行数据交互,其通信网络符合 ISO11898-2 标准,数据传输速率为 500Kb/s。使用 USB-CAN 设备可以方便地连接上位机和雷达,实现与雷达的通讯。可使用的 USB-CAN 设备为瑞典 Kavaser 生产的 Kvaser Leaf Light V2 CAN 总线分析仪,也可使用周立功 USBcan-2E-U 分析仪等。如果需要用 Delphi SER 毫米波雷达自带的上位机软件显示毫米波雷达数据,则需要用 Kavaser CAN 分析仪,实物如图3-30所示。毫米波雷达和 Kavaser CAN 连接图如图3-31所示,通过 DB9 转接头将毫米波的 CAN-H 和 CAN-L 连接,接到 Kavaser CAN 上。

图3-30 Kvaser Leaf Light V2 实物图

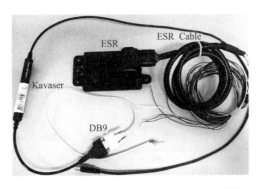

图3-31 毫米波雷达和 Kvaser Leaf Light V2 连接图

3. 数据处理

雷达每一周期最多可检测到 64 个目标,共 64 个 CAN 报文被上位机接收,每一个目标拥有一个唯一的 ID,接收到的 CAN 报文 ID 在 0x500 ~ 0x53F 之间即为毫米波雷达检测得到的目标信息。CAN 报文 ID 在 0x500 ~ 0x53F 之间的毫米波雷达输出数据物理值格式见表3-7, Data Base Can(DBC)定义如图3-32所示。

表 3-7　0x500~0x53F 数据格式

ID	信号名称	数据类型	起始位	长度	描述	范围	单位	系数	偏移值	默认值	周期
0x500~0x53F	CAN_TX_TRACK_LAT_RATE	有符号	2	6	侧向运动角速度:(+)=逆时针方向;如果>7.75,设为7.75;如果<-8,设为-8	-8~2.75	n/a	0.25	0	0	50ms
	CAN_TX_TRACK_STATUS	无符号	13	3	状态:0=无目标,1=新目标,2=预留,3=更新目标,4=运动目标,5=预留,6=无效的运动目标,7=预留	0~7	n/a	1	0	0	
	CAN_TX_TRACK_ANGLE	有符号	19	10	方位角:车辆前面平行于车辆中心线为0;(+)=顺时针方向;如果>51.1,设为51.1,如果<-51.2,设为-51.2	-51.2~51.1	deg	0.1	0	0	
	CAN_TX_TRACK_RANGE	无符号	24	11	距离:(+)=远离传感器;如果>204.7,设为204.7	0~204.7	m	0.1	0	0	
	CAN_TX_TRACK_WIDTH	无符号	34	4	对象宽度	0~7.5	m	0.5	0	0	
	CAN_TX_TRACK_RANGE_RATE	有符号	56	14	速度:(+)=远离传感器;如果>81.91,设为81.91,如果<-81.91,设为-81.92	-81.92~81.91	m/s	0.01	0	81.91	

	Bit7	Bit6	Bit5	Bit4	Bit3	Bit2	Bit1	Bit0
Byte0	CAN_TX_TRACK_LAT_RATE		5	4	3	2	1	0
Byte1	CAN_TX_TRACK_STATUS		13	CAN_TX_TRACK_ANGLE		10	9	8
Byte2	23	22	21	20	19	CAN_TX_TRACK_RANGE		16
Byte3	31	30	29	28	27	26	25	24
Byte4	39	38	CAN_TX_TRACK_WIDTH		35	34	33	32
Byte5	47	46	45	44	43	42	41	40
Byte6	55	54	CAN_TX_TRACK_RANGE_RATE		51	50	49	48
Byte7	63	62	61	60	59	58	57	56

图 3-32　0x500～0x53F DBC

数据解析的过程如下。举例：CAN_TX_TRACK_RANGE，由表 3-7 可知，此物理量为无符号数。

假如帧 ID 0x500 输出数据为"A1 B2 C3 D4 E5 F6 07 18"。CAN_TX_TRACK_RANGE 分布在第 3 字节到第 4 字节，第 3 字节为 0xC3，对应二进制为 11 00 00 11，第 4 字节为 0xD4，展开二进制为 11 01 01 00，CAN_TX_TRACK_RANGE DBC 定义为第 3 字节的低三位（即：011）和第 4 字节（即：11010100），根据 Motorola 数据排列规则，CAN_TX_TRACK_RANGE 的原始二进制值为 01111010100，换算为十进制为 980，980×系数 = 980×0.1 = 98m。此处用到公式为：信号的物理值 = 信号的原始值×系数 + 偏移量。

需要注意的是，若所计算的信号为有符号数负数时，则应先计算出原始值的补码，然后利用公式：信号的物理值 = 信号原始值的补码×系数 + 偏移值来计算。

解析毫米波雷达数据帧 ID 为 0x500～0x53F 数据的物理值解析例程如下：

```
/// <summary>
/// 0x500-0x53F 数据解析函数
/// </summary>
/// <param name = "Bytes"> 接收到的 can 报文数据 </param>
/// <returns> 返回解析得到的 6 个物理量 </returns>
private double[ ] dataProcess(Byte[ ] Bytes)
{
    //定义解析到的 6 个物理量的存储位置
    double[ ] paras = new double[6];
    /* can_tx_track_lat_rate  此物理量为有符号数,有符号数负数需要先计算原始值的补码再利用公式计算其物理值,正数则直接利用公式计算物理值 */
    //取出变量的最高位,如果最高位为 1,则是负数,反之,则是正数
    int bit8 = (Bytes[0] & 128) = = 128 ? 1:0;
    if(bit8 = = 1)
    {
        //取 Bytes[0]高 6 位
        uint temp1 = (uint)(Bytes[0] >> 2);
        //取反
        uint temp2 = ~temp1;
        //保留取反后变量所占的位,其他位变为 0
        uint temp3 = temp2 & 0x3f;
```

```
            //反码+1变为补码,利用公式计算物理值并保留两位小数
            paras[0] = Math.Round((temp3 + 1)*  - 0.25 ,2);
}
    else
    {
            //正数直接利用公式计算
            paras[0] =0.25 *  Convert.ToInt32(Bytes[0] > >2);
}
//can_tx_track_status 无符号数直接利用公式计算
paras[1] = Convert.ToInt32(Bytes[1] > >5);
/* can_tx_track_angle           有符号数*/
//取出变量的第一位,如果第一位为1,则是负数,反之,则是正数
int bit12 = (Bytes[1] & 16) == 16 ? 1:0;
if (bit12 == 1)
{
            //取出 Bytes[1]的低5位和 Bytes[2]的高5位
            uint temp1 = (uint)((Bytes[1] & 0x1f) <<8|(Bytes[2] & 0xf8))>>3;
            //取反
            uint temp2 = ~ temp1;
            //保留取反后变量所占的位,其他位变为0
            uint temp3 = temp2 & 0x3ff;
            //给反码+1变为补码,利用公式计算物理值并保留两位小数
            paras[2] = Math.Round((temp3 + 1) * - 0.1, 2);
}
    else
    {
            //正数直接利用公式计算
            paras[2] =0.1* Convert.ToInt32((((Bytes[1] & 0x1f) <<8)|(Bytes[2] & 0xf8)) >> 3);
}
//can_tx_track_range 无符号数直接利用公式计算
paras[3] =0.1* Convert.ToInt32(((Bytes[2] & 0x07) <<8)|Bytes[3]);
//can_tx_track_width 无符号数直接利用公式计算
paras[4] =0.5* Convert.ToInt32((Bytes[4] & 0x3c) >> 2);
/* can_tx_track_range_rate 有符号数 */
//取出变量的第一位,如果第一位为1,则是负数,反之,则是正数
int bit53 = (Bytes[6] & 32) == 32 ? 1:0;
if (bit53 == 1)
{
            //取出 Bytes[6]的低6位和 Bytes[7]的所有位
            uint temp1 = (uint)((Bytes[6] & 0x3f) <<8)|Bytes[7];
            //取反
            uint temp2 = ~ temp1;
            //保留取反后变量所占的位,其他位变为0
```

```
            uint temp3 = temp2 & 0x3fff;
            //给反码+1变为补码,利用公式计算物理值并保留两位小数
            paras[5] = Math.Round((temp3 +1)* - 0.01, 2);
        }
        else
        {
            //正数直接利用公式计算
            paras[5] =0.01* Convert.ToInt32((( Bytes[6] & 0x3f ) <<8)| Bytes[7]);
        }
        return paras;
    }
```

毫米波雷达根据 CAN 接口数据协议解析输出数据,可以采集目标精确的相对距离、相对角度和相对速度等信息,具有强大的目标区分能力,但一般情况下道路上的目标数据有限,所以 64 个目标中包含许多空值目标数据,因此,在数据处理前必须首先滤除空值目标数据。

第五节　视觉传感器

人类在驾驶过程中所接收的信息大多来自视觉,例如交通标志、道路标志、交通信号等,这些视觉信息成为驾驶人控制车辆的主要决策依据。在智能驾驶中,视觉传感器取代人类视觉系统进行交通环境感知。

一、视觉传感器的定义

视觉传感器又称为摄像头,是将二维光强分布的光学图像转变成一维时序电信号的传感器。视觉传感器具有广泛的用途,如多媒体手机、网络摄像、数码相机、机器人视觉导航、生物医学像素分析、工业检测等。视觉传感器在智能汽车上是以摄像头形式出现的,搭载先进的人工智能算法,便于目标检测和图像处理。智能汽车常用的摄像头如图 3-33 所示,包含单目摄像头、双目摄像头和环视摄像头三种。单目摄像头一般用于检测道路环境;双目摄像头是通过两幅图像视差来进行距离测量,但需要两个摄像头拥有较高的同步率和采样率;环视摄像头通过对图像拼接形成全景视图,然后在此基础上实现道路感知。

a) 单目摄像头　　b) 双目摄像头　　c) 环视摄像头

图 3-33　自动驾驶常用的三类摄像头

1. 单目摄像头

单目摄像头一般安装在前挡风玻璃上,用于探测车辆前方环境,识别道路、车辆、行人等。使用单目摄像机测距时,先通过图像匹配进行目标识别(各种车型、行人、物体等),再通过目标在图像中的大小去估算目标距离。这要求对目标进行准确识别,并要建立维护一个

庞大的样本特征数据库。如果缺乏待识别目标的特征数据,就无法估算目标的距离。

2. 双目摄像头

双目摄像头依靠两个平行布置的摄像头产生的视差,找到同一个物体所有的点,依赖精确的三角测距,算出摄像头与前方障碍物的距离,实现更高的识别精度和更远的探测范围。使用这种方案,需要两个摄像头有较高的同步率和采样率,因此技术难点在于双目标定及双目定位。相比单目摄像头,双目摄像头无须先进行目标识别,可直接利用视差计算距离精度更高,无须维护样本数据库。

3. 环视摄像头

环视摄像头采用鱼眼镜头,某些高配车型上会有360°全景显示功能,所用到的就是环视摄像头。环视摄像头安装于车辆前方、车辆左右后视镜下和车辆后方采集图像。环视摄像头的感知范围并不大,主要用于车身5~10m内的障碍物检测、自主泊车时的库位线识别等。

二、视觉传感器的组成

视觉传感器主要由光源、镜头、图像传感器、模数转换器、图像处理器、图像存储器等组成,如图3-34所示,其主要功能是获取足够的机器视觉系统要处理的原始图像。

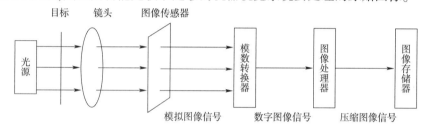

图3-34 视觉传感器的组成

1. 光源

光源(照明)系统以合适的方式将光线投射到被测物体上,突出被测特征部分对比度。机器视觉系统中典型光源包括前光源、背光源、环形光源、点光源及可调光源。在光源设计过程中,主要涉及方向、光谱、偏振性、强度和均匀性五项指标。

2. 镜头

镜头将三维被测物体和其周围的环境光学成像并投影在摄像头的二维图像传感器平面上。以镜头最佳焦距时的工作距离(Work Distance,WD)为中心,前后存在一个范围,在此范围内镜头能在像平面上获得清晰的图像,这个范围被称为景深。

3. 图像传感器

图像传感器的作用是将镜头所形成的图像转变为仿真电信号,是视觉检测的核心部件,主要有CCD图像传感器和CMOS图像传感器两种。CCD是"电荷耦合器件"(Charge Coupled Device)的简称,CMOS是"互补金属氧化物半导体"(Complementary Metal Oxide Semiconductor)的简称。

4. 模数转换器

摄像头利用A/D转换器将图像传感器产生的仿真电信号转换为数字信号,并传输到图像处理单元。

5. 图像处理器

图像处理器主要功能是通过一系列复杂的数学运算法,对数字图像信号进行优化处理

(包括白平衡、彩色平衡、伽马校正与边缘校正等)和数据压缩。图像压缩的目的是为了节省存储空间。

6. 图像存储器

在图像处理单元压缩的图像送到图像存储器中进行保存。

三、视觉传感器的特点

视觉传感器具有以下特点。

(1)视觉传感器的信息量极为丰富,尤其是彩色图像,不仅包含有视野内物体的距离信息,而且还有该物体的颜色、纹理、深度和形状等信息。

(2)在视野范围内可同时实现车道线检测、车辆检测、行人检测、交通标志检测、交通信号灯检测等,信息获取量大。当多辆智能汽车同时工作时,不会出现互相干扰的现象。

(3)视觉信息获取的是实时场景图像,提供的信息不依赖于先验知识,有较强的适应环境的能力。

(4)视觉传感器与机器学习等人工智能技术相融合,可以获得更佳的检测效果,必将扩大视觉传感器在智能汽车上的应用范围。

智能汽车使用的视觉传感器比一般工业级视觉传感器要求更高,主要表现为以下三个方面:

(1)工艺要求级别不同。车载摄像头是比工业级别要求更高的车载安全级别,尤其是对于前置 ADAS 的摄像头安全等级要求高。

①温度要求。车载摄像头温度范围在 -40~80℃。

②防磁抗震。汽车启动时会产生电磁脉冲和车身震动,车载摄像头必须具备防磁抗震的可靠性。

③较长的寿命。车载摄像头的寿命至少要在 8~10 年才能满足要求。

(2)功能要求差异。车载摄像头要保证在复杂的运动状态下也能采集到稳定的数据。

①高动态。在较暗环境以及明暗差异较大情况下仍能实现识别,要求摄像头 CCD 或 CMOS 具有高动态的特性。

②像素要求。摄像头的像素越高,芯片的处理负担越大,二者之间应合理匹配。

③角度要求。对于环视和后视,一般采用135°以上的广角镜头,前置摄像头对视距要求更大,一般采用55°的范围。

(3)认证要求高。汽车行业把安全放在第一位,倾向于使用有口碑的零部件厂商,进入车厂体系需要较长的认证周期。

车载摄像头的发展趋势是探测距离越来越远,与机器学习技术相结合,使识别能力越来越强。在未来几年,单目摄像头最大探测距离可达到 200~300m,像素在 200 万~800 万之间,性能与远程毫米波雷达差距大幅缩小,同时具备成本和图像识别等方面的优势。

四、视觉传感器的主要技术指标

视觉传感器的主要技术指标有像素、帧率、靶面尺寸、感光度和信噪比等。

(1)像素。像素是视觉传感器的最小感光单位,即构成影像的最小单位。一帧影像画面由许多密集的亮暗、色彩不同的点组成,这些小点称为像素。像素的多少由 CCD/CMOS 上的光敏元件数目决定,一个光敏元件就对应一个像素。因此,像素越大,意味着光敏元件越多,相应的成本就越大。像素用两个数字来表示,如720×480,720表示在图像长度方向上所含的像素点数,480表示在图像宽度方向上所含的像素点数,二者的乘积就是该相机的像素数。

(2)帧率。帧率代表单位时间内记录或播放的图片的数量,连续播放一系列图片就会产生动画效果。根据人的视觉系统特性,当图片的播放速度大于15幅/s的时候,人眼基本看不出来图片的跳跃了;在达到24~30幅/s时就已经基本觉察不到闪烁现象。高的帧率可以得到更流畅、更逼真的视觉体验。

(3)靶面尺寸。靶面尺寸也就是视觉传感器感光部分的大小。一般用英寸(1in=25.4mm)来表示,通常这个数据指的是这个图像传感器的对角线长度,如常见的有1/3in。靶面越大,意味着通光量越好,而靶面越小,则比较容易获得更大的景深。例如,1/2in可以有较大的通光量,而1/4in可以比较容易获得较大的景深。

(4)感光度。感光度代表通过CCD或CMOS以及相关的电子线路感应入射光线的强弱。感光度越高,感光面对光的敏感度就越强,快门速度就越高,这在拍摄运动车辆、夜间图像的时候显得尤其重要。

(5)信噪比。信噪比是指信号电压对于噪声电压的比值,单位为dB。一般视觉传感器给出的信噪比值均是自动增益控制(Automatic Gain Control,AGC)关闭时的值。当AGC接通时,会对小信号进行提升,使得噪声电平也相应提高。信噪比的典型值为45~55dB。若为50dB,则图像有少量噪声,但图像质量良好;若为60 dB,则图像质量优良,不出现噪声。信噪比越大,说明对噪声的控制越好。

五、摄像头的标定

视觉传感器标定包括内参标定和外参标定,其中内参标定主要是像素、焦距、图像原点、畸变等参数的标定,内参通常在传感器生产过程中标定。视觉传感器标定通常是外参标定,主要包括物距、角度等外部参数标定,即视觉传感器坐标系相对于世界坐标系的旋转矩阵 R 和平移向量 T 等参数的标定。

在图像测量过程以及机器视觉应用中,为确定空间物体表面某点的三维几何位置与其在图像中对应点之间的相互关系,必须建立视觉传感器成像的几何模型,这些几何模型参数就是视觉传感器参数,求解过程就是视觉传感器的标定。视觉传感器参数标定精度及算法的稳定性直接影响视觉传感器工作结果的准确性。视觉传感器标定的坐标转换如图3-35所示。

图3-35 视觉传感器标定的坐标系转换

视觉传感器采集图像后以标准电信号的形式输入计算机,在计算机中以 $M×N$ 矩阵(M 行 N 列的图像中的每一个元素的数值被称为图像点的灰度)保存。在图像上定义图像像素直角坐标系(O_i,u,v),在每一个像素的坐标(u,v)分别表示该像素在数组中的列数和行数。由于像素直角坐标系中(u,v)只表示像素位于数组中的列数和行数,并没有物理单位表示该像素在图像中的位置,因此需要建立以物理单位表示的图像物理坐标系(O_1,u,v)。像素坐标系与图像坐标系的转换如图 3-36 所示。

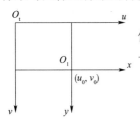

在图 3-36 中,若 O_1 在 (u,v) 坐标系中的坐标为 (u_0,v_0),每一个像素在 x 轴与 y 轴方向上的物理尺寸分别为 $\mathrm{d}x$ 和 $\mathrm{d}y$,则图像中任意一个像素在两个坐标系下的坐标有如下关系:

$$\begin{bmatrix} u \\ v \\ 1 \end{bmatrix} = \begin{bmatrix} \dfrac{1}{\mathrm{d}x} & 0 & u_0 \\ 0 & \dfrac{1}{\mathrm{d}y} & v_0 \\ 0 & 0 & 1 \end{bmatrix} \begin{bmatrix} x \\ y \\ 1 \end{bmatrix} \tag{3-13}$$

图 3-36　像素坐标系与图像物理坐标系的转换

世界坐标系与图像坐标系的关系如图 3-37 所示。相机坐标系是由点 O_C 与 X_C、Y_C、Z_C 轴组成的直角坐标系(O_C 点称为视觉传感器的光学中心,简称光心),X_C、Y_C 和 x 轴、y 轴平行,Z_C 轴为相机的光轴,它与图像平面垂直。光轴与图像平面的交点,即为图像坐标系的原点。$O_C O_1$ 为相机的焦距。

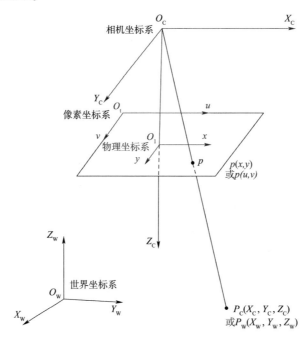

图 3-37　图像坐标系与世界坐标系的关系

世界坐标系(O_W,X_W,Y_W,Z_W)是一个基准坐标系,用于描述视觉传感器放置在拍摄环境中的位置和被拍摄物体的位置。

图 3-37 所示的图像物理坐标系与相机坐标系可表示为:

$$Z_C \begin{bmatrix} x \\ y \\ 1 \end{bmatrix} = \begin{bmatrix} f & 0 & 0 & 0 \\ 0 & f & 0 & 0 \\ 0 & 0 & 1 & 1 \end{bmatrix} \begin{bmatrix} X_C \\ Y_C \\ Z_C \\ 1 \end{bmatrix} \tag{3-14}$$

相机坐标系向世界坐标系的转换,包括 X_C、Y_C、Z_C 轴的旋转以及坐标平移,坐标系变换矩阵为：

$$\begin{bmatrix} X_C \\ Y_C \\ Z_C \\ 1 \end{bmatrix} = \begin{bmatrix} R & T \\ 0^T & 1 \end{bmatrix} \begin{bmatrix} X_W \\ Y_W \\ Z_W \\ 1 \end{bmatrix} \tag{3-15}$$

其中，R 为相机坐标系到世界坐标系的旋转矩阵，为 3×3 的正交矩阵。$T = [t_x, t_y, t_z]^T$ 为平移矩阵。

由式(3-13)、(3-14)及(3-15)可以得到图像中某点像素位置到世界坐标系的变换关系如下：

$$Z_C \begin{bmatrix} u \\ v \\ 1 \end{bmatrix} = \begin{bmatrix} \dfrac{f}{dx} & 0 & u_0 & 0 \\ 0 & \dfrac{f}{dy} & v_0 & 0 \\ 0 & 0 & 1 & 0 \end{bmatrix} \begin{bmatrix} R & T \\ 0^T & 1 \end{bmatrix} \begin{bmatrix} X_W \\ Y_W \\ Z_W \\ 1 \end{bmatrix} = M_1 M_2 \begin{bmatrix} X_W \\ Y_W \\ Z_W \\ 1 \end{bmatrix} \tag{3-16}$$

式中，M_1 为相机内参矩阵，M_2 为相机外参矩阵。

本章小结

本章主要介绍了智能汽车的先进传感器技术，系统地论述了四种先进传感器（超声波传感器、激光雷达、毫米波雷达、视觉传感器）的结构组成、工作原理、性能指标等，并结合实际产品介绍其使用方法，有助于读者对智能汽车环境感知技术的理解。

第四章　环境感知识别技术

先进传感技术为智能汽车配上了"眼睛",智能汽车才得以实现环境感知。基于传感器获得的感知数据,智能汽车需要学习识别道路交通的基本特性,为自动驾驶做好准备。为此,本章首先介绍智能汽车先进传感器的配置及布局,以及道路交通的基本特性。为更好地掌握识别技术,介绍了国内外常用数据集。在此基础上,使用 MATLAB 语言编程,以交通信号灯识别为实例,介绍智能汽车环境感知识别技术。

第一节　环境感知的主要内容

环境感知的主要作用是检测智能汽车运行时周围环境参数。需要感知内容众多,最基本的内容包括道路、交通标志、交通信号灯、车辆、行人和障碍物等的基本特性。

一、传感器的配置和布局

图 4-1 所示为一种 L4 级智能汽车传感器布局图。其传感器布局如下所述。

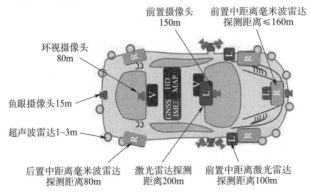

图 4-1　L4 级智能汽车传感器布局

(1) 32 线激光雷达 1 个,前置长距离雷达,探测距离 200m,通常用于自适应巡航控制。

(2) 16 线激光雷达 3 个,前置中距离雷达,探测距离 100m,通常用于紧急制动。

(3) 5 个中距离毫米波雷达,前向不大于 160m,后向不大于 80m,主要用于行人、车辆和障碍物探测等。

(4) 12 个超声波雷达,探测范围是 1~3m,主要用于辅助泊车,非泊车状态通常不采集信息。

(5) 1 个前置摄像头,探测距离 150m,通常用于交通信号灯识别以及车道偏离警告。

(6) 5 个环视摄像头,探测距离 80m,通常用于生成环绕地图。

(7) 4 个鱼眼摄像头,探测距离 15m,通常用于交叉路口警报、后方碰撞警告以及盲点探测。

(8) 安装全球导航卫星系统(Global Navigation Satellite System,GNSS)和惯性导航单元

(Inertial Measurement Unit,IMU),采用实时动态(Real-Time Kinematic,RTK)定位。

各传感器主要功能和应用如图 4-2 所示。有了这些传感器,智能汽车才能实现对周围环境感知的全覆盖。

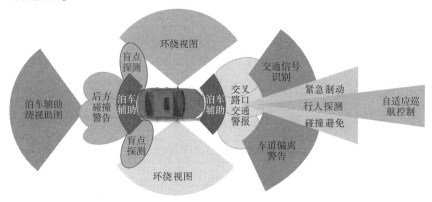

图 4-2　各传感器主要功能

二、道路的基本特性

智能汽车车道分为结构化车道和非结构化车道,如图 4-3 所示。结构化车道通常指车道线规整、路权清晰的城市道路和高等级公路。非结构化车道是指城市非主干道、乡村街道等结构化程度较低的车道,其车道线和标线等较为简单。

a) 结构化道路　　　　　　　　　　　b) 非结构化道路

图 4-3　车道类型

道路交通标线是由标划于路面上的各种线条、箭头、文字、立面标记、突起路标和轮廓标等所构成的交通安全设施。其作用是管制和引导交通。道路交通标线按颜色可分为白色和黄色等;按功能可分为指示标线、警告标线和禁止标线;按设置方式可分为纵向标线、横向标线和其他标线。纵向标线是沿道路行车方向设置的标线。车道线是纵向标线中的一种。

准确提取车道线是智能汽车正常行驶的基本要求。智能汽车通常是采用摄像头采集道路信息,通过数字图像处理完成车道线的识别。车道上的车道线有很多种,如人行道、停止线、减速带和标识等,其色彩和线形等也不同。此外,摄像头采集道路图像时还会受到强光照、磨损、车辆遮挡以及阴影等影响。这些干扰使车道线的准确识别变得困难。

三、交通标志的基本特性

交通标志在车辆驾驶过程中起到提醒和指引作用,一般安置路侧固定高度之处,其形状、色彩、图样必须符合国家标准。交通标志通常分为七大类,其具体的颜色与形状特征见

表4-1。交通标志众多,形状各异,图形和色彩变化多端。即使是人,不通过反复学习和记忆也难以熟练掌握。智能汽车通常是采用摄像头实现交通标志信息的采集,通过数字图像处理完成交通标志的识别。

交通标志基本分类　　　　　　　　　　表 4-1

类　型	颜　色	形　状
警告标志	黄色底色,黑色边框,黑色图案	顶角向上的等边三角形
指示标志	蓝色底色,白色图案	圆形,正方形,长方形
禁令标志	白色或蓝色底色,红色边框,中间带圆形,有红色斜杠、竖杠或叉	八角形,顶角向下的等边三角形
指路标志	蓝色或绿色底色,白色图案	长方形,正方形
旅游区标志	棕色底色,白色字符和图案	一般为长方形
道路施工安全标志	黑色边框,橙色底色	一般为长方形
辅助标志	黑色边框,白色底色	—

四、交通信号灯的基本特性

交通信号灯有多种类型,如图4-4示,一种是三色信号灯,红灯亮表示停止,绿灯亮标志允许通行,黄灯亮表示过渡阶段。另一种是方向指示信号灯,用箭头表示,共向左、直行以及向右等3个朝向。绿色箭头表示该方向的车辆允许通行。红色箭头表示该方向上的车辆禁止通行。黄色箭头对该方向的车辆起到警示作用。此外,有的交通信号灯还提供数码时间显示等。

图 4-4　交通信号灯排列示意图

五、车辆行人障碍物的基本特性

车辆行驶环境中,行人和车辆是道路交通的主要参与者。我国的车辆类型很多,通常按车辆大小划分为大型、中型和小型三类。智能汽车行驶至交叉路口前需要感知交通环境信息,如道路线性、交通标志标线、外部交通环境等。随后对信息进行判断和处理,估计右转车流的速度、穿越间隙等信息。然后决定应该采取的行为,进行骑行通过、减速停车等待或是避让行人、小型机动车辆。最后采取减速、制动、转向等行动。

行人交通流的基本参数有行人流量、步速、步频、步幅、行人密度和行人空间需求。行人检测过程中,由于行人的活动具有较大的随意性,再加上驾驶人在车内视野狭窄或长时间驾驶导致的视觉疲劳等情况的出现,使得行人在交通事故中很容易受到伤害。车辆行人障碍物如图4-5所示。

图 4-5　车辆行人障碍物图

第二节 数 据 集

数据集又称为资料集、数据集合或资料集合,是一种由数据所组成的集合。智能汽车环境感知数据需要采用机器学习算法进行模型训练,实现对目标物的准确识别。算法不同,智能汽车的识别能力亦不同。为提高算法的有效性,减少算法研发阶段的试验成本,自动驾驶公开数据集应运而生。

自动驾驶公开数据集主要由视频和图片组成。近两年来,有些数据集增加了多种数据如雷达数据等,数据量也越来越大。目前,公开数据集可分为两大类:驾驶数据集和交通标志数据集,常用的数据集有:KITTI、Cityscapes、Mapillary、BDD-100k、嘀嘀 D^2-City、百度 Apollo、BDDV、Tsinghua-Tencent 100k 和 Nuscenes 等。

一、国外数据集

1. KITTI 数据集

KITTI 数据集由德国卡尔斯鲁厄理工学院和丰田美国技术研究院联合创办,是目前国际上最大的自动驾驶场景下的计算机视觉算法评测数据集。该数据集用于评测立体图像、光流、视觉测距、3D 物体检测和 3D 跟踪等计算机视觉技术在车载环境下的性能。KITTI 包含市区、乡村和高速公路等场景采集的真实图像数据,每张图像中最多达 15 辆车和 30 个行人,还有各种程度的遮挡与截断。整个数据集由 389 对立体图像和光流图,39.2km 视觉测距序列以及超过 200000 个 3D 标注物体的图像组成,以 10Hz 的频率采样及同步。原始数据集被分类为道路、城市、住宅、校园和行人 5 类数据,目标检测包括车辆检测、行人检测、自行车检测 3 个单项,目标追踪包括车辆追踪,行人追踪两个单项。数据集大小约 200G。官网下载地址为 http://www.cvlibs.net/datasets/kitti。

2. CityScapes 数据集

CityScapes 数据集是目前公认最具权威性和专业性图像语义分割评测集之一,是面向城市道路街景语义理解的数据集。数据主要采集于德国的中大型城市及瑞士苏黎世。主要应用方向为图像语义分割(像素分割、实例分割)。CityScapes 数据集共有 fine 和 corse 两套评测标准,前者提供了 5000 张带精细标注的图像(整张图像完整的标注且详细的标注边缘),后者外加了 20000 张带粗略标注的图像(图像中用多边形轮廓标注了车、指示牌、行人等主要几类,道路和建筑等没有完整标注)。官网下载地址为 https://www.cityscapes-dataset.com。

3. BDD-100k 数据集

BDD-100k 数据集是 Berkeley 大学发布的大规模自动驾驶视频数据集,主要采集于美国城市的一天中的许多不同时间,天气条件和驾驶场景中超过 1100h 驾驶场景的 100000 个高清视频序列,每个视频大约 40s、720P、30 帧/s。在视频序列中还包括 GNSS 位置,IMU 数据和时间戳。图像数据是来自对每个视频第 10s 的关键帧进行采样,由此得到 10 万张图片,每张图片的尺寸为 1280×720 像素,使用 2D 边界框标注了公交车、行人、自行车、摩托车、骑车者、货车、小汽车、火车和交通信号灯、交通标志等。数据包含视频数据集、图像分割数据集、目标检测和可行驶区域的数据集。官网下载地址为 https://bdd-data.berkeley.edu/。

二、国内数据集

1. D²-City 数据集

D²-City 数据集采集自运行在我国五个城市的滴滴运营车辆,是一个大规模行车视频数据集,提供了超过一万段行车记录仪记录的前视视频数据。所有视频均以高清(720P)或超高清(1080P)分辨率录制。滴滴公司为其中的约一千段视频提供了包括目标框位置、目标类别和追踪 ID 信息的逐帧标注,涵盖了共 12 类行车和道路相关的目标类别。类别信息见表 4-2。为一部分其余的视频提供了关键帧的框标注。和现有类似数据集相比,D²-City 的数据采集自我国多个城市,涵盖了不同的天气、道路、交通状况,尤其是极复杂和多样性的交通场景。官网地址下载地址为 https://outreach.didichuxing.com/d2city/d2city。

数据集标注信息　　　　　　　　　　　表 4-2

分　类　号	分 类 名 称	分　类　号	分 类 名 称
1	car	7	motorcycle
2	van	8	open-tricycle
3	bus	9	closed-tricycle
4	truck	10	forklift
5	person	11	large-block
6	bicycle	12	small-block

2. Tsinghua-Tencent 100k 数据集

Tsinghua-Tencent 100k 是清华大学建立的交通标志数据集,主要用于交通标志的检测。该数据集包含 10000 个全景图和 30000 个交通标志实例,其图像分辨率为 2048×2048 像素。有 6088 个用于训练的图像和 3055 个用于测试的图像。该数据集涵盖了照度和天气条件的巨大变化。该数据集中显示了不同大小的对象,包括 3270 个小对象(区域 32×32 像素),3829 个中间对象(32×32 像素<区域<96×96 像素)和 599 个大对象(面积 96×96 像素)。官网下载地址为 https://cg.cs.tsinghua.edu.cn/traffic-sign/。

3. ApolloScape 数据集

2018 年 3 月,百度大规模自动驾驶数据集 ApolloScape 应需开放,致力于为全世界自动驾驶技术研究者提供更为实用的数据资源及评估标准。ApolloScape 使用移动激光雷达扫描仪器收集点云数据,在采集车车顶上安装有标定好的高分辨率相机以每一米一帧的速率同步记录采集车周围的场景,整个系统配有高精度 GNSS 和 IMU,相机的实时位姿都可以被同步记录。ApolloScape 已经开放了 14.7 万帧的像素级语义标注图像,包括感知分类和路网数据等数十万帧逐像素语义分割标注的高分辨率图像数据,覆盖了来自三个城市的三个站点周围 10km 的地域。官网下载地址为 http://apolloscape.auto/scene.html。

Apollo 开放资源数据集分为以下三大部分:

(1)仿真数据集,包括自动驾驶虚拟场景和实际道路真实场景。

(2)演示数据集,包括车载系统演示数据、标定演示数据、端到端演示数据、自定位模块演示数据。

(3)标注数据集,包括 6 部分数据集:激光点云障碍物检测分类、红绿灯检测、Road

Hackers、基于图像的障碍物检测分类、障碍物轨迹预测、场景解析。

第三节　常用检测识别方法

车道线、交通信号灯和交通标志都是由摄像头采集完成的,其特征都包含在一幅幅图像之中。计算机要从图像中识别标志、标线和交通信号灯状态必须进行数字图像处理。本节只给出3个常用的实例供学习参考,更多的识别方法请参考数字图像处理技术相关书籍。

一、车道线识别实例

1. 车道线常用识别方法

车道线常用识别方法如图4-6所示。基于特征的方法通过分析车道线的一些图像特征信息如颜色、边缘、宽度等,利用车道线与背景的差异,根据车道线的一些固有属性将其与背景进行分离,对路面进行分割提取,凸显车道线特征,实现车道线识别。

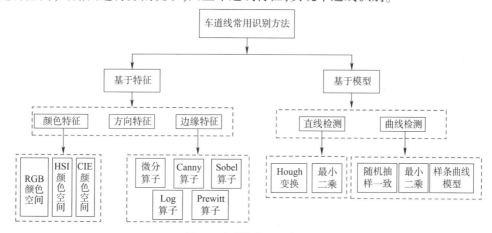

图4-6　车道线常用识别方法

基于模型的方法根据车道线的自身几何特性,采用数学模型来描述车道线。其匹配方法是根据道路模型和预置的车道线参数,将车道线检测转化为计算模型参数的过程,当参数相似时被认为是车道线信息,然后对其进行提取,最终进行车道线的识别。

2. 车道线识别流程

车道线识别流程如图4-7所示。图像处理通常包括灰度处理等图像的初步处理;边缘检测通常使用图像滤波的方式实现边缘检测,即通过放大图像中某些频段,同时滤除或减弱某些频段的方法。

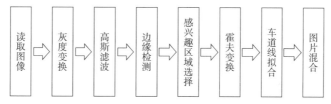

图4-7　简单车道线识别流程

3. 车道线识别案例

智能汽车上的摄像头采集的数据是视频信号,它是由一帧帧的图像组成。因此,对视频中的车道线识别本质上是对图像的车道线的识别。故本案例以单张图像为例,在简要介绍相关数字图像处理知识的基础上,采用 MATLAB 语言编程,介绍其识别方法。

1) 数字图像的基本概念

数字图像,又称数码图像或数位图像,是二维图像用有限数字数值像素表示的图像。

(1) 数字图像的表达方式。

设一幅数字图像由 M 行 N 列共 $M \times N$ 像素组成,图像空间的点 (x,y) 示该像素位于第 x 行第 y 列。设二维函数 $f(x,y)$ 为该像素点的灰度值,$x \in [1,M]$,$y \in [1,N]$。由 $f(x,y)$ 组成的矩阵表示了一幅数字图像,它实际上是一个数字阵列,也可以说其是数字图像的模型。以这个数字图像模型为基础,进行各种算法运算就可以得到不同的图像处理结果。

(2) 数字图像的类型。

数字图像根据其特性分为两大类:位图(Bitmap)和矢量图。其中,位图是计算机表示数字图像最常用的一种类型。根据颜色和灰度级数量,可以将位图分为二值图像、灰度图像、索引图像和 RGB 彩色图像四种类型。目前,大多数图像处理软件都支持这四种类型的图像。

① 二值图像:其灰度值只有 0 或 1,0 表示黑色,1 代表白色。数学表达式为:

$$f(x,y) = \begin{cases} 0, & \text{像素点为黑色} \\ 1, & \text{像素点为白色} \end{cases} \quad (4-1)$$

② 灰度图像:灰度图像一般指具有 256 级灰度值的数字图像。其只有灰度值而没有彩色。每个像素都是介于黑色和白色之间的 256 种灰度中的一种。二值图像可以看作灰度图像的一个特例。灰度图像的数学表达式为:

$$f(x,y) = j, j \in [0,255] \quad (4-2)$$

其中,j 由像素点的灰度值确定

③ 索引图像:索引图像的文件结构和灰度图像不同,它既包括存放图像数据的二维矩阵 $g(x,y)$,还包括一个颜色索引矩阵 MAP,因此称为索引图像或映射图像。MAP 的大小由存放图像的矩阵元素值域决定。

举例来说,若矩阵像素 (x,y) 点的 $g(x,y)$ 值域为 $[0,255]$,则 MAP 矩阵的大小为 256×3,用 MAP = $[R,G,B]$ 表示,MAP 中 R、G、B 分别表示该行对应颜色的红、绿、蓝单色值。MAP 中每一行对应矩阵像素的一个灰度值。如某一像素的灰度值为 64,则该像素就与 MAP 中的第 64 行建立了映射关系,该像素在屏幕上的实际颜色由第 64 行的 $[R,G,B]$ 组合决定。设 $g(x,y) = j, j \in [0,255]$,MAP$[j] = [R_j, G_j, B_j]$,索引图像的色彩值可表示如下:

$$f(x,y) = [R_j, G_j, B_j] \quad (4-3)$$

索引图像一般只能同时显示 256 种颜色,主要用于存放色彩要求比较简单的图像,如 Windows 中色彩构成比较简单的壁纸多采用索引图像存放。

④ RGB 彩色图像:RGB 彩色图像又称为真彩色图像。与索引图像不同的是,RGB 彩色图像每一个像素的颜色值直接存放在图像矩阵中,不需要进行索引。因此,RGB 彩色图像需要采用三维矩阵表示,即 $M \times N \times 3$ 矩阵。其中 M、N 分别表示图像的行、列数,3 个 $M \times N$ 的二维矩阵分别表示各个像素的 R、G、B 颜色分量。因此,RGB 彩色图像理论上所表示的颜色可达 $2^8 \times 2^8 \times 2^8 = 2^{24} = 16777216$,远远多于索引图像的色彩,接近于实际彩色。设图像空间的像素点 (x,y) 对应的 R、G、B 颜色分量分别为 $R(x,y)$、$G(x,y)$、$B(x,y)$,则 RGB 彩色图像

的色彩值可用数学表达式表示如下:

$$f(x,y) = [R(x,y), G(x,y), B(x,y)] \qquad (4-4)$$

综上所述,数字图像的四种基本类型随着所表示的颜色增加,所需存储空间逐渐增加。表4-3列出了四种基本图像类型和存储空间的统计。

四种基本图像类型的比较　　　　表4-3

图像类型	二值图像	灰度图像	索引图像	RGB彩色图像
颜色数量	2	256灰度	256彩色	2^{24}彩色
数据类型	1bit	8bit	8bit	24bit
矩阵大小	$M \times N$	$M \times N$	$M \times N + 256 \times 3$	$M \times N \times 3$

(3)数字图像的文件格式。

图像的文件格式是记录和存储影像信息的格式。对数字图像进行存储、传输、处理,必须采用一定的图像格式,把图像的像素按照一定的方式进行组织和存储为图像文件。图像文件格式决定了图像文件的数据结构信息以及文件如何与其他文件交换数据等。常见的图像格式文件包括BMP、JPEG、PNG、TIFF、GIF、RAW等。

2)图像文件的读取

本文选取KITTI数据集中data_object_image_2.zip文件中training/image_2/000187.jpg图片。需要将该图像复制到程序所在的文件夹。在MATLAB中使用函数imread()来读取图像信息,可以将指定的图像文件以矩阵的形式读入工作区。因为该函数具有多种输入输出格式,本文以使用中常见的A = imread(FILENAME)为例进行解析。在函数内部,首先对图像文件的完整路径和文件名FILENAME进行判空等异常处理操作,防止出现空文件的问题。之后,对FILENAME字符串进行解析,分离出文件后缀,根据不同的文件格式输入到不同的子程序中进行图像解码。最终将解码之后的图像存入矩阵A中进行返回。对于灰度图,A是一个$m \times n$的矩阵;对于彩色图像,A则是一个$m \times n \times 3$的矩阵。对于大多数图像文件,A的类型为uint8;而对于某些TIFF和PNG图像,A的类型为uint16。

值得一提的是,负责不同图像解码的子程序在MATLAB内部使用C语言编写并进行编译,由此可见imread只提供一个接口,底层使用C语言编写。该结构在MATLAB中十分常见,可以有效提升程序运行速度。图4-8为原始图像,图像读取MATLAB语言程序为:

图4-8　原始图像

```
clc,clear,close all;
% 图像读取
f = imread('000187_2.png');    % f中存储原图
figure,imshow(f),title('原图');
```

3)灰度变换

本实例只识别车道线,不涉及其色彩,故将RGB彩色图像灰度化将大大节省内存并降低计算工作量。RGB彩色图像灰度化处理有以下几种方式:

(1)分量法:将RGB彩色图像中的R、G、B颜色分量作为三个灰度图像的灰度值,根据应用需要选取一种灰度图像:

$$Gray_1(i,j) = R(i,j)$$
$$Gray_2(i,j) = G(i,j) \quad (4-5)$$
$$Gray_3(i,j) = B(i,j)$$

式中，$Gray_1(i,j)$、$Gray_2(i,j)$、$Gray_3(i,j)$ 表示变换后灰度图像像素点 (x,y) 的灰度值。

（2）最大值法：在 RGB 彩色图像中 R、G、B 颜色分量选取最大值作为灰度图像的灰度值，如式（4-6）所示。

$$Gray(i,j) = \max\{R(i,j), G(i,j), B(i,j)\} \quad (4-6)$$

（3）平均值法：将 RGB 彩色图像中的三分量的值求平均得到灰度值，如式（4-7）所示。

$$Gray(i,j) = \{R(i,j) + G(i,j) + B(i,j)\}/3 \quad (4-7)$$

（4）加权平均法：人眼对绿色敏感最高，对蓝色敏感最低。根据色彩重要性可对 R、G、B 颜色分量进行加权平均得到较合理的灰度图像，常用计算公式如式（4-8）所示。

$$Gray(i,j) = 0.299R(i,j) + 0.578G(i,j) + 0.114B(i,j) \quad (4-8)$$

式中，$Gray(i,j)$ 表示变换后灰度图像像素点 (x,y) 的灰度值。在 MATLAB 中，将原图进行灰度化的语句为：

$$Gray(x,y) = \mathrm{rgb2gray}(f) \quad (4-9)$$

其中，f 为原图像，$\mathrm{Gray}(x,y)$ 为灰度化后的图像。图 4-9 为灰度化图像，灰度化 MATLAB 程序为：

```
%图像灰度化
Gr = rgb2gray(I);Gr = im2double(Gr);
figure;subplot(2,2,1);imshow(Gr);title('灰度化');
```

图 4-9 灰度化图像

4）滤波

数字图像在采集、传输、接收和处理过程中，不可避免地存在着噪声。常见的噪声有加性噪声、乘性噪声、量化噪声和椒盐噪声等。这些噪声使图像模糊，特征淹没，因此，必须消除图像噪声。消除图像噪声的工作称为图像平滑或滤波，其作用如同模拟电路的信号滤波电路。数字图像滤波可分为空间域滤波和频域滤波。空间域滤波直接在图像空间进行运算，简便直观。为掌握空间域滤波方法，必须掌握卷积的基本知识。

（1）卷积的定义。

卷积是分析数学中一种重要的运算。设 $f(x)$、$h(x)$ 是 R1 空间上的两个可积函数，定义：

$$g(x) = (f*h)(x) = \int_{-\infty}^{+\infty} f(\tau)h(x-\tau)d\tau \quad (4-10)$$

新函数 $(f*h)(x)$ 称为函数 $f(x)$、$h(x)$ 的卷积，为描述方便记为 $g(x)$。可以看出卷积是两个函数在某个范围内相乘后求和的结果。

将连续变量 x 离散化，设 i 代表连续变量 x 离散化的值，$i \in [1,m]$，设其对应的变量序列为 $f(i), h(i)$，则其对应的卷积为：

$$g(i) = f(i) * h(i) = \sum_{k=1}^{m} f(k)h(m-k) \quad (4-11)$$

第四章 环境感知识别技术

上述是一元函数连续量和离散量的卷积计算公式。对于二元函数而言,设 $f(x,y)$ 和 $h(x,y)$ 是 R2 空间上的两个可积函数,则其对应卷积为:

$$g(x,y) = (f*h)(x,y) = \iint_{-\infty}^{+\infty} f(\tau,\theta)h[(x-\tau),(y-\theta)]d\tau d\theta \quad (4-12)$$

将连续变量 x、y 离散化,设 i、j 分别代表连续变量 x、y 离散化的值,则有 $i \in [1,m]$,$j \in [1,n]$,则其对应的卷积为:

$$g(i,j) = (f*h)(i,j) = \sum_{k,l} f(i-k,j-l)h(k,l) = \sum_{k,l} f(k,l)h(i-k,j-l) \quad (4-13)$$

(2)均值滤波。

在数字图像处理中,设 $f(i,j)$ 为输入图像,$h(k,l)$ 为模板,$g(i,j)$ 为经图像处理后输出的结果。为简化卷积计算的工作量,$h(k,l)$ 通常选取 3×3 或 5×5 等矩阵作为模板,之所以称其为模板,是因为其将对输入图像 $f(i,j)$ 内部的所有点进行处理。

对于离散变量序列为 $f(i)$,$i \in [1,m]$,设选取模板中对应的点数为 K,所谓均值滤波就是用选定的邻近点的平均值来代替该点的值,故有 $h(K) = 1/K[1,1,1,\cdots,1]$。经均值滤波后,输出图像的计算公式为:

$$g(i) = f(i) * h(i) = \sum_{k=1}^{m} f(k)h(m-k) = \sum_{k=1}^{K} f(k)/K \quad (4-14)$$

例 1:设输入图像为 $f(i) = [1,4,6,8,9,7,6,5]$,采用邻近 3 点均值滤波,试求输出图像 $g(i)$。

解:可以看出,$m=8$,采用邻近 3 点作均值滤波,故 $h(3) = 1/3([1,1,1])$。

由于 $f(1) = 1$,$f(8) = 5$ 分别是输入图像的起始点和终点,无法进行卷积运算,直接存入 $g(i)$,故 $g(1) = 1$,$g(8) = 5$。其余点可按卷积公式计算。

$$g(2) = \frac{1}{3}(1+4+6) = 3.67$$

其余依次类推,可得经均值滤波后的输出图像为:

$$g(i) = [1,3.67,6,7.67,8,7,6,5]$$

上面所介绍的是单维图像输入系列均值滤波的计算方法。对于双维数字图像输入 $f(i,j)$ 来说,设均值滤波选用 3×3 的模板,以模板的中心位置为坐标原点进行取样,模板中各个邻近位置的坐标如图 4-10 所示。从图可以看出,均值滤波器 $h(k,l)$ 中,有 $k \in [-1,1]$,$l \in [-1,1]$。

(-1,1)	(0,1)	(1,1)
(-1,0)	(0,0)	(1,0)
(-1,-1)	(0,-1)	(1,-1)

图 4-10 滤波模板对应坐标

按均值滤波定义的 h 的表达式如式(4-15)所示。

$$h = \frac{1}{9}\begin{bmatrix} 1 & 1 & 1 \\ 1 & 1 & 1 \\ 1 & 1 & 1 \end{bmatrix} \quad (4-15)$$

因此,经均值滤波后的双维数字图像输出 $g(i,j)$ 的计算公式为:

$$g(i,j) = \sum_{k=-1}^{1}\sum_{l=-1}^{1} f(i-k,j-l)h(k,l) = \frac{1}{9}\sum_{k=-1}^{1}\sum_{l=-1}^{1} f(i-k,j-l) \quad (4-16)$$

例 2:设输入图像如图 4-11a)所示,采用 3×3 模板均值滤波,试求输出图像值。

解:同例 1,输入图像中第 1 行、第 5 行、第 1 列和第 5 列的像素,无法进行卷积运算,直接存入 $g(i,j)$。输入图像 $f(i,j)$ 中标记有阴影的像素可按卷积公式(4-16)进行计算,其结果如图 4-11b)中阴影部分所示。

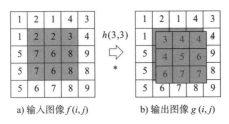

图 4-11 均值滤波结果

（3）高斯滤波。

高斯滤波是一种线性平滑滤波，适用于消除高斯噪声，广泛应用于图像处理的减噪过程。高斯滤波的具体操作是：用一个模板（或称卷积、掩模）扫描图像中的每一个像素，用模板确定的邻域内像素的加权平均灰度值去替代模板中心像素点的值。

高斯函数的表达形式如式（4-17）所示。

$$G(x,y) = \frac{1}{2\pi\sigma^2} e^{-\frac{x^2+y^2}{2\sigma^2}} \tag{4-17}$$

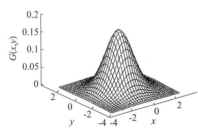

图 4-12 $G(x,y)$ 和 x,y 的关系

该函数对应的数值如图 4-12 所示。从图中可以看出：当 $(x,y)=(0,0)$ 时，$G(x,y)$ 输出为峰值；随着 x 和 y 的增加，$G(x,y)$ 逐渐减小；其下降速率由标准差 σ 决定。

对于数字图像处理而言，设高斯滤波器采用图 4-10 所示坐标的 3×3 模板，令 $\sigma=0.8$，将对应坐标代入高斯函数可得离散化后的高斯滤波器的表达式为：

$$h = \begin{bmatrix} 1 & 2.1842 & 1 \\ 2.1842 & 4.7707 & 2.1842 \\ 1 & 2.1842 & 1 \end{bmatrix}$$

为加快计算速度，对各元素进行取整，可得：

$$h = \begin{bmatrix} 1 & 2 & 1 \\ 2 & 4 & 2 \\ 1 & 2 & 1 \end{bmatrix}$$

归一化处理后可得：

$$h = \frac{1}{16}\begin{bmatrix} 1 & 2 & 1 \\ 2 & 4 & 2 \\ 1 & 2 & 1 \end{bmatrix}$$

上式是采用 3×3 模板高斯滤波最常见的表达形式。从公式中可以看出：高斯滤波器加权平均时各像素点所占比例是不同的；中心点占比最大；相邻点次之；对角点最少。据此，采用高斯滤波器进行图像处理后输出图像的计算公式为：

$$g(i,j) = \sum_{k=-1}^{1}\sum_{l=-1}^{1} f(i-k,j-l)h(k,l) \tag{4-18}$$

图 4-13 为高斯滤波后图像，高斯滤波 MATLAB 语言程序如下：

```
h = fspecial('gaussian',[3,3],1);% Fspecial 函数用于创建预定义的滤波算子，此处选择 gaussian 算子，模板大小为 3×3，σ=1。
g = imfilter(Gr, W, 'replicate');% Gr 为输入图像，w 为滤波掩模
subplot(2,2,2);imshow(g);title('高斯滤波');
```

5) 边缘检测

边缘是图像的基本特征,边缘点是指图像中周围像素灰度有阶跃变换的像素点,即灰度的导数较大或极大的地方。边缘检测的目的是找到图像中亮度变化剧烈的像素点构成的集合,表现出来往往是轮廓。如果图像中边缘能够精确的测量和定位,则意味着实际的物体能够被定位和测量,包括物体的面积、物体的直径、物体的形状等。下面4种情况会在图像中形成一个边缘。

图4-13 高斯滤波后图像

(1)深度的不连续(物体处在不同的物平面上)。
(2)表面方向的不连续(如正方体的不同的两个面)。
(3)物体材料不同(这样会导致光的反射系数不同)。
(4)场景中光照不同(如被树荫投向的地面)。

常用的边缘检测方法有Roberts算子、Sobel算子、Ptewitt算子、Canny算子、Log算子等。

(1)Roberts边缘检测算子采用对角线方向相邻两像素之差近似梯度幅值检测边缘,即:

$$\Delta_x f = f(i,j) - f(i-1,j-1), \Delta_y f = f(i,j+1) - f(i+1,j) \quad (4-19)$$

$$R(i,j) = \sqrt{\Delta_x^2 f + \Delta_y^2 f} \text{ 或 } R(i,j) = |\Delta_x f| + |\Delta_y f| \quad (4-20)$$

其卷积算子为:

$$\begin{cases} \Delta_x f = \begin{bmatrix} 1 & 0 \\ 0 & -1 \end{bmatrix} \\ \Delta_y f = \begin{bmatrix} 0 & 1 \\ -1 & 0 \end{bmatrix} \end{cases} \quad (4-21)$$

有了$\Delta_x f$和$\Delta_y f$之后,很容易计算出Roberts的梯度幅值$R(i,j)$,(i,j)为阶跃状边缘点,取适当门限TH,做如下判断:$R(i,j) > TH$,$|R(i,j)|$为边缘图像。

(2)Roberts算子采用对角线方向相邻两像素之差近似梯度幅值检测边缘。检测水平和垂直边缘的效果好于斜向边缘,定位精度高,对噪声敏感。

(3)Log算子是利用图像的二阶偏导在边缘处数值为0进行边缘检测。其MATLAB语言程序如下:

```
[m,n] = size(g);
for i = 3:m-2
    for j = 3:n-2%手写log算子
        Log(i,j) = -Ga(i-2,j) -Ga(i-1,j-1) -2*Ga(i-1,j) -Ga(i-1,j+1) -Ga(i,j-2) -2* Ga(i,j-1) +16*Ga(i,j) -2* Ga(i,j+1) -Ga(i,j+2) -Ga(i+1,j-1) -2*Ga(i+1,j) -Ga(i+1,j+1) -Ga(i+2,j);%log算子
    end
end
subplot(2,2,3);imshow(Log);title('LOG算子提取图像边缘');
```

图4-14所示为采用Log算子进行边缘检测的结果。

6)兴趣区域检测

在复杂的行车环境道路图像中,除了车道线之外,还包含树木、建筑物、天空等许多干扰信息。因此,数字图像处理需根据检测目标,对图像进行分割,忽略不相关区域,提取兴趣区

域(Region of Interest,ROI)进行重点研究。

通常情况下,可以按照两条车道线在图像上相交形成的消失点的纵向坐标来作为兴趣区域的上界,以车辆所在车道宽度设定兴趣区域的左右边界,该区域中将包含车道线信息。这里的选择兴趣区提取范围如图4-15所示。兴趣区检测MATLAB语言程序为:

```
[m,n] = size(Log);
r = [m,m/2,m/2,m];%设置兴趣区域的行列值,取点(m,0),(m/2,n/3),(m/2,n*2/3),(m,n)
c = [0,n/3,n*2/3,n];
BW = roipoly(Log,c,r);
BW1 = double(BW);
ROI = Log.*BW1;
subplot(2,2,4),imshow(ROI),title('兴趣区域检测');
```

图4-14 采用Log算子进行边缘提取

图4-15 兴趣区域提取

7) 二值化

二值化就是将数字图像上的点(其灰度值为0~255)变换成二值图像(黑白图像)上的点(其灰度值只有0和1可选)。二值化处理使整个数字图像呈现出明显的黑白效果。二值化的数学表达式如式(4-22)所示。

$$g(x,y) = \begin{cases} 0 & f(x,y) \geq T \\ 1 & f(x,y) < T \end{cases} \quad (4-22)$$

其中$g(x,y)$是二值化后的灰度图像,T为人工设定阈值。T值的不同,其所得到的二值图像也不同,可见T的取值非常重要。图4-16为二值化处理后兴趣区域检测,二值化MATLAB语言程序为:

```
ROI_int = im2uint8(ROI);%把图像数据类型转换为无符号八位整型
[m,n] = size(ROI_int);
for i = 1:m
    for j = 1:n
        if ROI_int(i,j) > 80%设置二值化的阈值
            ROI_int(i,j) = 255;%对图像进行二值化处理
        else
            ROI_int(i,j) = 0;
        end
    end
end
figure;imshow(ROI_int);title('二值化处理后');
```

8) 霍夫(Hough)变换

边缘检测可以识别出图像的边缘,由于噪声和光照不均匀等因素影响,所获得的边缘点是不连续的,必须通过边缘连接转换为有意义的边缘。Hough 变换的基本思想是在参数空间中选取直线相交最多的点所对应图像空间的直线作为边缘线,实现边缘的有效连接。

图 4-16　兴趣区域检测

(1) 图像空间和参数空间的关系。

霍夫变换的数学理解是"换位思考"。举例来说,图像空间的一条直线 $y = ax + b$ 有两个参数 a 和 b,当 $a = a_1$ 和 $b = b_1$ 已知时,其确定了一条直线,如图 4-17a)所示,点 $A(x_1, y_1)$ 和点 $B(x_2, y_2)$ 是直线上的两个点。换位思考,如果把 x 和 y 看作参数,把 a 和 b 看作变量,则图像空间直线 $y = a_1 x + b_1$ 上的所有点包括点 A 和点 B 映射到参数空间是一个点 (a_1, b_1),如图 4-17b)所示。反之,参数空间的直线 $b = -x_1 a + y_1$ 上的所有点通过 Hough 变换映射到图像空间对应的是点 $A(x_1, y_1)$;直线 $b = -x_2 a + y_2$ 上的所有点通过 Hough 变换映射到图像空间对应的是点 $A(x_2, y_2)$。综上所述,图像空间的一条直线,对应参数空间的一个点;反之参数空间的一条直线,对应图像空间的一个点。

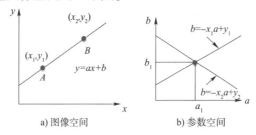

a) 图像空间　　　　b) 参数空间

图 4-17　两种空间的变换关系

(2) 图像空间若干离散点的变换。

如图 4-18 所示,设图像空间检测到的边缘点共有 5 个,将这 5 个点的值分别代入方程 $b = -xa + y$,可得到参数空间对应的 5 条直线。这 5 条直线相互交叉,具有交叉点。从图可以看出,参数空间上的点 A 和 B 都有 3 条直线相交,反映出在图像空间对应直线上的点更多,点 A 和 B 对应的直线如图 4-18 右侧图像空间所示。事实上,图像空间上的点 $(3,2)$ 与 $(4,1)$ 也可以确定一条直线,只不过通过该直线的点只有两个点,可考虑舍弃。

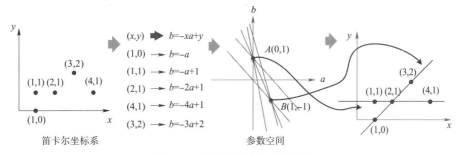

图 4-18　应用空间变换与交点选择

(3) 图像空间极坐标表示法。

笛卡尔空间坐标系出现直线 $y = ax + b$ 中斜率 $a = \infty$ 的情况,在参数空间是无法表示的,因此考虑将笛卡尔坐标系换为极坐标表示,如图 4-19 所示。

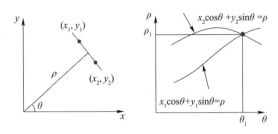

图 4-19 笛卡尔对应极坐标

对于空间中的一条直线,ρ 为坐标原点到直线的法线距离,θ 为坐标原点到直线的法线与 x 轴夹角,水平线的 $\theta=0°$,ρ 等于 x 截距。相似的垂直直线 $\theta=90°$,ρ 等于正的 y 截距。

参数空间的每个点(ρ,θ)都对应了图像空间的一条直线,或者说图像空间的一个点在参数空间中就对应为一条曲线。这样就把在图像空间中检测直线的问题转化为在极坐标参数空间中找通过点(ρ,θ)的最多正弦曲线数的问题。在霍夫空间中,曲线的交点次数越多,所代表的参数越确定,画出的图形越饱满。

(4)经典 Hough 变换车道线检测基本步骤如下:

①遍历图像所有边缘像素点,对边缘像素点求取极径 ρ。
②对每一个(ρ,θ)单元投票累加,累加器 $A(\rho,\theta)=A(\rho,\theta)+1$。
③设阈值,将阈值与累加值比较,小于阈值则置零。
④继续查找,高于阈值的暂存,再置零,重复步骤③。
⑤直到所有累加值为零,得票超过阈值的累加单元即为检测车道线。

其中 $\rho\in[0,r]$,r 为图像对角线长度,$\theta\in[0,180)$。Hough 变换 MATLAB 语言程序为:

```
%:Hough 变换
figure;imshow(ROI_int);title('二值化处理后');
%Hough 变换检测直线,使用(theta,p)参数空间,theta∈[0,180],p∈[0,2 dis]
theta = 180;%角度的值为 0 到 180
dis = round(sqrt(m^2 + n^2));%图像对角线长度为 p 的最大值 round 为四舍五入
s = zeros(theta,2*dis);%存储每个(theta,p)个数
z = cell(theta,2*dis);%存储坐标
for i = 1:m
    for j = 1:n% 遍历图像的所有点
        if(ROI_int(i,j)==255)% 只检测边缘的白点
            for k = 1:theta
                p = round(i*cos(pi*k/180) + j*sin(pi*k/180));
                % 对每个点从 1 到 180 遍历
                if(p>0)
                    s(k,dis + p) = s(k,dis + p) + 1;  % 累加
                    z{k,dis + p} = [z{k,dis + p},[i,j]'];
                else
                    ap = abs(p) + 1;
                    s(k,ap) = s(k,ap) + 1; % 累加
                    z{k,ap} = [z{k,ap},[i,j]'];
                end
```

```
              end
          end
      end
end
f_H = f;% Hough 检测结果
```

图 4-20 所示为 Hough 检测结果。

9)车道线拟合与图片混合

(1)车道线拟合。车道线拟合就是筛选出共线多点,把斜率相近的点线进行聚类合并,就得到拟合之后的车道线。这里设定超过 130 个点视为共线,使用函数 clusterdata( )对直线进行合并。车道线拟合 MATLAB 语言程序为:

图 4-20 Hough 检测结果

```
[m,n] = size(ROI_int);
[theta1,p1] = find(s>130);   % 超过 130 个点视为共线,rho 列号,theta 行号
T = clusterdata(theta1,1);% 使用聚类对相似直线进行合并
num_cluster = max(T);
for i = 1:num_cluster
    k = find(T==i);
        theta1_cluster(i) = mean(theta1(k));
        p1_cluster(i) = mean(p1(k));
end
```

图 4-21 最终识别结果

(2)图像混合。图像混合是给图像做最后的处理,将画出来的直线叠加到原图像的车道线上。首先将极坐标转化为直角坐标,之后可以使用 plot( )函数在原图像的基础上进行绘图,并使用 Color(4)函数设置透明度以实现更好的显示效果,最终完成图像的混合。图 4-21 为最终识别结果。

```
nma = length(p1_cluster);
figure,imshow(I)
for i = 1:nma
    hold on
    ml = m/2:m;% 只对兴趣区域进行绘图
  r = theta1_cluster(i)/180 * pi;
    nl = (p1_cluster(i) - dis - ml * cos(r))/(0.0001 + sin(r));% 从极坐标转化为欧式坐标
    f = plot(nl,ml,'r - ','LineWidth',4);% 画直线
    f.Color(4) = 0.5;% 规定透明度
end
title('图像混合');
```

二、交通信号灯识别实例

交通信号灯识别分为两个主要步骤。一是候选区域选择,即从整幅图像中分割出含有交通信号灯的目标区域,其输入是相机采集的图像,输出是图像中含有信号灯的候选区域。

二是目标区域交通信号灯的识别。前者相对简单,这里不做介绍。交通信号灯识别的实质是对信号灯的色彩和形状进行分类,将形状分为圆形、不同方向的箭头或者其他非信号灯图案,将颜色分为红、黄、绿三色。通过识别算法可以识别各个图案形状属性和颜色属性。

1. 交通信号灯识别方法

图 4-22 为交通信号灯识别的常用方法,包括基于色彩、基于区域形态、基于形状和基于机器学习+深度学习的识别方法。本节重点介绍"特征提取+机器学习"相结合的目标识别方法,且只如图 4-4 中的其中一个交通信号灯,更多地以此类推即可识别。

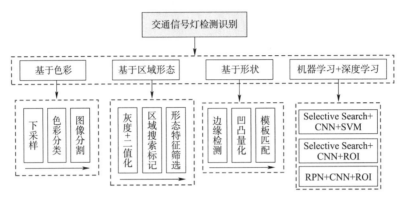

图 4-22 交通信号灯识别常用方法

2. 交通信号灯识别流程

交通信号灯识别采用支持向量机(Support Vector Machines,SVM)算法进行分类,需要大量数据进行训练,解算 SVM 算法中的相关参数,为提高交通信号灯的识别率做好前期准备。交通信号灯识别流程如图 4-23 所示,分为两大部分,①通过训练集,建立 SVM 训练模型;②利用 SVM 训练模型识别交通信号灯。数据集分成训练集和测试集两个部分。训练集的所有图片是为建立 SVM 训练模型所提供的数据,测试集的所有图片是为检验交通信号灯识别准确率所提供的数据。在准确率达到要求的条件下,就可应用于其他图像中交通信号灯的识别。

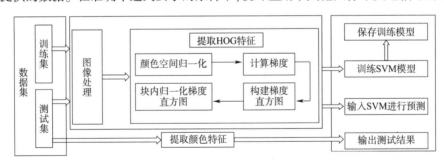

图 4-23 检测识别流程图

求解 SVM 训练模型的具体步骤为:①使用图像描述作为训练标签;②逐个添加每张训练图片的特征和标签;③进行 SVM 多分类模型训练,并训练出一个 SVM 分类器;④保存模型。交通信号灯识别流程为:①输入测试图像;②形状识别;③提取颜色特征;④形状和颜色信息结合;⑤获取识别结果。

具体步骤如下:

(1)输入训练图像:输入的图像只有背景板信息和交通信号灯信息;采用灰度化处理,减少计算量;选用梯度方向直方图(Histograms of Oriented Gradients,HOG)特征提取交通信号灯的形状信息;选用 SVM 完成交通信号灯的识别;最终保存训练好的模型。

(2)输入测试图像;用训练好的模型对测试集的图像进行形状识别;提取交通信号灯的颜色特征;将形状信息和颜色信息结合,最终获取交通信号灯的识别结果。

3. 交通信号灯识别典型案例

交通信号灯识别的 MATLAB 程序流程图如图 4-24 所示。

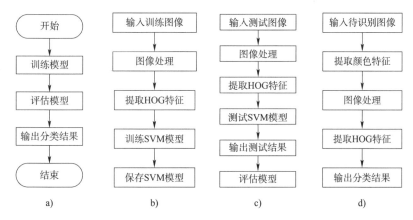

图 4-24 主程序及子程序流程图

下面是交通信号灯识别的 MATLAB 程序,通过对程序的解读和分步调试将有助于对交通信号灯识别的整体学习。

```
1.%--------------------------------------------------------------------
2.clc,clear,close all;
3.%------------------------------------训练----------------------------
4.% 输入训练图像
5.dir = ('.\green');
6.trainingSet = imageSet(dir,'recursive');   %imageSet 是一个对象,可将其视为指向图像的路径的容
器,是图片集整理的函数。
7.I = read(trainingSet(1), 2);   % read 函数是读取数据存储中的数据
8.Gray = rgb2gray(I);
9.S = (im2double(Gray) + 0.5)/256;
10.gamma = 2.2;
11.B = S.^(1/gamma);
12.I1 = uint8(B* 256 - 0.5);
13.HOG = imresize(I1,[256 256]);% 将归一化后的图片改为 256*256 大小。
14.cellSize = [8 8];
15.[hog_feature, vis_hog] = extractHOGFeatures(HOG,'CellSize',cellSize);   % extractHOGFeature 函
数为提取 HOG 特征的函数,其返回值是 HOG 特征和梯度直方图。
16.SizeOfFeature = length(hog_feature);% 前面几步的目的为求出特征的长度
17.trainingFeatures_HOG = [];% 构建训练样本特征向量
18.trainingLabels_HOG = [];% 构建训练样本标签
19.% 开始特征提取
20.for digit = 1 :numel(trainingSet)
```

```
21.    numImages = trainingSet(digit).Count;
22.    features_HOG = zeros(numImages, SizeOfFeature,'single');%初始化 HOG 特征向量
23.    %遍历每张图片
24.    for i = 1:numImages
25.        I = read(trainingSet(digit), i);%取出第 i 张图片
26.        Gray = rgb2gray(I);
27.        S = (im2double(Gray) + 0.5)/256;
28.        gamma = 2.2;
29.        B = S.^(1/gamma);
30.        I1 = uint8(B* 256 - 0.5);
31.        HOG = imresize(I2,[256 256]);
32.        %提取 HOG 特征
33.        [hog_feature, vis_hog] = extractHOGFeatures(HOG,'CellSize',cellSize);
34.        %合并特征
35.        features_HOG(i, :) = hog_feature;
36.    end
37.    %使用图像描述作为训练标签
38.    labels_HOG = repmat(trainingSet(digit).Description, numImages, 1);
39.    labels_RGB = repmat(RGBS(rgb_feature), numImages, 1);
40.    %逐个添加每张训练图片的特征和标签
41.    trainingFeatures_HOG = [trainingFeatures_HOG;features_HOG];
42.    trainingLabels_HOG = [trainingLabels_HOG;labels_HOG];
43.end
44.%训练 SVM 模型
45.%训练一个 SVM 分类器，采用函数 fitcecoc 进行 SVM 多分类模型训练
46.classifier_HOG = fitcecoc(trainingFeatures_HOG,trainingLabels_HOG)。
47.%保存训练模型
48.save classifier.mat classifier_HOG;
49.%--------------------------------测试--------------------------------
50.testdir = ('.\testgreen');
51.testSet = imageSet(testdir,'recursive');
52.testFeatures_HOG = [];
53.testLabels_HOG = [];
54.for digit = 1:numel(testSet)
55.    numImages = testSet(digit).Count;
56.    %初始化特征向量
57.    features_HOG = zeros(numImages, SizeOfFeature, 'single');
58.    for i = 1:numImages
59.        img = read(testSet(digit), i);
60.        %转化为灰度图像
61.        Gray = rgb2gray(img);
62.        S = (im2double(Gray) + 0.5)/256;
63.        B = S.^(1/gamma);
```

```
64.     I1 = uint8(B*256 -0.5);
65.     img = imresize(I1,[256 256]);
66.     % 提取 HOG 特征
67.     [hog_4x4, vis4x4] = extractHOGFeatures(img,'CellSize',cellSize);
68.     features_HOG(i, :) = hog_4x4;
69.   end
70.   labels_HOG = repmat(testSet(digit).Description, numImages, 1 );
71.   testFeatures_HOG = [testFeatures_HOG; features_HOG];
72.   testLabels_HOG = [testLabels_HOG; labels_HOG];
73.end
74.% 使用测试图像的特征向量预测样本标签
75.predictedLabels_HOG = predict(classifier_HOG, testFeatures_HOG);
76.% 输出测试结果,评估分类器
77.% 使用没有标签的图像数据进行测试,生成一个混淆矩阵表明分类效果
78.confMat = confusionmat(testLabels_HOG, predictedLabels_HOG)
79.accuracy = (confMat(1,1)/sum(confMat(1,:)) + confMat(2,2)/sum(confMat(2,:)) + ...
80.    confMat(3,3)/sum(confMat(3,:)) + confMat(4,4)/sum(confMat(4,:)))/4
81.%----------------------------------预测----------------------------------
82.PredictLabel = '.\testgreen\RAL_1\image.0022.jpg';
83.I = imread(PredictLabel);
84.figure,imshow(I),title('待识别图像');
85.RGBS = {'RED','GREEN'};% 使用颜色特征进行颜色判别
86.    [~,RGB_i] = max([sum(sum(I(:,:,1))),sum(sum(I(:,:,2)))]);
87.Gray = rgb2gray(I);
88.figure,imshow(Gray),title('灰度图');
89.S = (im2double(Gray) + 0.5)/256;
90.B = S.^(1/gamma);
91.I1 = uint8(B*256 - 0.5);
92.HOG = imresize(I1,[256 256]);
93.[hog_4x4, ~ ] = extractHOGFeatures(HOG,'CellSize',[4 4]);
94.testFeature = hog_4x4;
95.% 使用测试图像的特征向量预测样本标签
96.predictedLabel = predict(classifier_HOG, testFeature);
97.str = ['分类结果:',predictedLabel,'颜色判别:',RGBS{RGB_i}];
98.dim = [0.25 0.0004 0.2 0.2];
99.figure,imshow(I),title('待识别图像');
100.annotation('textbox', dim, 'string', str, 'fontsize', 20, 'color', 'g','edgecolor', 'none');
```

4. 交通信号灯识别案例分析

在上述的交通信号灯识别典型案例中,第 1 行至第 3 行用来清除命令窗口的内容,关闭所有的窗口以及清空工作空间。第 4 行至第 48 行主要用来训练模型,第 50 行至第 80 行主要用来评估模型,第 82 行至第 100 行主要用于输出分类结果。该案例的数据集在该网站可以自行下载:HTTP://COMPUTING.WPI.EDU/DATASET.HTML。

所下载的数据集中有"GREEN"和"TESTGREEN"两个文件夹,其中,"GREEN"文件夹下有四个子文件夹,即"GAF_1、GAL_1、GAR_1、RAL_1"。"GAF_1"文件夹中有2000张绿色直行的图片集,"GAL_1"文件夹中有1400张绿色左拐的图片集,"GAR_1"文件夹中有1600张绿色右拐的图片集,"RAL_1"文件夹中有1000张红色左拐的图片集。

"TESTGREEN"文件夹中也有四个子文件夹,即"GAF_1、GAL_1、GAR_1、RAL_1","GAF_1"文件夹中有489张绿色直行的图片集,"GAL_1"文件夹中有85张绿色左拐的图片集,"GAR_1"文件夹中有116张绿色右拐的图片集,"RAL_1"文件夹中有214张红色左拐的图片集。

典型案例的具体分析如下所示。

1)第一部分:训练模型

第一部分对应程序中的第4至第48行,构建训练样本特征向量和训练样本标签,训练时遍历训练集每张图片对其进行灰度化、GAMMA校正、调整大小,然后进行特征提取。

(1) DIR 函数。

程序第5行的DIR函数的作用是获取指定文件夹下的所有子文件夹和文件,并存放在一种文件结构数组中。当需要搜索多个文件时,需要在文件名中使用通配符。例如,DIR *.M 将列出当前文件夹中扩展名为M的所有文件,DIR */*.M 列出正好是当前文件夹的下一级文件夹中扩展名为M的所有文件,DIR **/*.M 列出当前文件夹下或其下多个文件夹中扩展名为M的所有文件。本程序中DIR函数的使用意为列出训练集图片所在文件夹"GREEN"目录下的所有子文件夹和子文件。

(2) rgb2gray 函数。

程序第8行的rgb2gray函数的作用是通过消除色调和饱和度信息,同时保留亮度,将RGB图像转换为灰度图。RGB图像有三个分量,分别为$R(i,j)$、$G(i,j)$和$B(i,j)$,采用加权平均法将RGB值转化为灰度值,通过式(4-8)对RGB三分量进行加权平均,从而获得灰度图像,三个权值可以根据图像的实际情况进行赋值。

在上述的交通信号灯识别典型案例中,当运行至第15行时,点击工作区中的I,即可看到RGB图像的三个分量对应的矩阵,如图4-25~图4-27所示。当程序运行至第16行时,用rgb2gray函数对其进行灰度化处理,点击工作区中的GRAY,即可得到图4-28所示的灰度化之后的矩阵,读者可用式(4-8)对其进行验证。

```
val(:,:,1)=
  0    0    3   27   32    0    0    0
  0   26   58   93   97   35    6    0    0
 14   67   77   77   84   73   47   16    0
 47   90   73   51   47   67   92   77    8
 79  104   70   47   42   56  106  108   22
 32   73   58   54   62   55   57   36   13
  0   22   18   43   58   42    7    0    0
  0    0    3   67   92   72    0    0    0
  4    0    8   70   93   75    2    0    0
  8    0    0   12   20   20    0   11   24
```

图4-25 $R(i,j)$

```
val(:,:,2)=
 73   80  110  141  142   83   76   47   69
 89  128  178  224  226  154  102   69   65
128  194  226  241  248  225  172  121   81
169  227  238  233  232  239  233  195  104
198  241  238  233  233  235  254  229  121
141  199  217  232  243  225  198  150  105
 89  129  156  198  217  191  127   95   68
 69   79  121  201  230  200   98   75   58
 65   71  105  181  211  182   85   71   60
 61   66   84  113  127  121   73   82   82
```

图4-26 $G(i,j)$

(3) HOG 特征提取。

在一幅图像中,通过梯度信息能反映图像目标的边缘信息,通过局部梯度的大小能将图像局部的外观和形状特征化,HOG能够描述图像的梯度强度和梯度方向的分布情况,可以较好地表示局部图像的外观和形状。在检测窗口内提取HOG特征的具体过程如下:

①颜色空间归一化。

程序的第9行至第12行采用Gamma校正法对输入图像进行颜色空间的标准化(归一化),目的是调节图像的对比度,降低图像局部由于阴影和光照变化所造成的影响,同时可以抑制噪声。Gamma校正法的具体步骤如下:

a.归一化:将像素值转换为0~1的实数。设图像某一点像素值为$i(x,y)$。归一化的公式为:

$$S(x,y) = \frac{i(x,y)+0.5}{256} \tag{4-23}$$

$S(x,y)$为归一化后的像素值,此处的$S(x,y)$相当于程序中的S,点击工作区中的S,即可得到图4-29所示的归一化之后的矩阵。

```
val(:,:,3)=
    50    57    84   115    54    50    19    38
    65   104   151   193   124    74    39    35
   103   165   194   204   187   138    90    51
   146   199   204   193   199   198   163    76
   178   215   205   194   196   220   198    93
   122   177   187   196   189   166   124    82
    74   111   131   167   161   102    72    48
    57    62    99   176   175    77    57    41
    57    58    88   162   161    67    54    43
    53    56    68    95   103    55    64    67
```

图4-27 $B(i,j)$

图4-28 灰度化后的图像矩阵

图4-29 归一化后的图像矩阵

b.预补偿:根据公式,求出像素归一化后的数据$S(x,y)$以$1/gamma$为指数的对应值。

$$B(x,y) = S(x,y)^{\frac{1}{gamma}} \tag{4-24}$$

通常gamma值取2.2,此处的$B(x,y)$相当于程序中的B。点击工作区中的B,即可得到图4-30所示的预补偿之后的矩阵。

编辑器 - main.m

B

10x9 double

	1	2	3	4	5	6	7	8	9	10
1	0.0680	0.0687	0.0724	0.0770	0.0773	0.0691	0.0682	0.0646	0.0677	
2	0.0699	0.0756	0.0820	0.0877	0.0881	0.0786	0.0716	0.0673	0.0668	
3	0.0750	0.0840	0.0873	0.0886	0.0895	0.0869	0.0809	0.0742	0.0687	
4	0.0808	0.0879	0.0882	0.0868	0.0865	0.0879	0.0885	0.0844	0.0719	
5	0.0849	0.0897	0.0881	0.0866	0.0864	0.0872	0.0909	0.0887	0.0745	
6	0.0773	0.0848	0.0857	0.0869	0.0882	0.0863	0.0838	0.0783	0.0724	
7	0.0701	0.0756	0.0782	0.0833	0.0857	0.0826	0.0745	0.0706	0.0673	
8	0.0677	0.0687	0.0737	0.0847	0.0883	0.0848	0.0709	0.0684	0.0663	
9	0.0675	0.0679	0.0723	0.0830	0.0866	0.0832	0.0696	0.0679	0.0664	
10	0.0671	0.0673	0.0694	0.0734	0.0753	0.0747	0.0680	0.0698	0.0704	
11										

图 4-30　预补偿后的图像矩阵

c. 反归一化：将经过预补偿的实数值反变换为 0 ~ 255 之间的整数值。

$$I(x,y) = B(x,y) \times 256 - 0.5 \tag{4-25}$$

$I(x,y)$为校正后的像素点的值，此处的$I(x,y)$相当于程序中的 I1。点击工作区中的 I1，即可得到图 4-31 所示的反归一化之后的矩阵。假设，$i(x,y)$的值是 200，则根据式(4-23)计算得对应的归一化值 $S(x,y)$ 为 0.783203，再根据式(4-24)计算得预补偿 $B(x,y)$ 为 0.894872，再将 0.894872 代入式(4-25)，得到的像素值为 228。

编辑器 - main.m

I1

10x9 double

	1	2	3	4	5	6	7	8	9	10
1	16.9161	17.0944	18.0387	19.2015	19.2787	17.1828	16.9609	16.0374	16.8261	
2	17.4014	18.8496	20.5036	21.9483	22.0472	19.6216	17.8292	16.7356	16.5987	
3	18.6907	20.9981	21.8488	22.1784	22.4057	21.7488	20.2146	18.4898	17.0944	
4	20.1781	22.0143	22.0801	21.7153	21.6482	22.0143	22.1457	21.1023	17.9133	
5	21.2403	22.4702	22.0472	21.6818	21.6146	21.8155	22.7576	22.2110	18.5705	
6	19.2787	21.2059	21.4454	21.7488	22.0801	21.5809	20.9632	19.5460	18.0387	
7	17.4447	18.8496	19.5081	20.8231	21.4454	20.6463	18.5705	17.5739	16.7356	
8	16.8261	17.0944	18.3681	21.1715	22.1129	21.2059	17.6595	17.0055	16.4604	
9	16.7809	16.8712	17.9970	20.7526	21.6818	20.7879	17.3143	16.8712	16.5067	
10	16.6901	16.7356	17.2706	18.2864	18.7703	18.6106	16.9161	17.3579	17.5310	
11										

图 4-31　反归一化后的图像矩阵

下文几点对应于程序中的 22 ~ 23 行，即用 extractHOGFeatures 函数提取图像的 HOG 特征。

②计算梯度。

对经过颜色空间归一化后的图像求取其梯度及梯度方向。分别在水平和垂直方向进行计算，梯度算子为：

$$\begin{cases} G_x(x,y) = I(x+1,y) - I(x-1,y) \\ G_y(x,y) = I(x,y+1) - I(x,y-1) \end{cases} \tag{4-26}$$

其中，$I(x,y)$表示校正后的像素值，$G_x(x,y)$和$G_y(x,y)$分别表示输入图像中像素点(x,y)的水平方向梯度和垂直方向梯度。像素点(x,y)处的梯度幅值和梯度方向分别为：

$$G(x,y) = \sqrt{G_x(x,y)^2 + G_y(x,y)^2} \tag{4-27}$$

$$\alpha(x,y) = \tan^{-1}\left(\frac{G_x(x,y)}{G_y(x,y)}\right) \tag{4-28}$$

在算法实现中，用$[-1,0,1]$与图像进行卷积操作求得 x 方向的梯度值，再用$[-1,0,1]^T$进行卷积操作求得 y 方向的梯度值，而后采用式(4-27)和式(4-28)求梯度幅值和方向。

③构建梯度直方图。

程序中,第 14 行的 Cellsize 是图像的胞元(cell)大小,在对图像进行形状特征提取和使用 HOG 算法构建梯度直方图时,需要图像的窗口(winsize)、块(blocksize)、块滑动增量(block stride)以及胞元大小(cellsize),这里令 cellsize = [8 8]。

在梯度直方图中,每 8×8 的像素组成一个 cell。在图像中选择一个 winsize,在窗口中选择一个 blocksize,块在图像中进行扫描,存在一个 blockstride,块中存在 cell,一个图像的梯度直方图就是在 cell 中进行计算,里面有 8×8×2 = 128 个值,乘 2 表示梯度强度和方向。如图 4-32 所示,将 0°~180°分成 9 个 bins(每个直方图,通常都可以用一个列向量来表示,列向量里面的每一个值就是一个 bin),分别是 0°~20°,20°~40°...160°~180°,统计每一个像素点所在的 bin。

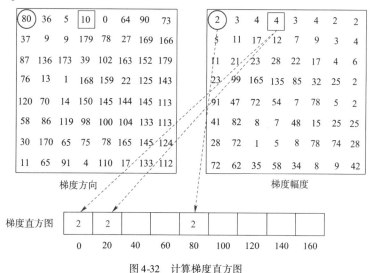

图 4-32　计算梯度直方图

在图 4-32 中,左上图是 8×8 的梯度方向值,右上图是 8×8 的梯度强度值,下图是 9 个 bins。图中圆圈中的方向是 80°,大小是 2,则该点投给 80 这个 bin;方框中的方向是 10°,大小是 4,因为 10 距离 0 点为 10,距离 20 点为也为 10,则一半的大小(即是 2)投给 0 这个 bin,另一半的大小投给 20 这个 bin。统计完 64 个点的投票数,得到每个 bin 的数值,即单个 cell 对应的直方图转换为单维向量为[8,10,6,12,4,5,8,6,14],得到单个 cell 的 9 个特征,在计算机里面就是一个大小为 9 的一维数组。

④fitcecoc 函数。

程序中第 46 行的 fitcecoc 函数是 MATLAB 自带的多类分类工具,为支持向量机拟合多类模型,公式为:

$$M = f_i(x, y) \tag{4-29}$$

其中,x 为预测变量,y 为类标签,M 为训练好的 ECOC 模型。x 相当于程序中的 trainingFeatures_HOG,y 相当于程序中的 trainingLabels_HOG,即当输入为特征向量和类标签时,输出为一个完整的、训练有素的、多类 ECOC(Error-Correcting Output Codes)模型 classifier_HOG。

2)第二部分:评估模型

第二部分对应程序中的第 50 行至第 80 行,为构建测试样本特征向量和测试样本标签,图片集换为测试集。程序中此时的当前文件夹改为"testgreen"。

(1) predict 函数。

程序中第 75 行的 predict 函数利用 SVM 分类器以及测试集特征向量来预测测试集的标签并返回到 predictedLabels_HOG 中。公式为：

$$P_H = f_P(x, y) \tag{4-30}$$

其中，x 相当于程序中的 classifier_HOG，y 相当于程序中的 testFeatures_HOG，输出 P_H 为 predictedLabels_HOG，即使用经过训练的 classifier_HOG 模型预测 testFeatures_HOG 中图像的类标签。

(2) confusionmat 函数。

程序中第 78 行 confusionmat 函数的作用是模型训练完成后，需要知道这个模型是否能很好地拟合数据，这就需要一个评价指标来评价模型的性能，confusionmat 函数可以计算分类问题的混淆矩阵，从而通过计算混淆矩阵对角线上的值占每行总数的比值得出分类正确率。

混淆矩阵也称误差矩阵，是精度评价的一种标准格式，是数据科学、数据分析和机器学习中总结分类模型预测结果的情形分析表，以矩阵形式将数据集中的实际类别与分类模型提出的分类结果进行汇总比较，见表 4-4，为二元分类，混淆矩阵是 2 乘 2 的。混淆矩阵的每一列代表了预测类别，每一列的总数表示预测为该类别的数据的数目，每一行代表了数据的真实归属类别，每一行的数据总数表示该类别的数据实例的数目。

表 4-4 混淆矩阵

预测值	真值	
	0	1
0	TN	FN
1	FP	TP

其中，真阳性(True Positive, TP)表示样本的真实类别是阳性，并且模型识别的结果也是阳性；假阴性(False Negative, FN)表示样本的真实类别是阳性，但是模型将其识别为阴性；假阳性(False Positive, FP)表示样本的真实类别是阴性，但是模型将其识别为阳性。真阴性(True Negative, TN)表示样本的真实类别是阴性，并且模型将其识别为阴性。

混淆矩阵延伸出的评价指标为：

$$正确率(Accuracy) = \frac{TP + TN}{TP + TN + FP + FN} \tag{4-31}$$

3) 第三部分：输出分类结果

程序中的第 82 行至第 100 行为预测样本标签。

(1) 变量 RGBS。

程序中第 85 行的 RGBS 是一个变量，其解释如下。图像特征主要包括颜色特征、纹理特征、形状特征以及局部特征点等。图像特征提取是图像分析和识别的前提，颜色特征是在图像检索中应用最为广泛的视觉特征，主要原因在于颜色往往和图像中所包含的物体或场景十分相关。此外，与其他的视觉特征相比，颜色特征对图像本身的尺寸、方向、视角的依赖性较小，从而具有较高的鲁棒性。由于交通信号灯具有较强的颜色特点，因此采取最为常用的 RGB 色彩空间对其进行颜色特征的提取。此处统计 RGB 通道中前两个通道像素值的总和作为图像的颜色特征。

$$RGBS = \sum_{x=1}^{m}\sum_{y=1}^{n} i(x,y) \tag{4-32}$$

上式对应于程序中的第 94 行,$i(x,y)$ 为图像某通道中某点的像素值,m 和 n 为图像的大小。

(2)Annotation 函数。

程序中第 100 行的 Annotation 函数是在当前图窗中创建具有特定大小和位置的矩形、椭圆或文本框注释,可以更改注释内容和注释字体的大小、颜色等,其中 dim 作为 $[x,y,w,h]$ 形式的四元素向量,x 和 y 元素确定位置,w 和 h 元素确定大小。

本章小结

本章介绍了智能汽车的环境感知与识别技术。首先介绍了环境感知的主要内容、传感器设置和基本特性。其次,以车道线和交通信号灯为例,介绍基于视觉传感器的传统的检测识别方法和基于机器学习的识别方法。每小节分别介绍了基本概念,典型的检测流程,机器学习算法识别部分引入卷积神经网络的基本知识。最后,为加深对这部分知识的理解,每个特性的识别内容后面附加一部分代码,供参考学习。

第五章　先进驾驶辅助系统

先进驾驶辅助系统或高级驾驶辅助系统英文为 Advanced Driver Assistance Systems，ADAS 是其缩写。随着汽车电子技术的发展，为提高汽车运用的安全性，汽车制造商开发和升级了各种 ADAS。ADAS 属于 L1~L2 级，已在汽车上大量应用。因此，有必要了解其分类和原理。本章在介绍 ADAS 工作原理和分类的基础上，重点介绍自适应巡航控制系统、自动泊车辅助系统、前向碰撞预警系统和自动紧急制动系统。对前向碰撞预警系统和自动紧急制动系统分别给出了仿真实例和测试标准，以强化对 ADAS 的理解。

第一节　ADAS 的基本概念

先进驾驶辅助系统是利用安装在车辆上的传感、通信、决策及执行等装置，监测驾驶人、车辆及其行驶环境并通过影像、灯光、声音、触觉提示/警告或控制等方式辅助驾驶人执行驾驶任务或主动避免/减轻碰撞危害的各类系统的总称。

一、ADAS 的工作原理

早期的 ADAS 技术主要属于被动预警类型，当检测到行驶环境存在潜在危险时，ADAS 提醒驾驶人注意异常车辆和道路状况。最新的 ADAS 增加了主动式干预，如自适应巡航系统能够自动跟车行驶，自动紧急制动系统可在遇到潜在风险且驾驶人无作为时自动制动。ADAS 系统构成如图 5-1 所示，主要由环境感知、控制器和动作执行三部分组成。环境感知部分的主要作用是利用传感器如摄像头、超声波传感器、毫米波雷达、激光雷达和车身传感器等对车辆、驾驶人及车辆周边的信息进行采集，用于对车道线、道路、车辆和行人等信息的感知。

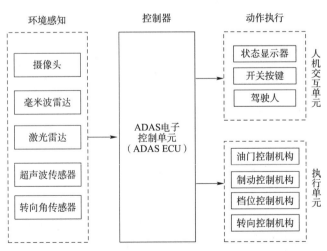

图 5-1　ADAS 系统构成图

控制器的主要作用是接收环境感知部分传感器的信号,经信号调理后输入ECU,ECU根据ADAS的功能需求,对数据进行分析处理,以获得车辆周围环境状况,并结合相关算法,判断是否有控制辅助的必要,若有,则向执行单元发布相应的指令。

动作执行部分的主要作用是接收ECU的指令,并根据指令输出信息对驾驶人加以提醒,或者将按照指令要求对车辆进行控制,以避免可能发生的意外事故。动作执行部分主要由人机交互单元和执行单元组成。人机交互单元的主要作用是对驾驶人进行预警。预警的方式有多种,包括语音提示、屏幕显示、声光报警等。执行单元的主要作用是根据控制器指令对车辆进行控制如车辆的驱动力、制动器和转向机构等。

不同厂家根据自身对ADAS的定位需求不同,其硬件配置亦不同。以自动泊车辅助系统为例,有的厂家环境感知部分采用的是超声波传感器,有的是摄像头,有的是毫米波雷达。控制器有采用单独控制器的,也有和其他功能合一的多功能控制器。同理,动作执行部分也各不相同。不论厂家采用何种形式实现ADAS,其工作原理是类似的。

二、ADAS的分类

2019年1月4日,全国汽车标准化技术委员会在其官网发布了《道路车辆先进驾驶辅助系统(ADAS)术语及定义》的征求意见稿。该标准明确了先进驾驶辅助与自动驾驶的区别,对驾驶辅助系统术语及应用范围做了明确的定义,保证各个辅助系统功能范围不会有覆盖。标准按技术路线将ADAS分成"信息辅助类"与"控制辅助类"两大类别。其中,信息辅助类功能包括"驾驶人疲劳监测"等21项,其系统由信息采集单元、电子控制单元以及人机交互单元组成;辅助控制类包括"自动紧急制动"等16项,其系统由信息采集单元、电子控制单元、人机交互单元以及执行单元组成。

可以看出,信息辅助类无执行单元部分,而辅助控制类必须有执行单元和人机交互单元。

1. 信息辅助类ADAS

信息辅助类ADAS是指通过对采集到的车道、车辆与驾驶人信息进行处理和分析,对可能发生的危险向驾驶人进行预警,提醒驾驶人做出正确决策的驾驶辅助系统。信息辅助类ADAS主要功能见表5-1。

信息辅助类ADAS　　　　　表5-1

序号	中文名称/英文名称	主 要 功 能
1	驾驶人疲劳监测 (Driver Fatigue Monitoring, DFM)	实时监测驾驶人状态并在确认其疲劳时发出提示
2	驾驶人注意力监测 (Driver Attention Monitoring, DAM)	实时监测驾驶人状态并在其注意力分散时发出提示
3	交通标志识别 (Traffic Sign Recognition, TSR)	自动识别车辆行驶路段的交通标志并发出提示
4	智能限速提醒 (Intelligent Speed Limit Information, ISLI)	自动获取车辆当前条件下所应遵守的限速信息并实时监测车辆行驶速度,当车辆行驶速度不符合或即将超出限速范围的情况下适时发出警告

续上表

序号	中文名称/英文名称	主要功能
5	弯道速度预警 (Curve Speed Warning, CSW)	对车辆状态和前方弯道进行监测,当行驶速度超过通过弯道的安全车速时发出警告
6	抬头显示 (Head-Up Display, HUD)	将信息显示在驾驶人正常驾驶时的视野范围内,使驾驶人不必低头就可以看到相应的信息
7	全景影像监测 (Around View Monitoring, AVM)	向驾驶人提供车辆周围360°范围内环境实时影像
8	夜视 (Night Vision, NV)	在夜间或其他弱光行驶环境中为驾驶人提供视觉辅助或警告
9	前向车距监测 (Forward Distance Monitoring, FDM)	实时监测本车与前方车辆车距,并以空间或时间距离显示车距
10	前向碰撞预警 (Forward Collision Warning, FCW)	实时监测车辆前方行驶环境,并在可能发生前向碰撞危险时发出警告
11	后向碰撞预警 (Rear Collision Warning, RCW)	实时监测车辆后方环境,并在可能受到后方碰撞时发出警告
12	车道偏离预警 (Lane Departure Warning, LDW)	实时监测车辆在本车道的行驶状态,并在出现非驾驶意愿的车道偏离时发出警告
13	变道碰撞预警 (Lane Changing Warning, LCW)	在车辆变道过程中,实时监测相邻车道,并在车辆侧/后方出现可能与本车发生碰撞危险的其他道路使用者时发出警告
14	盲区监测 (Blind Spot Detection, BSD)	实时监测驾驶人视野盲区,并在其盲区内出现其他道路使用者时发出提示或警告
15	侧面盲区监测 (Side Blind Spot Detection, SBSD)	实时监测驾驶人视野的侧/后方盲区,并在其盲区内出现其他道路使用者时发出提示或警告
16	转向盲区监测 (Steering Blind Spot Detection, STBSD)	在车辆转向过程中,实时监测驾驶人转向盲区,并在其盲区内出现其他道路使用者时发出警告
17	后方交通穿行提示 (Rear Crossing Traffic Alert, RCTA)	在车辆倒车时,实时监测车辆后部横向接近的其他道路使用者,并在可能发生碰撞危险时发出警告
18	前方交通穿行提示 (Front Crossing Traffic Alert, FCTA)	在车辆低速前进时,实时监测车辆前部横向接近的其他道路使用者,并在可能发生碰撞危险时发出警告
19	车门开启预警 (Door Open Warning, DOW)	在停车状态即将开启车门时,监测车辆侧后方的其他道路使用者,并在可能因车门开启而发生碰撞危险时发出警告
20	倒车环境辅助 (Reversing Condition Assist, RCA)	在车辆倒车时,实时监测车辆后部环境,并为驾驶人提供影像或警告
21	低速行车环境辅助 (Maneuvering Aid for Low Speed Operation, MALSO)	在车辆泊车或低速通过狭窄通道时,探测其周围障碍物,并当车辆靠近障碍物时发出警告

2. 控制辅助类 ADAS

控制辅助类 ADAS 是指自动监测车辆可能发生的碰撞风险，对驾驶人预警，必要时通过执行单元直接介入车辆操作实现对危险规避或减轻事故伤害的辅助系统，控制辅助类 ADAS 主要功能见表 5-2。

控制辅助类 ADAS　　　　　　　　　　　　　　　表 5-2

序号	中文名称/英文名称	主要功能
1	自动紧急制动 （Advanced Emergency Braking, AEB）	实时监测车辆前方行驶环境，并在可能发生碰撞危险时自动启动车辆制动系统使车辆减速，以避免碰撞或减轻碰撞后果
2	紧急制动辅助 （Emergency Braking Assist, EBA）	实时监测车辆前方行驶环境，在可能发生碰撞危险时提前采取措施以减少制动响应时间并在驾驶人采取制动操作时辅助增加制动压力，以避免碰撞或减轻碰撞后果
3	自动紧急转向 （Automatic Emergency Steering, AES）	实时监测车辆前方和侧方行驶环境，在可能发生碰撞危险时自动控制车辆转向，以避免碰撞或减轻碰撞后果
4	紧急转向辅助 （Emergency Steering Assist, ESA）	实时监测车辆前方和侧方行驶环境，在可能发生碰撞危险且驾驶人有明确的转向意图时辅助驾驶人进行转向操作
5	智能限速控制 （Intelligent Speed Limit Control, ISLC）	自动获取车辆当前条件下所应遵守的限速信息并实时监测车辆行驶速度，辅助驾驶人控制车辆行驶速度，以使其保持在限速范围之内
6	车道保持辅助 （Lane Keeping Assist, LKA）	实时监测车辆与车道线的相对位置，持续或在必要情况下介入车辆横向运动控制，使车辆保持在原车道内行驶
7	车道居中控制 （Lane Centering Control, LCC）	在车辆行驶过程中，持续自动控制车辆横向运动，使车辆始终在车道中央区域内行驶
8	车道偏离抑制 （Lane Departure Prevention, LDP）	实时监测车辆与车道线的相对位置，在其将要超出车道线时介入车辆横向运动控制，以辅助驾驶人将车辆保持在原车道内行驶
9	智能泊车辅助 （Intelligent Parking Assist, IPA）	在车辆泊车时，自动检测泊车空间并为驾驶人提供泊车指示和/或方向控制等辅助功能
10	自适应巡航控制 （Adaptive Cruise Control, ACC）	实时监测车辆前方行驶环境，在设定的速度范围内自动调整行驶速度，以适应前方车辆和/或道路条件等引起的驾驶环境变化
11	全速自适应巡航控制 （Full Speed Range Adaptive Cruise Control, FSRA）	实时监测车辆前方行驶环境，在设定的速度范围内自动调整行驶速度并具有减速至停止及从停止状态起步的功能，以适应前方车辆和/或道路条件等引起的驾驶环境变化
12	交通拥堵辅助 （Traffic Jam Assist, TJA）	在车辆低速通过交通拥堵路段时，实时监测车辆前方及相邻车道行驶环境，经驾驶人确认后自动对车辆进行横向和纵向控制
13	加速踏板防误踩 （Anti-Maloperation for Accelerator Pedal, AMAP）	在车辆起步或低速行驶时，因驾驶人误踩加速踏板产生紧急加速而可能与周边障碍物发生碰撞时，自动抑制车辆加速

续上表

序号	中文名称/英文名称	主 要 功 能
14	酒精闭锁 (Alcohol Inter Lock, AIL)	在车辆启动前测试驾驶人体内酒精含量,并在酒精含量超标时锁闭车辆动力系统开关
15	自适应远光灯 (Adaptive Driving Beam, ADB)	能够自适应地调整车辆远光灯的投射范围,以减少对前方或对向其他车辆驾驶人的炫目干扰
16	自适应前照灯 (Adaptive Front Light, AFS)	能够自动进行近光灯或远光灯控制或切换,从而为适应车辆各种使用环境提供不同类型的光束

第二节 自适应巡航控制系统

巡航一词最早用于飞机航行,指飞机完成起飞阶段进入预定航线后的飞行状态。飞机发动机每公里消耗燃料最少情况下的飞行速度,称为巡航速度。以固定巡航速度飞行的速度控制系统称为定速巡航系统(Cruise Control System, CCS)。

随着高速公路的发展,长途驾驶也容易引起驾驶人的疲劳,因此 CCS 被引入到汽车控制领域。由于公路上行驶状况远比飞机在航线上飞行复杂,自适应巡航控制系统(Adaptive Cruise Control, ACC)应运而生。ACC 的目的是通过对车辆纵向运动进行自动控制,减少驾驶人的劳动强度,保障行车安全,并通过方便的方式为驾驶人提供辅助支持。ACC 将汽车 CCS 和向前碰撞预警系统有机结合在一起,既有定速控制的全部功能,还可以借助雷达、摄像头等车载传感器监测车辆前方的道路交通环境,一旦发现本车与前车距离过近,立即对本车车速进行控制,始终保持安全距离,避免追尾事故发生。这里,本车指配有 ACC 系统的车辆,有时也称之为自车,前车特指与本车同向、同路,并在本车前方行驶的车辆,前车有时也称之为目标车辆。

一、ACC 的组成

ACC 系统构成如图 5-2 所示,和图 5-1 相比较并未有大的差别,只是传感器更加具体。

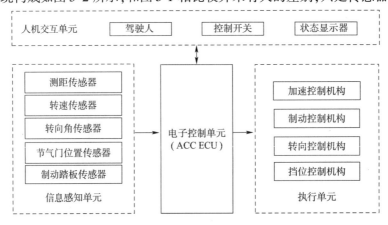

图 5-2 ACC 系统的组成

信息感知部分中测距传感器可使用激光雷达、毫米波雷达或摄像头,主要用来获取本车与前方目标车辆之前的距离信号。余下各种传感器通常连接到发动机 ECU，可通过 CAN 总线接入 ACC ECU。ACC ECU 是 ACC 的大脑，主要由硬件和软件组成。硬件从外观上看是一块电路板，内置 CPU、ROM、RAM、I/O 电路、CAN 总线和电源电路等，通过连接器和其他部件相连，通常安装在一个具有散热功能的铝盒中。软件是 ACC ECU 的核心，它根据驾驶人所设定的安全车距及车速，结合信息感知部分的信息确定本车和前车的行驶状态，按照控制算法计算，输出各种信号从而控制执行机构，并显示各种状态。执行单元主要执行 ACC ECU 发出的指令，实现主车速度和加速度的调整。它包括驱动控制机构、制动控制机构、转向控制机构和挡位控制机构。人机交互界面用于驾驶人设定系统参数及系统状态信息的显示等。驾驶人可通过设置在仪表盘或转向盘上的人机界面，启动或清除 ACC 系统控制指令。

从 ACC 系统框图来看，结构似乎不太复杂，但在应用中需要保证驾驶人使用的安全性、方便性和舒适性，各部件安装在不同的部位，甚至显示状态都在不同地方。因此，ACC 的设计和开发还是有很大难度。

二、ACC 的工作原理

ACC 系统工作原理如图 5-3 所示，其主要功能是基于特定的信息来控制本车车速与前方车辆运动状态相适应。特定的信息如下：

（1）与前车间的距离。

（2）本车（配备 ACC）的运动状态。

（3）驾驶人发出的操作指令。

基于上述信息，ACC ECU（图 5-3 中称为"ACC 控制策略"）发送控制指令给纵向控制执行机构包括驱动控制机构、制动控制机构和挡位控制机构，同时将状态信息提供给驾驶人。

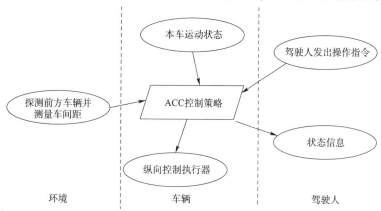

图 5-3　ACC 系统的工作原理

图 5-4 所示为车间时距的表示方法，其中车间距 c 为前车尾部与本车头部之间的距离，车间时距 τ 为本车以当前车速 v 驶过车间距所需的时间间隔，则有：

$$\tau = \frac{c}{v} \tag{5-1}$$

设定速度 S_V 是由驾驶人或由 ACC 系统以外的其他控制系统设定的期望行驶速度，即车辆在 ACC 系统控制下的最高期望速度。有了上述参数定义，可得到 ACC 系统控制方框图，如图 5-5 所示。

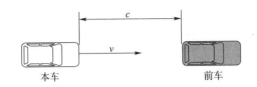

图 5-4 车间时距表示方法

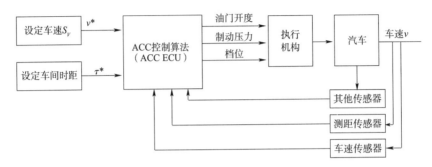

图 5-5 ACC 系统控制方框图

图中左侧设定车速和车间时距是 ACC 控制系统的给定或输入由驾驶人在操作面板上的控制开关来完成的。两种设定值选取谁作为 ACC 的输入取决于车间时距 τ。本车运行过程中，ACC ECU 不断实时采集外部数据并计算车间时距 τ，当 $\tau > \tau^*$ 时，ACC 的给定值为设定速度 v^*，也就是按键开关设定的车速，即巡航车速。反之，当 $\tau \leq \tau^*$ 时，ACC 的给定值为设定速度 τ^*，ACC 系统控制执行机构降低车速到合适速度，保证安全车间时距。ACC 控制算法中的其他算法和传统的车辆控制算法基本相同。

三、ACC 系统工作模式

ACC 系统工作示意图如图 5-6 所示，共有图中 4 种典型的操作，假设本车设定车速 $v^* = 100\text{km/h}$，前车行驶速度为 80km/h。

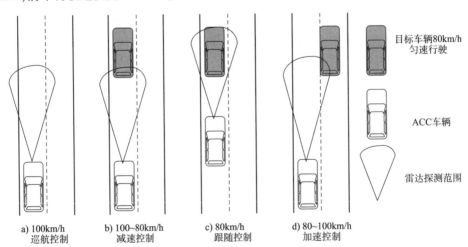

图 5-6 车辆 ACC 系统工作示意图

(1) 巡航控制。巡航控制是 ACC 系统最基本的功能。当本车前方无行驶车辆时，本车将处于巡航行驶状态，ACC 系统按照设定车速对本车进行巡航控制。

(2) 减速控制。当本车前方有目标车辆,并且前车辆行驶速度小于本车行驶速度时,ACC 系统将控制本车进行减速,确保两车具有安全时距。

(3) 跟随控制。当 ACC 系统将当前车辆车速减至理想的目标值之后采用跟随控制,与目标车辆以相同的速度行驶。

(4) 加速控制。当前车加速行驶或发生移线,或当前车移线行驶使得本车前方又无行驶车辆时,ACC 系统将对本车进行加速控制,使本车恢复到设定车速。在恢复行驶速度后,ACC 系统又转入对本车巡航控制。

四、ACC 系统状态

ACC 系统状态可分为 3 种,分别为 ACC 关闭状态、ACC 等待状态和 ACC 工作状态。前述 ACC 工作原理和工作模式都是 ACC 处于工作状态,而实际应用中又需要另外 2 种状态。ACC 系统状态及其转换如图 5-7 所示。

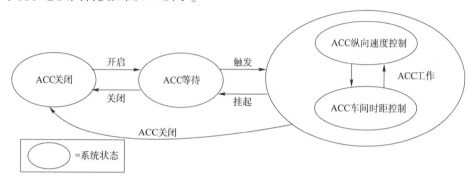

图 5-7　ACC 系统的状态及其转换

ACC 系统通电自检以后可以选择手动操作,实现 ACC 的关闭与非关闭状态的转换。在实际应用中,ACC 根据驾驶人操作、车况和路况在以下 3 种状态中进行切换,另外,系统检测到错误后将自动关闭 ACC。

(1) ACC 关闭状态,直接的操作动作均不能触发 ACC 系统。

(2) ACC 等待状态,ACC 系统没有参与车辆的纵向控制,但可随时被驾驶人触发而进入工作状态。

(3) ACC 工作状态,ACC 系统控制本车的速度和(或)车间时距。

五、ACC 控制系统要求

ACC 系统要求包括基本控制策略要求和基本性能要求。

1. ACC 系统基本控制策略要求

(1) 本车 ACC 处于工作状态时,本车通过对速度控制保持与前车设定的车间时距或设定车速。这两种控制模式由 ACC 系统自动切换。

(2) 稳定状态的车间时距可由系统自动调节或由驾驶人调节。

(3) 当本车车速低于最低工作速度时,应禁止由"ACC 等待状态"向"ACC 工作状态"转换。此外,如果 ACC 处于"工作状态"且速度低于最低工作速度时,自动加速功能应被禁止,ACC 应由"工作状态"自动转换为"等待状态"。

(4) 如果前方存在多辆目标车,则 ACC 应自动选择跟随本车道内最接近的前车。

2. ACC 系统基本性能要求

(1) 控制模式:可在车间时距控制和车速控制两种模式自行切换。

(2) 车间时距:可供选择的最小稳态车间时距应适应各种车速下的 ACC 控制,$\tau \geq 1s$,且至少应提供一个在 1.5~2.2s 区间内的车间时距。

(3) 本车车速:ACC 可以控制本车的车速。

(4) 静止目标:ACC 不具备对静止目标的响应,但应在车辆的用户使用手册加以说明。

(5) 跟踪能力:ACC 应具备相关标准中规定的探测距离、目标识别能力以及弯道适应能力。

六、ACC 应用实例

不同厂家不同车型所配置的 ACC 系统各有所不同,但其基本操作大致相同。本节以吉利博瑞 ACC 系统为例,详细介绍其使用方法,以便于从使用角度思考 ACC 工作原理。博瑞 ACC 系统可以使本车在车速为 30~150km/h 的范围内定速巡航,也可以设定车间时距进行跟车巡航。根据前方是否有车辆,系统还可以在定速巡航和跟车巡航之间自动切换。

1. 控制按键

ACC 控制按键位于转向盘左侧,如图 5-8 所示。图中各按键的功能说明如下。

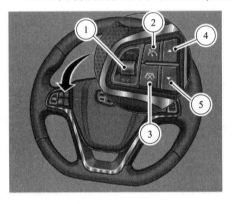

图 5-8 ACC 控制按键位置及示意图

(1) 按钮①为车速调整及设定按钮。①按钮的上方标有 RES+,其含义是恢复/加速,表示向上推动①按钮可恢复上次设定的巡航车速或加速;①按钮的下方标有 SET-,其含义是设定/减速,表示向下推动①按钮可设定巡航车速或减速。每次 ACC 关闭后重新启动,系统无巡航车速记忆值,仅可以使用 SET-进行激活,并将当前车速设置为巡航车速。

(2) 按键②为 ACC 开关按键。按下此键可以开启或关闭 ACC。当出现故障时,组合仪表上对应的指示灯点亮。

(3) 按键③为 ACC 取消按键。按下此键,车辆暂时取消自适应巡航控制。

(4) 按键④为增加车间时距按键。按下此键,增加本车与前车之间的车间时距。

(5) 按键⑤为减少车间时距按键。按下此键,减少本车与前车之间的车间时距。

2. 激活 ACC 应满足的条件

(1) 按②号按键,开启自适应巡航控制系统。

(2) 挡位在前进挡,发动机处于运转状态。

(3) 驻车制动未开启,车门、行李舱盖和发动机舱盖均处于关闭状态。

(4) 制动踏板未踩下,车速不低于 30km/h。

(5) 未关闭 ESP 开关,车辆稳定行驶,ESP 系统未介入。

(6) 未因为频繁制动而造成制动器温度过高。

(7) 中距离雷达不存在温度过高、污损或故障等问题。

3. 设定车速

(1) 按下 ACC 开关按键,开启自适应巡航控制。

(2) 当车辆满足 ACC 激活条件时,朝 SET - 方向短按按钮,可以将当前车速设定为巡航车速,并激活 ACC;若系统中已存有巡航车速,也可通过朝 RES + 方向短按按钮,将系统存有的巡航车速设置为当前巡航车速,并激活 ACC。此时组合仪表上的对应指示灯也会点亮。

(3) 朝 RES + 或 SET - 方向按动按钮,可以设定所需的巡航车速。

如图 5-9 所示,巡航过程中,随着车间距离的变化,组合仪表会显示前车到本车的距离的不同状态给驾驶人以提醒。如果与前车距离越来越近,组合仪表显示界面的前车图像①将变大,颜色预警区②将由绿色变为橙色或红色。

4. 设定车间时距

ACC 可设定车间时距,车间时距分为 1.0s、1.5s 和 1.9s 三挡,可任选一挡。可通过图 5-8 中的车间时距按键④和⑤来设置。每次打开启动开关时,默认的车间时距为 1.9s。图 5-10 所示组合仪表通过界面右侧箭头长短显示不同车间时距。

图 5-9 组合仪表显示车间时距

图 5-10 组合仪表显示车间时距

抬头显示器通过不同距离格数显示不同车间时距,如图 5-11 所示。当 ACC 探测到前面车辆时,图示①区将显示车辆图案,图示②区方格数显示本车在跟随前车时的车间距离状态。

5. 提速、减速和超车

1) 使用 ACC 有如下两种方法提速

(1) 踩下加速踏板可以提高车速。

(2) ACC 已经启用,若想稍许加速,朝 RES + 方向按动

图 5-11 抬头显示器显示车间时间

按钮。若当前车速在 30 ~ 80km/h 之间,每按一下,设定车速将增加 5km/h;若当前车速在 80 ~ 150km/h 之间,每按一下,车速设定将增加 10km/h。

2）使用 ACC 时减速方法

ACC 已经启用,若想稍许减速,朝 SET - 方向按动按钮。若当前车速在 30～80km/h 之间,每按一下,车速设定将减少 5km/h;若当前车速在 80～150km/h 之间,每按一下,车速将减少 10km/h。

3）超车模式

在巡航模式下,如果需要进行超车,踩下加速踏板,系统开启超车模式并不再对车间距离进行控制,松开加速踏板,车辆回到巡航车速,具体步骤如下:

(1) 驾驶人如需主动提速,可通过踩加速踏板的方法接管车速控制,组合仪表会提示"主动提速",当驾驶人松开加速踏板后,ACC 自动接管车速控制。

(2) 若 ACC 系统无法和前车之间保持设定的车间时距,或以较高的相对速度接近前车时,仪表发出视觉和声音信号警告,在这种情况下,驾驶人必须接管车辆的纵向控。

6. 取消设定车速

如果已设定 ACC 车速,有如下两种方法取消设定车速:

(1) 踩下制动踏板。

(2) 按下图 5-8 的③键。

一旦取消,ACC 处于 ACC 等待状态,设定车速仍继续保留在存储器中。一旦满足激活条件,ACC 又可进入工作状态。

7. 断开自适应巡航控制

(1) 轻踩一下制动踏板,或按下图 5-8 的③键,退出 ACC 工作状态。

(2) 按下图 5-8 的②键,彻底关闭自适应巡航控制系统。

8. 中距离雷达

本车型采用中距离雷达测量本车与前车之间的距离。如图 5-12 所示,中距离雷达安装于前保险杠下方,可探测范围有限,某些情况下,雷达可能无法检测到前车或延迟检测出车辆的时间。

图 5-12　吉利博瑞汽车的中距离雷达

第三节　智能泊车辅助

智能泊车辅助(Intelligent Parking Assist,IPA)系统也称为自动泊车辅助系统,是利用车载传感器探测有效泊车空间,并辅助控制车辆完成泊车操作的一种 ADAS 系统。

一、IPA 的组成

泊车有多种方式,如平行于路沿倒车入位、在两个车之间泊车和在一辆车的后面泊车等。无论是哪种泊车,IPA 均能为驾驶人提供帮助并通过显示图像来引导驾驶人。其操作步骤如下:

(1) 寻找停车空位。如果找到合适的停车空位,那么驾驶人还必须驾车前行,直至车辆到达一个有利于泊车的位置。

(2)驾驶人通过按键开关激活 IPA 系统。

(3)挂入倒挡后,IPA 系统接管转向过程,驾驶人只需要操纵加速踏板、离合器踏板以及制动器踏板就可以了。

(4)泊车过程中若驾驶人抓住了转向盘,则 IPA 系统关闭,由驾驶人来继续完成转向过程。

(5)泊车时有声音警告信号来提醒驾驶人可能发生的碰撞。在 IPA 系统工作结束后,驾驶人可以再次将车调整到空位的中间位置,从而达到满意的停车位置。

自动泊车辅助系统需要与各种子系统协同工作,才能实现自动泊车功能。图 5-13 所示为第二代自动泊车辅助系统 PLA2.0 部件功能示意图。图中下方中部的 J533 为数据总线诊断接口单元,它通过组合 - CAN、舒适 - CAN、信息娱乐 - CAN 和驱动 - CAN 和各种 ECU 相连,实现信息的交互和共享。

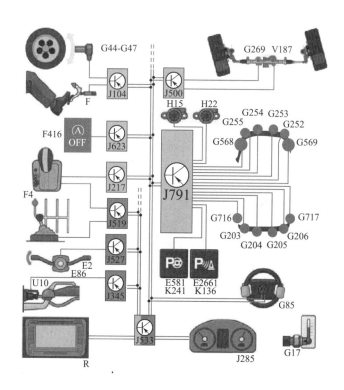

图 5-13　PLA2.0 部件功能示意图

和泊车相关的电子控制单元有 J104 为 ABS 控制单元,J217 为自动变速器控制单元,J519 为车载电源控制单元,J527 为转向柱控制单元,J345 为拖车识别控制系统,J500 为电动助力控制单元,J791 为 IPA 控制单元,J285 为组合仪表,R 为收音机。

和泊车相关的按键开关有 E266 和 E581。手动操作泊车辅助按钮 E266 将开启前部停车距离控制。手动操作泊车转向辅助按钮 E581 将激活泊车辅助的泊车转向功能。

电动转向系统中,G269 为转向力矩传感器,V187 为电动机械式转向电机。

G44-G47 为轮速传感器,G85 为转角传感器,F 为踏板力传感器,H15 和 H22 为前/后泊车辅助蜂鸣器,用于报警。

探测泊车位置一共使用了 12 个超声波传感器,其功能如图 5-14 所示。

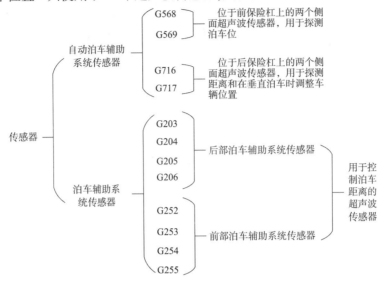

图 5-14　12 个超声波传感器及其作用

二、IPA 工作原理

IPA 通过车载传感器感知汽车周围环境,通过对环境区域的分析和建模,搜索有效泊车位,当确定目标车位后,系统提示驾驶人停车并自动启动自动泊车程序,根据所获取的车位大小、位置信息,计算泊车路径,然后自动操纵汽车泊车入位。IPA 工作过程如图 5-15 所示。

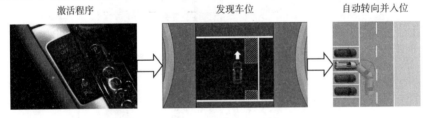

图 5-15　IPA 工作过程

(1)激活系统。每次开始停车前,须重新激活 IPA 系统。按下泊车转向辅助按钮 E581,激活 IPA,按键 E581 内置的 LED 指示灯点亮,表明 IPA 系统激活。

(2)车位检测。通过 12 个超声波传感器获取环境信息,识别出目标车位。

(3)路径规划。根据所获取的环境信息,IPA 的 ECU 对汽车和环境建模,计算出 1 条能使汽车安全泊入车位的路径。

(4)跟踪控制。通过转角、加速和制动的协调控制,使汽车跟踪预先规划的泊车路径,实现轻松泊车入位。

IPA 在泊车过程中,驾驶人需要控制制动踏板、加速踏板及排挡杆,转向盘操作由 ECU 计算机完成。

与 IPA 不同,全自动泊车系统在泊车过程中,不需要驾驶人控制汽车的任何操作,所有泊车过程全由 ECU 控制。沃尔沃公司开发的全自动泊车系统将无人驾驶技术和无线通信技术相结合,可用手机端的 App 实现自动泊车。宝马的远程代客泊车技术是在 360°防碰撞系统的基础上,借助其激光雷达获得的数据,实现车辆自动泊车。驾驶人只需将车辆开到停车场入口处,即可通过智能手表启动远程代客泊车系统。

第四节　前向碰撞预警系统

"跟车距离太近"是最危险的驾车行为之一。前向碰撞预警系统(Forward Collision Warning,FCW)通过雷达、摄像头等传感器时刻监测前方车辆,判断本车与前车之间的距离、方位及相对速度,若有碰撞危险,则通过声音及仪表图像提示驾驶人保持安全行驶。FCW本身不会采取任何制动措施去避免碰撞或控制车辆。

一、FCW 的工作原理

FCW 系统构成和 ACC、IPA 类似,其工作状态也分为关闭、等待和工作三种状态。

FCW 工作过程可分为前方车辆识别、前方车距检测和建立安全距离模型三部分。安全距离模型是 FCW 的核心内容,其主要目的是获取预警过程的安全距离阈值。常见的建立安全距离模型的方法有两种:基于碰撞时间(Time-To-Collision,TTC)的行驶安全判断算法和基于距离的行驶安全判断算法。前者与车距和车速密切相关,后者主要是比较两车当前车距与安全距离阈值,其值通常以当前车速为基础进行确定,一般应大于或等于本车能够在碰撞前能完全制动且不发生碰撞的距离。目前经典的安全距离模型有 Mazda 模型、Honda 模型、Berkeley 模型和 TTC 模型。

1. Mazda 模型

马自达公司研制并开发的防碰撞模型的设计思路是:当本车正常行驶时,系统不工作;当本车与前车的车间距 c 达到安全距离阈值时,FCW 报警。若驾驶人没有采取措施,该 FCW 会自动制动。该模型的本质是实时计算安全距离阈值,从而对车速进行控制。Mazda 模型计算公式如式(5-2)所示。

$$D_w = \frac{1}{2}\left[\frac{v_1^2}{a_1} - \frac{(v_1 + v_{\rm rel})^2}{a_2}\right] + v_1 t_0 + v_{\rm rel} t_1 + D_0 \tag{5-2}$$

式中:D_w——安全距离阈值,也就是报警距离,m;

v_1——本车车速,m/s;

$v_{\rm rel}$——相对车速,m/s;

a_1——本车减速度,一般取 6m/s^2;

a_2——前车减速度,一般取 8m/s^2;

t_0——驾驶人反应时间,一般取 0.15s;

t_1——系统延迟时间,一般取 0.6s;

D_0——最小停车距离,一般取 5m。

马自达公司用大量试验验证了该系统的可靠性。试验证明该系统在保护驾驶人和避免事故方面表现良好,其缺点是默认前车以 8m/s^2 的减速度制动,计算出的报警距离较大,导致系统频繁报警。但在实际行车过程中前车突然以 8m/s^2 的减速度制动的情况不多,频繁报警容易分散驾驶人的注意力,甚至影响驾驶人的正常操作。

2. Honda 模型

本田公司 Honda 模型算法设定了报警距离和制动距离。采用两段式报警形式。报警距离的设定是以实验数据为基础的,表达式如式(5-3)和(5-4)所示。

$$D_w = 6.2 - 2.2(v_2 - v_1) \tag{5-3}$$

$$D_b = \begin{cases} -v_{rel}t_2 + t_1t_2a_1 - 0.5a_1t_1^2, & \dfrac{v_2}{a_2} \geqslant t_2 \\ v_1t_2 - 0.5a_1(t_2-t_1)^2 - \dfrac{v_2^2}{2a_2}, & \dfrac{v_2}{a_2} < t_2 \end{cases} \tag{5-4}$$

式中:D_b——紧急制动距离,m;

v_1——本车速度,m/s;

v_2——前车速度,m/s;

a_1——本车减速度,一般取 7.8m/s²;

a_2——前车减速度,一般取 7.8m/s²;

t_1——系统延迟时间,一般取 0.5s;

t_2——制动时间,一般取 1.5s。

Honda 模型采用两段报警方式,对驾驶人的影响较小。但是该模型不能避免大部分碰撞,只能减轻碰撞的严重程度,同时该模型基于试验数据标定,因此样本点的选取对模型的准确度影响较大。

3. Berkeley 模型

与 Honda 模型类似,Berkeley 模型也设置了两段距离,报警距离采用 Mazda 模型的安全距离阈值,并假定本车与前车的最大减速度相同($a_1 = a_2 = 6m/s^2$),其他参数不变。

制动距离报警是在两车相撞之前的报警,旨在减轻碰撞。制动距离表达式如式(5-5)所示。

$$D_b = -v_{rel}t_2 + 0.5a_1t_2^2 \tag{5-5}$$

Berkeley 模型综合了前两个模型的优点,设置了一个保守的报警距离和一个激进的制动距离。报警预先给驾驶人一个危险提示,设置冒险的制动距离可以减少对驾驶人的干扰。但该模型实际上无法避免碰撞,只能减缓碰撞。

4. TTC 模型

TTC 模型算法思路如下:如果 TTC 小于或等于延迟时间(系统延迟时间与驾驶人反应时间),驾驶人没有会碰撞预警做出反应,则 FCW 应报警,如式(5-6)所示。

$$TTC = \frac{D}{v_{rel}} \tag{5-6}$$

式中:D——前车与本车的车间距,mm;

v_{rel}——两车的相对速度,m/s。

二、FCW 仿真实例

FCW 仿真主要是使用软件计算安全距离与实时车距,提供报警信息。本节以基于多传感器融合的 FCW 系统为例加以介绍。

1. 仿真过程

FCW 系统仿真过程包括以下步骤:

(1)从传感器获取数据。传感器包括视觉传感器和雷达。

(2)融合传感器数据以获取轨迹,即本车前方物体的估计位置和速度。

(3)根据轨迹和FCW标准发出报警。FCW标准基于欧洲新车评估计划(European New Car Assessment Programme,NCAP)的测试规程,并考虑了与汽车前方物体的相对距离和相对速度。

2. 示例程序实现

主程序的实现流程如图5-16所示。各部分主要功能如下:

(1)设置显示。创建一个示例的显示窗口。

(2)读取探测文件。读取视觉传感器和雷达采集到的数据文件。

(3)计算示例中本车的车道,如果记录的车道信息无效,则将车道边界定义为汽车两侧的半个车道距离的直线。

(4)初始化目标追踪器,利用setupTracker函数建立一个追踪器。

(5)更新场景,将传感器数据作为追踪器输入。

(6)利用传感器数据计算对象的轨迹。

(7)找到最重要的对象,计算前向碰撞预警。

(8)更新视频与鸟瞰图显示。

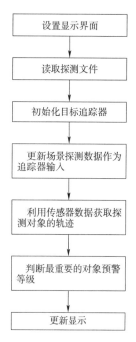

图5-16 主程序实现流程

3. 主程序

```
%----------------------------------------
说明:FCW仿真实例
本车也就是测试车配备了FCW系统所需各种传感器:视觉传感器、中远程模式的雷达传感器、惯性测量单元IMU和摄像头。
本示例中,视觉传感器提供观察对象列表及其分类和有关车道边界的信息,每秒10次;中远程模式的雷达传感器提供未分类的观察对象列表,每秒20次;IMU提供本车车速和转弯速率,每秒20次;摄像头用于在本车前面录制场景的视频剪辑。
%设置显示器
[videoReader, videoDisplayHandle, bepPlotters, sensor] = helperCreateFCWDemoDisplay('01_city_c2s_fcw_10s.mp4','Sensor ConfigurationData.mat');
%读取记录的监测文件
[visionObjects, radarObjects, inertialMeasurementUnit, laneReports,...
    timeStep, numSteps] = readSensorRecordingsFile('01_city_c2s_fcw_10s_sensor.mat');
%计算初始自我车道,如果记录的车道信息是无效的,将车道边界定义为汽车两侧的半个车道距离的直线。
laneWidth = 3.6;
egoLane = struct('left', [0 0 laneWidth/2], 'right', [0 0-laneWidth/2]);
%准备一些变量
time = 0;        %自录制开始以来的时间
currentStep = 0; %当前的时间步
snapTime = 9.3;  %截图时间
%初始化追踪器
[tracker, positionSelector, velocitySelector] = setupTracker();
```

```
while currentStep < numSteps && ishghandle(videoDisplayHandle)
    %更新计数器
    currentStep = currentStep + 1;
    time = time + timeStep;
%将传感器检测作为跟踪器的输入
        [detections, laneBoundaries, egoLane] = processDetections(...
            visionObjects(currentStep), radarObjects(currentStep), ...
            inertialMeasurementUnit(currentStep), laneReports(currentStep), ... egoLane, time); %其中IMU报
告自我车辆的速度和转弯率
    %使用监测列表返回已更新时间的轨道
        ConfirmedTracks = updateTracks(tracker, detections, time);
    %发现最重要物体并计算前向预警
        mostImportantObject = findMostImportantObject(confirmedTracks, egoLane, positionSelector, velocity-
Selector);
    %更新视频和鸟瞰图
        frame = readFrame(videoReader);
        helperUpdateFCWDemoDisplay(frame, videoDisplayHandle, bepPlotters, ...
            laneBoundaries, sensor, confirmedTracks, mostImportantObject, positionSelector, ...
            velocitySelector, visionObjects(currentStep), radarObjects(currentStep));
    %拍摄快照
    if time > = snapTime && time < snapTime + timeStep
        snapnow;
    end
end
```

4. 示例中的关键函数介绍

(1) setupTracker 函数。

multiObjectTracker 的作用是根据视觉和雷达传感器报告的对象列表跟踪本车周围的对象。通过融合两个传感器的信息,减少错误碰撞警告。

setupTracker 函数的作用是创建 multiObjectTracker。创建 multiObjectTracker 时,有下面几点需要注意:

①FilterInitializationFcn:滤波初始化函数。在这种情况下,期望物体具有恒定的加速运动,此模型可以自行配置线性卡尔曼滤波器,也可以使用 initConstantAccelerationFilter 函数配置扩展卡尔曼滤波器,详情可见卡尔曼滤波器部分。

②AssignmentThreshold:阈值分配。此参数的默认值为 30,如果存在没有分配到轨迹的应该保留的检测,需要增加此值。如果有检测结果被分配给距离过远的轨迹,需要减小此值。

③DeletionThreshold:阈值删除。确认轨迹后,不应在未分配检测到的第一次更新时将其删除。相反,应该先保留,直到很明显轨道没有获取任何传感器信息来更新它为止。如果该轨迹在 Q 次更新中有 P 次没有获取传感器信息,则应将其删除。此示例中,跟踪器每秒被调用 20 次,并且有两个传感器,因此无须修改默认值。

④ConfirmationThreshold:阈值确认。用于确认轨迹的参数,每次未分配的检测结果都会

初始化一个新轨迹。这些检测中的一些可能是错误的,因此所有轨道都被初始化为"暂定"。要确认一条轨迹,必须在 N 次跟踪器更新中至少检测 M 次传感器信息,M 和 N 的选择取决于对象的可见性。此示例使用默认的 3 次更新中有 2 次检测到传感器信息。

setupTracker 的输出是配置好的 multiObjectTracker、一个指定状态向量的哪些元素为位置的矩阵 positionSelector 和一个指定状态向量中哪些元素是速度的矩阵 velocitySelector。

setupTracker 函数程序如下所示:

```
function[tracker, positionSelector, velocitySelector] = setupTracker()
    tracker = multiObjectTracker(...
        'FilterInitializationFcn',@initConstantAccelerationFilter,...
        'AssignmentThreshold',35,'ConfirmationThreshold',[2 3],...
        'DeletionThreshold',5);
% 状态向量是:
% 匀速:状态 = [x;vx;y;vy]
% 恒加速度:状态 = [x;vx;ax;y;vy;ay]
% 定义状态的哪个部分是位置,例:
% 匀速:      [x, y] = [1 0 0 0;0 0 1 0]*State
% 恒加速度:[x, y] = [1 0 0 0 0 0;0 0 0 1 0 0]*State
    positionSelector = [1 0 0 0 0 0;0 0 0 1 0 0];
% 定义状态的哪一部分是速度,例:
% 匀速:[x, y] = [0 1 0 0 ;0 0 0 1]*State
% 恒加速度:[x, y] = [1 0 0 0 0 0;0 0 0 0 1 0]*State
    velocitySelector = [0 1 0 0 0 0;0 0 0 0 1 0];
end
```

(2) filter 函数。

multiObjectTracker 使用 filter 函数中定义的过滤器初始化函数来创建卡尔曼滤波器。该滤波器用于跟踪试验车辆周围的每个物体。

此函数实现了恒定加速度滤波器的配置。输入是 objectDetection,输出是跟踪过滤器。更具体地讲,此函数展示了如何配置跟踪 KF(Kalman Filter)、EKF(Extended Kalman Filter)或 UKF(Unscented Kalman Filter)以获得恒定加速度。

创建滤波器的过程:

①定义运动模型和状态。本示例使用的是恒定加速度模型,运动模型表示状态为[x, vx, ax, y, vy, ay],还可以使用 constvel 和 constveljac 建立匀速模型,使用 constturn 和 constturnjac 建立恒定转弯速率模型,也可以自己编写模型。

②定义处理噪声。

③定义测量模型。设置模型的参数与结构。

④根据测量值初始化状态向量。传感器测量状态为[x, vx, y, vy],而恒定加速度模型的状态为[x, vx, ax, y, vy, ay],因此状态向量的第三和第六个元素被初始化为零。

⑤根据测量噪声初始化状态协方差。根据测量噪声初始化状态协方差。未直接测量的状态部分将分配一个较大的测量噪声值以解决此问题。

⑥创建正确的过滤器。ConstantAcceleration 模型是线性的,可以使用 KF。定义测量模型:测量 = H × 状态。在本示例中,测量 = [x, vx, y, vy] = H × [x, vx, ax, y, vy, ay]。

因此，H = [1,0,0,0,0,0;0,1,0,0,0,0;0,0,0,1,0,0;0,0,0,0,1,0]。ProcessNoise 是由 ConstantAcceleration 运动模型自动计算的。

filter 函数程序如下所示：

```
function filter = initConstantAccelerationFilter(detection)
% 第一步：定义运动模型和状态
% 此示例采用恒定加速度模型，因此：
    STF = @constacc;         % 对于 EKF 和 UKF 的状态转移函数
    STFJ = @constaccjac;     % 状态转移矩阵雅克比函数，仅适用于 EKF
% 运动模型表示状态为：[x;vx;ax;y;vy;ay]
% 还可以使用 constvel 和 constveljac 来建立恒定速度模型，使用 constturn 和 constturnjac 来建立恒定转弯速率模型，或者编写自己的模型。
% 第二步：定义过程噪音
    dt = 0.05;    % 已知时间步长大小
    sigma = 1;    % 未知加速度变化率的大小
% 一维过程噪声
    Q1d = [dt^4/4,  dt^3/2,  dt^2/2; dt^3/2,  dt^2,  dt;dt^2/2,  dt,  1]* sigma^2;
    Q = blkdiag(Q1d, Q1d);%2-Dprocess noise    % 二维过程噪声
% 第三步：定义测量模型
    MF = @fcwmeas;           % EKF 和 UKF 的测量功能
    MJF = @fcwmeasjac;       % 测量雅可比函数，仅适用于 EKF
% 第四步：基于测量值初始化状态向量
% 传感器测量[x;vx;y;vy]，而恒定加速度模型的状态是[x;vx;ax;y;vy;ay]，因此该状态的第三和第六个元素状态向量初始化为零。
% 第五步：根据测量结果初始化状态协方差噪声。状态的不直接测量的部分分配了一个较大的测量噪声值来解决这个问题。
    state = [detection.Measurement(1); detection.Measurement(2); 0; detection.Measurement(3); detection.Measurement(4);0];
    L = 100;   % 相对于测量噪声的一个大数字
    stateCov = blkdiag(detection.MeasurementNoise(1:2, 1:2), L, detection.MeasurementNoise(3:4, 3:4), L);
% 创造一个正确的过滤器
% 用 KF 表示追踪器 KF，用 EKF 表示追踪器 EKF，用 UKF 表示追踪器 UKF
    FilterType = 'EKF';
% 创造过滤器
    switch FilterType
        case 'EKF'
            filter = trackingEKF(STF, MF, state, ...
                'StateCovariance', stateCov, ...
                'MeasurementNoise', detection.MeasurementNoise(1:4,1:4), ...
                'StateTransitionJacobianFcn', STFJ, ...
                'MeasurementJacobianFcn', MJF, ...
                'ProcessNoise', Q...
                );
```

```
case 'UKF'
    filter = trackingUKF(STF, MF, state, ...
        'StateCovariance', stateCov, ...
        'MeasurementNoise', detection.MeasurementNoise(1:4,1:4), ...
        'Alpha', 1e-1, ...
        'ProcessNoise', Q...
        );
case 'KF' % 常数加速模型是线性的, 可以使用 KF
    % 定义测量模型: 测量 = H*状态
    % 在这种情况下:
    % 测量 = [x;vx;y;vy] = H*[x;vx;ax;y;vy;ay]
    % 因此, H = [1 0 0 0 0 0;0 1 0 0 0 0;0 0 0 1 0 0;0 0 0 0 1 0];
    % 注意那个过程噪音是由恒定加速运动模型自动计算的
    H = [1 0 0 0 0 0;0 1 0 0 0 0;0 0 0 1 0 0;0 0 0 0 1 0];
    filter = trackingKF('MotionModel','2D Constant Acceleration', ...
        'MeasurementModel', H, 'State', state, ...
        'MeasurementNoise', detection.MeasurementNoise(1:4,1:4), ...'StateCovariance', stateCov);
end
end
```

（3）processDetections 函数。

该函数用于对记录的信息进行处理,供跟踪器使用。该函数的实现步骤如下:

①过滤掉不必要的雷达杂波检测。雷达报告许多与固定物体相对应的对象,其中包括护栏,道路中间线,交通标志等。如果在跟踪中使用这些检测,它们会在道路和道路的边缘创建固定对象的错误跟踪。因此必须在调用跟踪器之前将其删除。如果雷达物体在汽车前静止不动或在其附近移动,则被认为是无杂物的。

②将处理后的检测结果为跟踪器的输入,即 objectDetection 元素的数组。

程序如下所示。

```
function[detections, laneBoundaries, egoLane] = processDetections...
    (visionFrame, radarFrame, IMUFrame, laneFrame, egoLane, time)
% 输入:
% visionFrame:此时间范围内视觉传感器报告的对象
%   RadarFrame:雷达传感器在此时间范围内报告的对象
%   IMUFrame:该时间范围内的惯性测量单位数据
%   laneFrame:此时间范围的车道报告
%   egoLane:估计的自我通道
%   time:与时间范围相对应的时间
% 移除杂乱的雷达物体
    [laneBoundaries, egoLane] = processLanes(laneFrame, egoLane);
    realRadarObjects = findNonClutterRadarObjects(radarFrame.object, ...
        radarFrame.numObjects, IMUFrame.velocity, laneBoundaries);
% 如果没有对象则返回空列表
% 计算对象的总数
```

```
    detections = {};
    if(visionFrame.numObjects + numel(realRadarObjects)) == 0
       return;
    end
%处理剩余的雷达目标
    detections = processRadar(detections, realRadarObjects, time);
%处理视频对象
    detections = processVideo(detections, visionFrame, time);
end
```

（4）mostImportantObject 函数。

最重要的对象（Most Important Object，MIO）定义为位于自车轨迹中最靠近汽车前方的轨迹，即具有最小的正 x 值的轨迹。为了降低错误警报的可能性，仅考虑已确认的轨迹。一旦找到 MIO，计算出汽车与 MIO 之间的相对速度、相对距离和相对速度来确定前向碰撞警告。对于 FCW 系统最重要的环节是找到 MIO，计算碰撞预警，实例采用 mostImportantObject 函数实现这一功能。mostImportantObject 函数实现过程为：①筛选出与实验车辆同一车道的车辆；②计算相对速度，若相对速度大于 0，计算安全距离；③当车距小于安全距离时，预警（标识框为红色）；④同时标记最重要的目标对象的编号和预警等级。

程序如下所示。

```
function mostImportantObject = findMostImportantObject(confirmedTracks, egoLane, positionSelector, velocitySelector)
%初始化输出和参数
    MIO = [];              %默认情况下,没有MIO
    trackID = [];          %默认情况下,没有与MIO相关联的轨迹标况
    FCW = 3;               %默认情况下,如果没有MIO,那么FCW是"安全的"
    threatColor = 'green'; %默认情况下,用绿色表示
    maxX = 1000;           %向前足够远以至于没有轨道会超过这个距离
    gAccel = 9.8;          %恒重力加速度,单位为 m/s^2
    maxDeceleration = 0.4 * gAccel;   %欧洲 NCAP AEB 定义
    delayTime = 1.2;       %驾驶人开始制动前的延时时间,单位为 s
    positions = getTrackPositions(confirmedTracks, positionSelector);
    velocities = getTrackVelocities(confirmedTracks, velocitySelector);
    for i = 1:numel(confirmedTracks)
        x = positions(i, 1);
        y = positions(i, 2);
        relSpeed = velocities(i, 1);   %车道上汽车之间的相对速度
        if x < maxX && x > 0   %否则没有检测点
            yleftLane  = polyval(egoLane.left,  x);
            yrightLane = polyval(egoLane.right, x);
            if(yrightLane <= y) && (y <= yleftLane)
                maxX = x;
                trackID = i;
                MIO = confirmedTracks(i).TrackID;
```

```
            if relSpeed < 0    %相对速度表明物体越来越近
                %根据欧洲 NCAP AEB 测试协议计算预期制动距离
                d = abs(relSpeed) * delayTime + relSpeed^2 / 2 / maxDeceleration;
                if x <= d    %警告
                    FCW = 1;
                    threatColor = 'red';
                else
                    FCW = 2;
                    threatColor = 'yellow';
                end
            end
        end
    end
end
mostImportantObject = struct('ObjectID', MIO, 'TrackIndex', trackID, 'Warning', FCW, 'ThreatColor',
threatColor);
end
```

5. 示例结果及总结

示例的结果是一个动图,图 5-17 是一个时间节点的结果。左图中对每个前方对象都做了标记,对主要的对象的 FCW 预警状态做了标记,会出现的三种颜色的方框(红、黄、绿)分别代表不同的含义。

(1)安全(绿色):自车轨迹中没有汽车(没有 MIO),MIO 正在离开汽车或与 MIO 的距离保持恒定。

(2)警告(黄色):MIO 靠近汽车,但仍在 FCW 距离以上的距离。使用欧洲 NCAP AEB 测试协议计算 FCW 距离。该距离随 MIO 和汽车之间的相对速度而变化,并且当关闭速度较高时,该距离会更大。

(3)警告(红色):MIO 正在靠近汽车,并且其距离小于 FCW 距离 d_{FCW}。

扫描二维码看彩图

图 5-17 示例结果展示

右图的鸟瞰图中用不同的符号标记了视觉传感器和雷达的位置,同时显示了车辆历史轨迹和车道线。

该示例说明了如何为配备视觉,雷达和 IMU 传感器的车辆创建前向碰撞预警系统。它使用 objectDetection 对象将传感器报告传递给 multiObjectTracker 对象,该对象将它们与自车前面的跟踪对象融合在一起。通过对参数的更改可以了解参数对追踪效果的影响。可以使用 trackingKF 或 trackingUKF,或定义其他运动模型,例如恒定速度或恒定转弯修改跟踪过滤器。

第五节 自动紧急制动系统

自动紧急制动系统(Autonomous Emergency Braking, AEB)是一种主动安全系统。它能够实时检测车辆前方行驶环境,若前方存在碰撞危险时会自动启动,使车辆减速,避免碰撞或减轻碰撞后果。

一、AEB 系统的工作原理

如图 5-18 所示,当系统计算出有车辆处于预警距离与制动距离之间时,首先会通过声音、图标等警示驾驶人,若驾驶人没能对预警启动正确反应,再轻微振动制动踏板或转向盘来二次预警,过程中提前填充制动油路油压,以便全力制动能快速准确地完成。当车距小于制动距离时,且驾驶人没有做出正确及时的反应时,系统将会自动制动。AEB 系统工作原理如图 5-19 所示。

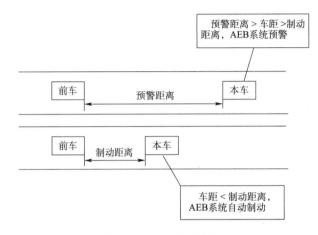

图 5-18　AEB 系统示意图

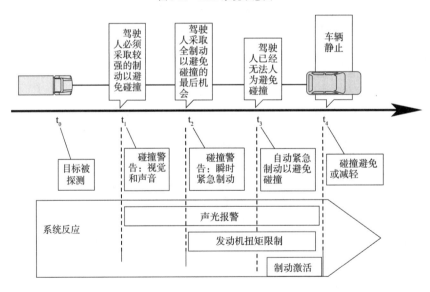

图 5-19　AEB 工作原理

二、AEB 仿真实例

本示例采用基于 Simulink ®和 Stateflow ®的 AEB 控制器、传感器融合算法、测试车辆动力学、驾驶场景读取器以及雷达和视觉检测生成器建立了一个闭环的 AEB 仿真系统,并采用 NCAP 的测试标准进行了测试,主要结构如图 5-20 所示。

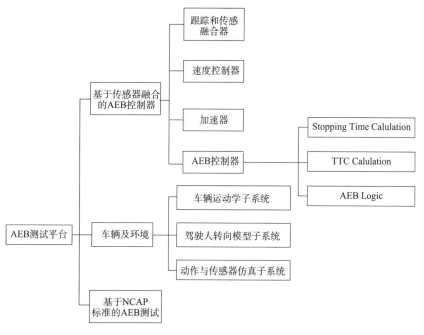

图 5-20　AEB 仿真系统主要结构

1. AEB 测试平台主程序

该模型包含两个主要子系统:

(1)带有传感器融合的 AEB 控制器,其中包含传感器融合算法和 AEB 控制器。

(2)车辆和环境,可对测试车辆动力学和环境进行建模,包括驾驶场景读取器以及雷达和视觉检测生成器。这些模块为对象提供融合传感器数据。

使用 Bird-Seye Scope 绘制融合传感器的检测结果,被跟踪的物体和地面真实数据,仪表板面板显示测试车辆的速度,加速度以及 AEB 和 FCW 控制器的状态。AEB 仿真系统的 Simulink 如图 5-21 所示。

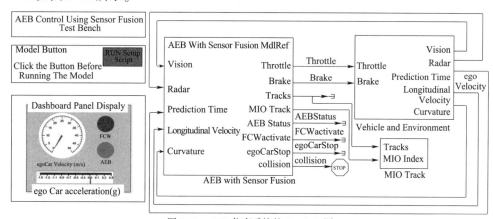

图 5-21　AEB 仿真系统的 Simulink 图

程序如下所示。

```
%将示例文件夹添加到 MATLAB(R)搜索路径,然后打开此示例中使用的主要 Simulink 模型。
addpath(genpath(fullfile(matlabroot, 'examples', 'driving')))
open_system('AEBTestBenchExample')
```

2. 基于传感器融合的 AEB 控制器

该子系统包含跟踪和传感器融合算法以及速度和 AEB 控制器,如图 5-22 所示。

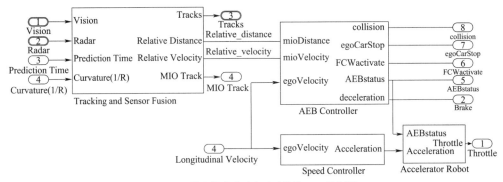

图 5-22 带有传感器融合子系统的 AEB 控制器

(1) 跟踪和传感器融合子系统处理来自车辆和环境子系统的视觉和雷达检测信息,并生成相对于测试车辆的最重要物体(MIO)的位置和速度。

(2) 速度控制器通过使用比例积分控制器使测试车辆以驾驶人设定的速度行驶。

(3) 当 AEB 被激活时,加速器生成制动加速度。

(4) AEB 控制器基于停止时间计算方法实现 FCW 和 AEB 控制算法。

$$T_{stop} = v_{ego} + a_{brake} \tag{5-7}$$

FCW 系统会警告驾驶人即将与前方车辆发生碰撞。期望驾驶人对警报做出反应,并延迟 T_{react} 制动。

测试车辆与前方车辆相撞之前的总行驶时间可以表示为:

$$T_{FCW} = T_{react} + T_{stop} \tag{5-8}$$

当与前方车辆的碰撞时间(TTC)小于 T_{FCW} 时,将激活 FCW 警报,如图 5-23 所示。

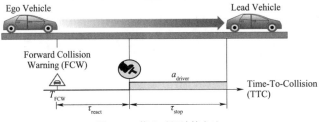

图 5-23 停止时间计算方法

如果驾驶人由于分心等原因未能及时制动,AEB 系统将独立于驾驶人进行制动,以避免或减轻碰撞。AEB 系统通常采用级联制动,包括多级部分制动和全制动。AEB 控制器程序为:

% 打开带有传感器融合子系统的 AEB 控制器
open-system('AEBTestBenchExample/AEB with Sensor Fusion')
% 打开 AEB 控制器子系统
open_system('AEBWithSensorFusionMdlRef/AEB Controller')

AEB 控制器包含以下三个功能块,如图 5-24 所示。

(1) TTCCalculation:使用前方车辆或最重要物体的相对距离和速度来计算 TTC。

(2) StoppingTimeCalculation:分别计算第一阶段和第二阶段部分制动(Partial Brake,PB)和全制动(Full Brake,FB)的停止时间。

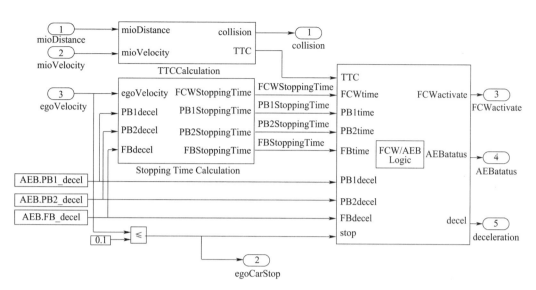

图 5-24　AEB 控制器的三个功能块

（3）AEB Logic：它是一种状态机，将 TTC 与停止时间进行比较，以确定是否激活 FCW 和 AEB。

3．车辆与环境

车辆与环境包括三个主要模块，如图 5-25 所示。

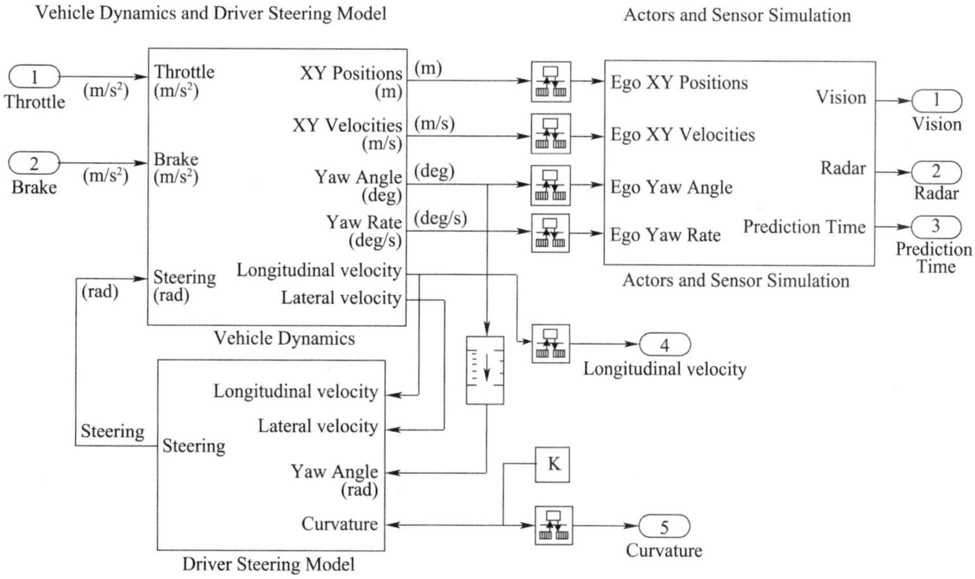

图 5-25　车辆与环境的三个模块

（1）车辆动力学子系统使用"车辆动力学"模块集中的"车身 3DOF""单轨"模块对测试车辆动力学进行建模。

（2）驾驶人转向模型子系统生成驾驶人转向角，以将测试车辆保持在其车道中，并遵循由曲率 K 定义的弯曲道路。

（3）动作与传感器仿真子系统生成跟踪和传感器融合算法所需的融合传感器数据。加载 Simulink 模型后，立即执行回调函数以创建一个模拟环境，其中道路和多个参与者在道路上移动。此系统中,场景读取器块从场景文件读取角色姿势数据。该模块将对象的姿势从场景的世界坐标转换为测试车辆坐标,对象姿势在由模块生成的总线上流式传输。视觉检测生成器模块和雷达检测生成器模块分别为目标对象合成视觉和雷达检测数据。

可以从如下程序中指定与所需场景名称相对应的场景编号。

```
%   %创造驾驶场景
%   scenariosNames = {                                    %场景编号
%       'AEB_CCRs_100overlap.mat',...                     %1
%       'AEB_CCRm_100overlap.mat',...                     %2
%       'AEB_CCRb_2_initialGap_12m_stop_inf.mat',...      %3
%       'AEB_CCRb_6_initialGap_40m_stop_inf.mat',...      %4
%       'AEB_PedestrianChild_Nearside_50width_overrun.mat'};  %5
%
%   scenarioNumber = 5;
```

4. 基于 NCAP 测试协议的 AEB 测试

NCAP 提供了一系列测试协议,可测试 AEB 系统的性能。根据 AEB 系统的 NCAP 测试协议提供了预先构建的驾驶场景。使用 Driving Scenario Designer 查看预建场景。图 5-26 中是两个视角的场景展示,左图为鸟瞰视角,右图为测试车辆视角。

AEB Simulink 模型读取驾驶场景文件并运行仿真模型。

(1) 模拟模型 0.1s,如图 5-27 所示,程序如下。

```
% AEB Simulink 模型读取驾驶场景文件并运行模拟。
%模型模拟 0.1s
% << ../aebBirdsEyeScope1.png >>
sim('AEBTestBenchExample', 'StopTime', '0.1');% Simulate 0.1 seconds
```

鸟瞰图显示了车辆和儿童行人的地面真实数据,同时显示了雷达检测、视觉检测和多对象跟踪器跟踪的对象。在 0.1s 的模拟时间内,视觉和雷达传感器无法检测到儿童行人。

(2) 模拟模型 3.8s,如图 5-28 所示,程序如下。

 扫描二维码看彩图
 扫描二维码看彩图
 扫描二维码看彩图

图 5-26 预先构建的驾驶场景展示　　图 5-27 0.1s 模拟时间内的鸟瞰图　　图 5-28 3.8s 模拟时间内的鸟瞰图

```
%模型模拟 3.8s
% << ../aebBirdsEyeScope2.png >>
sim('AEBTestBenchExample', 'StopTime', '3.8');% Simulate 3.8 seconds
```

鸟瞰图的结果表明,传感器融合和跟踪算法将儿童行人视为最重要的目标,并且 AEB 系统采用了制动以避免碰撞。

仪表板面板与 Bird-Eye Scope 一起显示,AEB 系统应用了级联制动器,而测试车辆在碰撞前就停了下来,如图 5-29 所示。

AEB 状态颜色指示 AEB 激活的级别:①灰色为没有激活自动包围曝光;②黄色为激活第一级部分制动;③橙色为第二阶段部分制动已激活;④红色为启用了全制动。

图 5-29 仪表盘面板显示

完整仿真模拟如图5-30所示,程序如下。

```
% 从头到尾完成仿真以收集结果
% << ../aebBirdsEyeScope3.png >>
sim('AEBTestBenchExample');% 模拟到场景结束
```

扫描二维码看彩图
图5-30 完整模拟的鸟瞰图

5. 模拟结果

查看模拟结果程序如下。

```
% 查看模拟结果
helperPlotAEBResults(logsout);
```

图5-31展示了模拟的结果。第一幅图(TTC与停止时间)显示了碰撞时间(TTC)与FCW,第一阶段部分制动,第二阶段部分制动和全制动的停止时间之间的比较;第二幅图显示了AEB状态机如何根据第一幅图的比较结果确定FCW和AEB的激活与否;第三幅图显示了测试车辆的速度;第四幅图显示了测试车辆的加速度;第五幅图显示了测试车辆和MIO之间的前进距离。在最初的2s内,测试车辆加速以达到设定速度。在2.3s时,传感器融合算法开始检测儿童行人。检测到后,立即激活FCW。在2.4s时,将执行部分制动的第一阶段,而测试车辆开始减速。在2.5s后再次应用部分制动的第二阶段。当测试车辆最终在3.9s处停止时,测试车辆与儿童行人之间的行进距离约为2.4m。在这种情况下,AEB系统已完全避免了碰撞。

扫描二维码看彩图
图5-31 模拟结果

三、AEB的应用

斯巴鲁Eye Sight系统主要是通过前风挡玻璃的两个立体摄像头,模拟人类的立体视觉,来判断车辆前方的路口,探测范围79m,可以识别汽车、行人摩托车,如图5-32所示。

斯巴鲁Eye Sight系统在前后车速不同的情况下采取不一样的措施。当车速差低于30km/h时,系统能识别车辆、行人的路径,如检测到危险时,驾驶人没有及时制动,系统可以自动协助制动,甚至完全把车制动停止,避免发生碰撞。而在一些野外路段,也可以将系统关闭。而在车速差30km/h时,系统不是以制动的方式而是适当减速,以最大限度降低碰撞速度。

图5-32 斯巴鲁Eye Sight自动紧急制动系统

吉利汽车的AEB系统叫作预碰撞安全系统(PCS)。在车辆点火后,PCS默认处于打开状态,可以通过组合仪表进行功能开关设置。PCS有报警和制动功能,其通过博世第四代中距离毫米波雷达,探测车前方160m范围区域,实时监控前方道路状况,当与前方车辆有追尾危险时,会自动启动制动系统主动制动,最大限度减少城市低速路况下发生追尾事故的可能。PCS能够在高速(速度大于60km/h)行驶中,跟车距离过近的情况下,提醒驾驶人注意保持车距。系统监测到前方有碰撞风险,距离碰撞发生还有2.5s~3.0s时发出报警,提醒驾驶人该危险情况。如果危险情况继续恶化,距离碰撞发生约2s时给予车辆一个短促制动,提醒驾驶人注意当前情况。车速越高,点刹的时长越长,最长约0.3s左右,车速下降不超过5km/h。在驾驶人对危险情况无意识,多种提醒下仍无有效操作避免碰撞发生时,距离碰撞发生还有1.3s左右时,系统自动进行制动避免或减轻碰撞。

四、AEB 测试标准

科学完善的测试评价是 ADAS 投入应用的重要组成部分。本节根据 2019 年交通运输部发布的《营运车辆自动紧急制动系统性能要求与测试规程》简要介绍 AEB 的测试标准,便于掌握 AEB 系统的主要功能和技术指标。

1. 相关术语和定义

(1) 本车:配有 AEB 系统的车辆。

(2) 前车:位于本车行驶前方的车辆。

(3) 目标车辆:在本车行驶路线上距离本车最近的前车。

(4) 碰撞预警:AEB 向驾驶人示警。

(5) 能见度:色温为 2700k 的白炽灯发出的非扩散光束的照度减少到初始值 5% 时所通过的路径长度。

(6) 相邻车道:与本车行驶方向相同且与本车所在车道有公共车道边界的车道。

(7) 车间距离:从目标车辆车尾到自车车头的距离。

(8) 碰撞时间(TTC):t 时刻,本车与目标障碍物发生碰撞所需时间,计算公式为:

$$TTC = \frac{x_c(t)}{v_{sv}(t) - v_{tv}(t)} \quad (5-9)$$

式中:x_c——车间距离,m;

v_{sv}——本车车速,m/s;

v_{tv}——目标车辆车速,m/s。

(9) 强化碰撞时间(ETTC):设本车与目标车辆的加速度保持不变,且其车速、加速度及车间距满足 $[(v_{tv}(t) - v_{sv}(t))^2 - 2 \times (a_{tv}(t) - a_{sv}(t)) \times x_c] > 0$ 的条件,计算公式为:

$$ETTC = \frac{(v_{sv}(t) - v_{tv}(t)) - \sqrt{(v_{tv}(t) - v_{sv}(t))^2 - 2 \times (a_{tv}(t) - a_{sv}(t)) \times x_c}}{a_{tv}(t) - a_{sv}(t)} \quad (5-10)$$

式中:a_{tv}——目标车辆的加速度,m/s²;

a_{sv}——本车的加速度,m/s²。

2. 功能要求

(1) 运行车速。

AEB 应至少在运行车速为 15km/h 至最大设计速度范围内,且在车辆所有负载状态下正常运行。

(2) 目标检测区域。

①AEB 的最小检测距离应不大于 2m,对目标车辆的最大检测距离应不小于 150m,对行人的最大检测距离应不小于 60m。

②AEB 对目标车辆在最大检测距离位置的最小检测水平横向宽度应不小于 3.75m。

③AEB 应能在曲率半径不大于 250m 的弯道上检测到目标车辆。

(3) 碰撞预警。

①预警时间:TTC 或 ETTC 大于 4.4s,AEB 不应发出碰撞预警。

②预警方式:在 AEB 检测到可能与前方车辆、行人发生碰撞时,应能输出不低于两种不同等级的预警。一级碰撞预警应在紧急制动阶段 1.4s 前产生,二级碰撞应在紧急制动阶段

0.8s 前产生。一级碰撞预警应至少支持一种预警方式,二级碰撞预警应至少支持二种预警方式。行人预警应与车辆预警方式区分。预警方式见表 5-3。

③预警阶段的速度减小量。

在预警阶段,任何自车减速量应不超过 15km/h 与总减速量 30% 两者间的最大值。

预警方式　　　　表 5-3

预警级别	预警方式		
	视觉预警	听觉预警	触觉预警
一级碰撞预警	无	音量:应超过背景杂音 间歇:建议长间隔式间歇,单一声音,或语音提醒	可采取驾驶人座椅振动、安全带预收紧、转向盘振动、制动踏板振动等方式
二级碰撞预警	颜色:红色 位置:主视方向 亮度:高亮 间歇:宜使用短间隔式间歇	音量:应超过背景杂音 音调:应容易听到且与车内其他不相关的预警容易区分 间歇:宜使用短间隔式间歇	可采取驾驶人座椅振动、安全带预收紧、转向盘振动、制动踏板振动等方式

(4)紧急制动。

①紧急制动的启动。紧急制动阶段不应在 TTC 或 ETTC 大于或等于 3s 前开始。

②车车紧急制动中的最小速度降低量。对静止目标车辆,自车速度为 80km/h 时,通过紧急制动阶段,发生碰撞时自车减速量应不小于 30km/h。若自车速度为 40km/h 时,通过紧急制动阶段,应避免两车相撞。对行驶速度为 12km/h 的目标车辆,自车速度为 80km/h 时,通过紧急制动阶段,应避免两车相撞。

③车人紧急制动中的最小速度降低量。针对具有行人紧急制动功能的 AEB,自车速度为 60km/h 时,通过紧急制动阶段,发生碰撞时自车减速量应不小于 20km/h。

3.测试规程

1)试验目标

用于试验的目标应为乘用车和行人模型,也可采用表征参数能够代表上述车辆且适应 AEB 传感器的柔性目标车辆。行人模型为行业普遍采用的静态成年假人模型,行人模型身高 1.8m,肩宽 0.5m,躯干倾角 85°。

2)环境条件

试验应在水平、干燥、具有良好附着能力的混凝土或沥青路面上进行,水平能见度应大于 1km。测试环境温度范围应为 -20~45℃,环境风速应小于 5m/s。

3)车辆条件

整个试验过程中,自车应保持满载状态。

4)AEB 系统测试

AEB 系统功能有很多,在此仅列出几种,其他请参阅标准。

(1)目标检测距离测试。

①测试过程。目标车辆静止,和自车方向一致,在达到测试开始前,自车和目标车辆中心线保持一致。当自车距离目标车辆 200m 时,测试开始。自车与目标车辆发生碰撞或距离目标车辆小于 2m 且无法探测到目标车辆,试验结束。测试过程如图 5-33 所示。

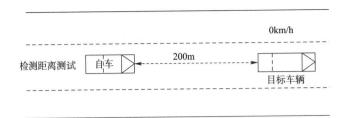

图 5-33　检测距离测试方法示意图

②试验有效性要求。测试开始后,自车与目标车辆的中心线的偏差不超过自车宽度的±20%。

③试验通过性要求。试验通过标准遵循以下规则:

a. 测试开始后,在识别到目标车辆后 AEB 应给出目标车辆识别信息。

b. 系统检测距离应满足前文功能要求中目标检测区域要求。

c. 进行 1 次测试。

(2) 目标检测宽度测试。

①测试过程。目标车辆静止,和自车的方向一致,在达到测试开始前,本车位于车道中心线,分别将目标车辆置于车道最左侧和最右侧,车头方向应与自车一致,各进行一侧测试。左侧检测宽度测试时,目标车左侧车胎压自车左侧车道线;右侧检测宽度测试时,目标车右侧车轮压自车右侧车道线。当自车距离目标车辆 200m 时,测试开始,自车与目标车辆距离小于 150m 时,试验结束。目标车辆置于车道最左侧和最右侧的测试过程如图 5-34 和图 5-35 所示。

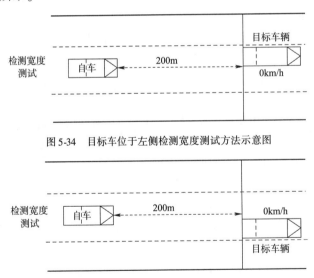

图 5-34　目标车位于左侧检测宽度测试方法示意图

图 5-35　目标车位于右侧检测宽度测试方法示意图

②试验通过要求。与检测距离测试要求一致,但需分别将目标车辆置于车道最左侧和最右侧进行 1 次测试。

(3) 目标车辆静止测试。

①测试过程。目标车辆与本车方向一致,速度为 0km/h。当自车分别以 80km/h 和 40km/h 速度行驶,并保持在 ±2km/h 的误差范围内,距离目标车辆 150m 时,测试开始,驾驶

人保持加速踏板位置,保持车速。本车与目标车辆发生碰撞或本车成功制动,试验结束。测试过程如图 5-36 所示。

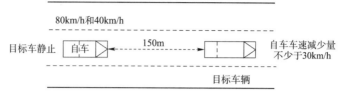

图 5-36 目标车辆静止测试方法

②试验通过性要求。测试应满足前文功能要求中碰撞预警和紧急制动部分的要求,并只进行 1 次测试。

(4)目标车辆移动测试。

①测试过程。目标车辆和自车的方向一致。测试过程中,自车保持在 80km/h 的速度沿车道中心线直线行驶,目标车辆保持在 12km/h 的速度沿车道中心线直线行驶。自车和目标车辆距离等于 150m 时,测试开始,驾驶人保持加速度踏板位置,保持车速。测试过程如图 5-37 所示。

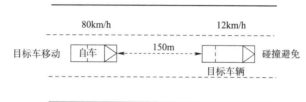

图 5-37 目标车辆移动测试方法

②试验有效性要求。试验有效性要求遵循以下规则:

a. 自车与目标车辆的车速均应保持在 ±2km/h 误差范围内。

b. 自车与目标车辆的中心线的偏离不超过自车宽度的 ±20%。

③试验通过性要求。试验通过标准遵循以下规则:

a. 预警方式应满足前文功能要求中预警方式的要求。

b. 预警阶段的速度减小量应满足前文功能要求中预警速度减小量的要求。

c. 紧急制动的启动应满足前文功能要求中紧急制动启动的要求。

d. 紧急制动中的最小速度降低量应满足前文功能要求中最小速度降低量的要求。

e. 进行 1 弯测试。

(5)行人测试

①测试过程。测试开始时,测试车辆沿规划的车道中心线加速到 60km/h,并保持一段距离,驾驶人保持加速踏板位置,保持车速,B-B 为自车的车道中心线。同时控制行人从测试车辆左侧距离测试车道中心线 6m 远处沿 A-A 路径运动,其中,行人的加速距离(F)为 1.5m。点为自车与行人的碰撞点,行人在距离 L 点 4.5m 时,应达到 8km/h 的目标速度。若自车 AEB 系统自动制动或发生碰撞,则测试结束。测试过程如图 5-38 所示。

②试验有效性要求。试验有效性要求遵循以下规则:

a. 自车速度应保持在 ±2km/h 的误差范围内。

b. 行人运动速度应保持在 ±1km/h 的误差范围内。

c. 自车的中心线的偏差应不超过自车宽度的±20%。
③试验通过性要求。试验通过标准遵循以下规则:
a. 预警方式应满足前文功能要求中预警方式的要求。
b. 预警阶段的速度减小量应满足前文功能要求中预警速度减小量的要求。
c. 紧急制动的启动应满足前文功能要求中紧急制动启动的要求。
d. 紧急制动中的最小速度降低量应满足前文功能要求中最小速度降低量的要求。
e. 进行1弯测试。

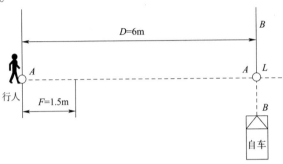

图5-38 行人测试

本章小结

ADAS是汽车智能化的基础。本章介绍了ADAS的定义、分类和系统构成。本章以4种常用ADAS:ACC、IPA、FCW和AEB为典型案例,分别从不同角度介绍其组成、工作原理、工作状态、仿真验证和测试标准等,一方面避免内容重复,另一方面有助于从整体上了解ADAS。

第六章　高精度地图

高精度地图(以下简称高精地图)以精细化描述包括车道线、路沿、护栏、交通标志牌等道路信息为主要内容,具有精度高、数据维度多、时效性高等特点,为智能汽车的定位、规划、决策、控制等应用提供安全保障,是自动驾驶解决方案的核心技术和基础组成部分之一。本章主要介绍高精地图的定义、关键技术、制作更新以及应用等方面内容,最后以实例的形式来展现高精地图在自动驾驶中的实际应用。

第一节　高精地图概述

地图是现实世界的表现或抽象,是以视觉、数字或触觉方式表现地理信息的工具。随着信息技术的发展,地图以电子地图形式存在,为用户提供在线或离线服务。传统导航地图的精度、涵盖内容、更新频率等不能满足自动驾驶的应用需求,因而衍生出新形式——高精地图。

一、高精地图定义与构成

1. 高精地图定义

高精地图是指绝对精度和相对精度均在分米级或厘米级的高精度、高丰富度和高实时性的导航地图,也称为高分辨率地图(High Definition Map,HD Map)或高度自动驾驶地图(Highly Automated Driving Map,HAD Map)。高精地图所蕴含的信息丰富,含有道路类型、曲率、车道线位置等道路信息,以及路边基础设施、障碍物、交通标志等环境对象信息,同时包括交通流量、交通信号灯等实时动态信息。由于高精地图数据中丰富且准确的先验知识能够弥补车载传感器的性能边界,实现协同感知和精确定位,因此高精地图对智能汽车的安全行驶至关重要。

2. 高精度地图构成

不同地图信息的应用场景和对实时性的要求不同,通过对信息进行分级处理,能有效提高地图的管理、采集效率及应用范围。高精地图可以分为四个基本层级,如图 6-1 所示,由底层到上层分别为静态高精地图、准静态高精地图、准动态高精地图和动态高精地图。

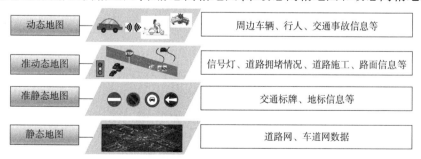

图 6-1　高精地图的四个基本层级

(1) 静态高精地图包含道路网、车道网及道路设施的几何、属性信息。车道线、车道中心线以及曲率、坡度、航向等信息构成了道路和车道模型,帮助智能汽车进行精确的行驶决策与控制执行,包括转向、驱动、制动等。

(2) 准静态高精地图包含交通标志牌、路面标志等道路部件信息,可以用于智能汽车的辅助定位。同时,道路受到外界因素(如日常磨损及重漆、标志牌变形或位移等)的影响也体现在准静态高精地图中。

(3) 准动态高精地图包含道路拥堵、施工、交通管制、天气等信息,可以用于智能汽车的路径规划(全局路径规划和局部路径规划),提升自动驾驶运行安全与效率。

(4) 动态高精地图包含周边车辆、行人、信号灯等实时性较高信息,可以用于智能汽车的局部路径规划与决策辅助,提升自动驾驶的安全冗余。

目前,全球各企业组织也有类似地图信息分层,如博世公司提出的 LDM(Local Dynamic Map)模型、日本 DMP(Dynamic Map Platform)公司提出的类似四级分层模式,中国智能网联汽车产业创新联盟(CIACV)-自动驾驶地图与定位工作组针对我国交通环境特点提出的三级七层架构(图 6-2)等。

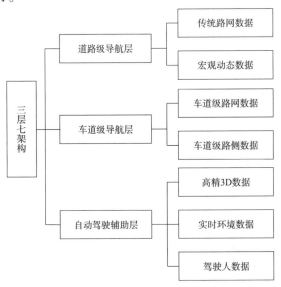

图 6-2 CIACV 的高精地图架构

二、普通地图与高精地图区别

与普通地图相比,高精地图的精度更高体现在地图精度精确到厘米级,数据维度更广体现在地图数据除道路信息之外还包括与交通相关的周围静态信息。

高精地图作为普通导航地图的延伸,在精度、使用对象、时效性及数据维度等方面与普通导航地图有如下不同:

(1) 精度:普通导航地图精度一般达到米级,高精地图精度达到厘米级。

(2) 使用对象:普通导航地图面向驾驶人,高精地图面向机器。

(3) 时效性:对于静态数据,普通导航地图更新要求一般在月度或季度级别,高精地图为保证自动驾驶的安全性,一般要求周级或天级更新。对于动态数据,普通导航地图不做要求,高精地图要求车道级路况或交通事件等信息实时更新。

(4)数据维度:普通导航地图只记录道路级别的数据,如道路等级、几何形状、坡度、曲率、方向等,高精地图在普通导航地图基础上不仅增加了车道及车道线类型、宽度等属性,更有诸如护栏、路沿、交通标志牌、信号灯和路灯等详细信息。

第二节　高精地图技术

一、自动驾驶对地图需求

根据 SAE 的自动驾驶等级划分,高精地图也有着相应不同的定义范围,见表6-1。L3 级以下对于高精地图没有刚需,L0、L1 级通过传统地图实现基础的道路导航功能,L2 级引入 ADAS 数据支撑汽车主动安全。L3 级实时环境感知的主体由人变为自动驾驶系统,高精地图已成为必选项,且需要车辆实时位置与高精地图能匹配一致,L3 级系统作用域为场景相对简单的限定环境(如高速公路、封闭园区等),地图精度要求相对较低,且复杂度高的动态目标(如行人等)数量相对较少,实时传感器数据足够支撑有效的动态目标识别,地图只需提供静态环境与动态交通(即实时路况)信息。L4 级自动驾驶能够完成限定条件下的全部任务,无须人工干预,安全性要求高,地图精度要求高,且需地图提供动态交通和事件信息(包括实时路况与高度动态信息)以辅助周边环境模型构建。L5 级能够在任意环境条件下完全自动驾驶,作用域的显著扩大需要海量众包源为地图提供数据支撑,且需要地图具备高度智能性,能结合分析数据实现对环境的高度自适应。

自动驾驶对地图数据的需求　　　　　　表 6-1

环境监控主体	分级	名称	定 义	系统作用域	数据内容	地图精度(m)	采集方式	地图形态	地图目的
人类	L0	无自动化	完全人类驾驶	无	传统地图	10	GNSS 轨迹+IMU	静态地图	道路导航
	L1	驾驶辅助	单一功能辅助,如 ACC	限定	传统地图	10			
	L2	部分自动化	组合功能辅助,如 LKA	限定	传统地图+ADAS 数据	1~5			主动安全
系统	L3	有条件自动化	特定环境实现自动驾驶,需驾驶人介入	限定	静态高精地图	0.2~0.5	高精度 POS+图像提取	静态地图+动态交通信息	自动驾驶
	L4	高度自动化	特定环境实现自动驾驶,无须驾驶人介入	限定	动态高精地图	0.05~0.2	高精度 POS+激光点云	静态地图+动态交通和事件信息	
	L5	完全自动化	完全自动控制车辆	任意	智能高精地图	0.05~0.2	多源数据融合(专业采集+众包)	静态地图+动态交通和事件信息+分析数据	

二、高精地图交通要素

高精地图包含自动驾驶场景中的各种交通要素数据。现有的高精地图交通要素分类方法包括根据几何类型划分和根据逻辑结构划分两种。

1. 按几何类型划分

根据高精地图数据的几何类型,可将高精地图交通要素划分为点状要素、线状要素、面状要素和无实体要素。

(1)点状要素主要分为两种,一种是包括道路基准线连接点、车道连接点、路口在内的实体点要素,另一种是车道属性、路面标识类别等包含具体值的属性点。因此,点状要素需要通过字段对车道的起点、终点、车道变换、车道间连接关系进行描述,包含的字段多为车道/道路基准线连接点编号、所属行政区划编号、所属路口编号、关联车道/道路基准线编号、路口类型等,并可以通过连接点标识判断是路口还是路段内以及车道数量变化。

(2)线状要素内容最多且最为常见,也是高精地图数据中最为重要的组成部分,既包括道路基准线、车道等实体要素,也包括道路基准线属性等要素。通过描述道路的几何形态、独立车道的相关属性,表达线状道路与道路设施之间的关联关系,建立高精度车道级道路和传统二维导航电子地图中基础道路的关联关系。

(3)面状要素主要包括各种面状标识要素。面状标识即道路上的面状交通标线,如人行横道、绿化带、安全岛等,通过字段描述相关标线所处的路口以及高度信息。此外,由于车辆在具体停车的时候需要对停车位的4个角点进行定位,因此将停车位也记录为面状要素。在停车位的数据图层中,除了必需的停车位编号、所属区划、所属停车场、停车位的类型等属性,还需要对停车位的长宽、车位角度、关联道路等进行记录和描述。

(4)无实体要素可分为两类,一类是描述依附于实体对象,用于辅助驾驶地图的道路相关信息(包括几何、曲率、坡度等)、车道间的匹配关系或者记录以线要素来表达的纵向路面标线和路面的物理边界关于颜色、线型、材质等详细属性,另一类是停车场或者道路附属物子目标这种虽然有实体但是无须描述几何形态、关联关系,只需记录要素属性或者限制信息的要素。

2. 按逻辑结构划分

高精地图数据通过其逻辑结构反映道路环境,常见的逻辑结构多将高精地图分为"道路、车道、路面标线、道路附属物"4层。

(1)道路路网是高精地图的主干,其中最重要的数据就是道路基准线网络。道路基准线可以提供道路定位服务,描绘道路几何形态,表达道路与周边交通设施之间的关系。通过详细描述道路基准线的位置、长度、类型、交通流方向、等级以及与其他道路连接或从属关系等结构特征,建立道路基准线之间的拓扑连接关系,以及高精度车道级道路和传统二维导航电子地图中基础道路的关联关系,有助于高精地图道路导航的全局规划。

(2)车道级路网是对道路级路网的车道级细化,主要由车道线构成,车道线为两条地面纵向标线或隔离设施围成的狭长路面的中心线。车道级路网能够通过记录车道网中独立车道、路面标识的相关属性,达到对车道级道路的显示、定位、路径规划、车辆控制和驾驶策略辅助等目的。

(3)路面标线,具有分离道路使用对象、规定交通走向、提供信息、强化道路规范等重要作用。这个图层主要记录以线要素来表达的路面纵横两向的交通标线、路面物理边界的类型以及标线关于颜色、线型、材质等详细属性,以便于汽车辅助驾驶系统或自动驾驶控制系统获取行驶车道的速度限制、道路标记、方向指示等详细信息。

(4)道路附属物主要包括道路两侧的道路设施,同样是高精地图中需要包含的内容。根据几何类型的不同,道路设施可分为以点要素类型和以线要素类型表达的两种道路附属物。这类数据主要描述道路设施的相关属性,包括关联道路、关联路口、与道路基准线相关位置等内容。当目标包含多个子目标,或有其他限制信息时,使用道路附属物子目标图层描述各目标的属性。

综上,高精地图中不同交通要素按照逻辑结构划分后的分类情况见表6-2。

高精度地图交通要素分类分级情况 表6-2

要素类别	要素内容	图层属性
道路级路网 (Road Network)	道路基准线、道路基准线属性、道路基准线连接点、路口、道路形状点	描述几何形态、表达与道路设施间的关系、建立关联关系、描述线状要素间的拓扑连接关系等
车道级路网 (Lane Network)	车道、车道属性、车道连接点、路口车道连接关系	记录相关属性、描述拓扑连接关系、描述道路匹配关系等
路面标线	路面纵向标线、路面纵向标线属性、路面横向标线、停车场、停车位、面状标识	记录要素类型、相关属性、要素等
道路附属物	道路附属物、道路附属物目标、道路附属物子目标	记录相关属性

由以上分类层可以得知,现有的高精地图结构研究聚焦于描述高精地图数据,着重将道路及附属物的实际结构和内容进行完整的再现,但没有充分考虑在实际驾驶场景中,车辆与高精地图中各个交通要素之间的关联关系和交互情况,也没有考虑不同交通要素的组成结构、行为特征以及各交通要素对车辆的限制内容。因此,有必要在保留高精地图数据结构和内容的前提下,清楚描述高精地图交通要素其他属性与要素间的相互联系,需要对高精地图进行对象化建模。

3. 交通要素对象分类

高精地图交通要素的对象化建模需要先建立对象类。根据人们的普遍认知,在实际的驾驶场景中,车辆在行驶过程中出现的不同行为会与不同种类的交通要素产生关联关系,而不同的交通要素也会为车辆行为的变更提供各类信息。所以,这里依据车辆行驶过程和行驶行为变更过程对涉及到的交通要素进行分类。例如,车辆直行时涉及到的交通要素有道路基准线、车道线、信号牌、道路附属物等,而车辆变道行为,除了上述要素,还会与车道边线、道路边线、其他车辆产生关联关系。将车辆不同行为涉及到的交通要素进行总结和概括,得到表6-3中的高精地图交通要素总结。

基于车辆行为的高精度地图交通要素(部分) 表6-3

车辆可能出现的行为	涉及到的交通要素或信息	总结
直行	当前道路、当前车道、道路限速、道路边界、车道边界、路边标牌、路灯、摄像头	道路基准线、车道线、车道边线、道路边界、信号牌

续上表

车辆可能出现的行为	涉及到的交通要素或信息	总结
加速	当前道路、当前车道、道路限速、道路边界、车道边界、路边标牌、路灯、摄像头、其他车辆	道路基准线、车道线、车道边线、道路边界、信号牌、车辆
减速	当前道路、当前车道、道路限速、道路边界、车道边界、路边标牌、路灯、摄像头、其他车辆	道路基准线、车道线、车道边线、道路边界、信号牌、车辆

按照以上原则重新组织高精地图数据,可将高精地图交通要素重新划分成如图6-3所示的情况。数据不再单一按照点线面或者逻辑结构分类,而是根据对象的特征和作用,将不同属性的数据取出重新组织,形成全新的对象类。每个对象类拥有其特有的属性,对象类之间通过位置、限行、限速、节点等关系相关联。

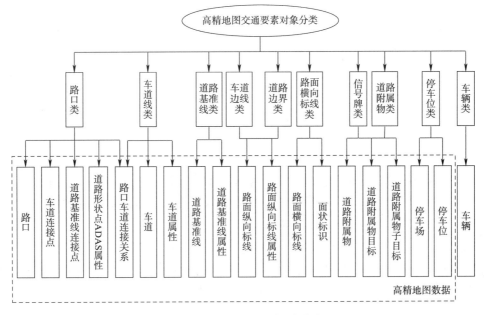

图6-3 高精地图交通要素对象分类

三、高精地图的关键技术特征

高精地图有别于传统导航地图的关键技术特征如下。

(1)几何高精度。在高精地图中,不同数据内容表达的精度是不同的,如图6-4所示。实际应用情况比图6-6更复杂,不同场景面临的精度要求也不同。例如,在道路宽度或道路车线精度是±10cm,那么在隧道等封闭环境里,就不一定要求±10cm了,因为定位难以达到这一精度。

(2)丰富的属性信息和语义信息。高精地图必须包含道路网络以及周围环境的丰富属性信息和语义信息,以支持车辆感知、定位、规划与控制。在形态上,主流传统导航地图是2D地图,而高精地图需完整记录地物3D信息、拓扑关系和路况信息。以道路网络数据为例,传统导航地图只记录道路级别的数据,而高精地图则如图6-5所示,增加了更为详尽的道路限制属性,并延伸描述至车道级,详细记录每个独立车道相关属性(车道网路口、车道线类型、车道宽度、车道限制、车道虚拟连接线等),交通控制设备(主要是交通标志和交通信号灯)的三维位置,以及诸如高架物体、防护栏、人行横道、道路边缘类型、道路标线、路边地标等其他静态道路元素的几何形状和语义。

图 6-4 高精地图不同数据精度

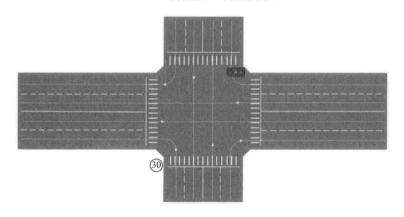

图 6-5 高精地图道路网络

(3)实时性。高精地图数据必须及时更新,确保高度的实时性。根据博世公司在 2007 年提出关于无人驾驶时代所需的局部动态地图的定义,按照更新频率划分可将所有数据划分为四类:持续静态数据(更新频率约为 1 个月,主要是道路网络、定位数据等)、瞬时静态数据(更新频率为 1h,主要是路侧的基础设施的信息,如交通标识和路标)、瞬时动态数据(更新频率为 1min,主要是交通信号灯的相位、交通拥堵等实时路况相关信息)、高度动态数据(更新频率为 1s,主要是车辆、行人等交通参与者的实时状态数据)。前两者即可满足传统导航应用,而高精地图为了应对车辆行驶过程中各类突发状况,保证自动驾驶的安全需要更多的瞬时动态数据以及高度动态数据,更新频率需要提升至分级甚至秒级。

四、高精地图的作用

高精地图是自动驾驶功能开发必不可少的"传感器"。从技术功能角度剖析,高精地图对于自动驾驶主要有以下三方面的作用。

1. 静态地物的语义识别

高精地图中对静态地物的丰富标识可弥补视觉传感器探测效果不佳的情况,尤其是高速公路匝道出入口限速信息识别。视觉传感器在天气良好情况下,拥有理想的视距,可以检测到限速标志,但是限速标志的效用路段这种语义级信息难以标定,而地图数据库中一般详细记录了限速标志类的效用路段以及有效方向,提升驾驶行为的可靠性。

2. 感知算法的效率提升

高精地图中包含大量短时间内不会发生变化且客观存在的道路特征数据。自动驾驶系统多传感器数据融合的过程需要加工、处理大量数据,对芯片的计算能力有较高要求。地图数据库中道路相关的先验信息,如各类交通设施、车道线、坡度、曲率、航向、限高、限宽等,有助于过滤数据,减少冗余信息对算法的消耗,大幅减少感知融合的复杂度,让有限的计算资源集中在可能影响当下驾驶行为的动态物体判断上,使车辆控制端获得更为实时的数据输入。

3. 环境冗余信息的提供

对于自动驾驶系统而言,车辆的操纵、转向和制动等动态驾驶任务完全由机器执行,要求驾驶人没有任何控制,系统仍可以按照正确的路径和交通规则在约定的方向上行驶,因此安全性提升至前所未有的高度,冗余方案必不可少。地图数据可在不占用计算资源的情况下,高度还原外部交通环境,为感知融合算法提供"冗余"信息输入,进一步增加感知的准确性和安全性。

以自动变换车道功能来看,如果单纯依靠传感器信息,在车道数变少的地方,只有近距离感知才能知道车道数变少,做出相应的决策,有很大的安全隐患。而根据高精地图的支持,在车道数变少前车辆就可以提前减速,根据车道级路径规划自动变道,避免了急速变道所带来的安全隐患。图6-6所示为高精地图与自动变道功能。

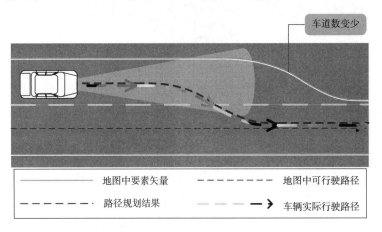

图6-6 高精地图与自动变道功能

第三节 高精地图的制作与更新

一、高精地图的制作

一般而言,高精地图制作主要包括原始数据采集、地图制作及编译与发布3个部分。下面以百度公司的高精地图制作流程为例进行说明,具体的制作流程如图6-7所示。

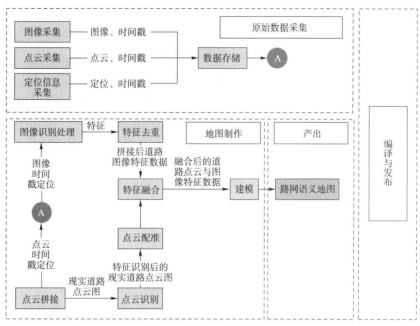

图 6-7 高精地图的制作流程

1. 原始数据采集

在高精地图采集业务中,原始数据的采集一般包括采集任务的下达、任务的分配与数据准备、外业采集设备的准备、数据采集和整理、数据的检查及最终的数据存盘等一系列流程。简化的外业采集流程如图 6-8 所示。

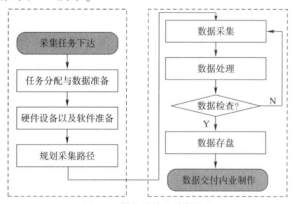

图 6-8 简化的外业采集流程

图 6-9 是百度 Appolo 高精地图采集车,其中用于地图采集的传感器设备如图 6-10 所示,从左至右分别为激光雷达和摄像头、GPS 定位系统、IMU 惯性导航系统。数据采集流程如下。

(1) 在硬件设备以及软件准备阶段,采集技术人员需要将激光雷达、摄像头等硬件设备装配到采集车上,再通过软件工具查看硬件设备是否工作正常、基站信号是否接入等。外业采集用到的基站要架设在具有一定高度、视野开阔、遮挡物少的地方,

图 6-9 百度 Apollo 高精地图采集车

如高楼顶部。

图 6-10　百度 Apollo 高精地图采集传感器设备

（2）规划好采集路径后，数据采集流程包括 GNSS 数据的对准、IMU 数据的采集、激光点云数据采集以及图像数据的采集。其中，GNSS 的对准是为了矫正定位，保证整个采集过程中 GNSS 数据稳定可靠。

（3）在图像数据采集中，需要提前根据相机内参、外参和拍摄角度，进行参数标定。在激光点云采集过程中，通过安装在汽车顶部的多线激光雷达对汽车周围环境进行周期性扫描，获取激光点云数据。同样，激光雷达也需要根据线数、转速、扫描位姿，进行参数标定。最后通过 GNSS 与 IMU 融合获取精确位置信息，并进行定位信息解算完成位置数据采集。

（4）数据采集完成之后，需要将采集好的数据进行整理，并对激光点云数据、GNSS 授时等数据进行检查，如果数据不正常，还需要退回到数据采集阶段，进行重新采集。

完成上述步骤后，即可将采集好的数据进行存盘并交付到内业数据制作部门。

2. 地图制作

原始数据采集完成后，地图制作部门即可从云端下载数据，并进行地图制作。下文对图 6-7 的高精地图制作中的主要步骤进行说明。

（1）特征识别：分为图像识别处理和激光点云识别，通过策略或语义分割等方式，提取包括车道线、标志牌、杆、地面、护栏、路沿等基本道路关键目标特征。

（2）特征去重：针对多帧图像识别后的数据进行融合，提取单趟采集的道路特征数据。

（3）点云拼接：将单趟采集的激光点云帧进行坐标统一和拼接。

（4）点云融合：对多趟采集的激光点云数据进行匹配，用于数据补全、更新、合并场景，并产出激光点云地图。

（5）特征融合：将多源特征数据进行融合，包含匹配、合并、过滤、调整等操作。

（6）建模：根据识别后的特征数据，整合、构建矢量的语义化路网数据，以供编译和发布使用。

经过上述高精地图的外业采集以及地图制作的一系列复杂的地图制作流程后，高精地图制作就完成了。

3. 编译与发布

高精地图制作完成后，交给编译与发布团队进行后期处理，包括地图更新、地图应用服务以及地图回传等工作。这些工作有利于提高地图的精度和改善服务质量。编译与发布流程图 6-11 所示。

在地图的编译与发布阶段，主要工作是对地图制作部门提供的高精地图数据格式进行转换，将具有格式公开、关系化和人机友好等特点的地图数据格式转换为格式私有、对象化且对机器友好的数据格式,使其便于在智能汽车上进行存储。其中,格式转换会带来数据存储中的 ID 转换、模型转换以及业务逻辑转换和映射,而将地图应用在汽车上时,还需考虑使用汽车的实际情况,进行地图坐标系统的转换。

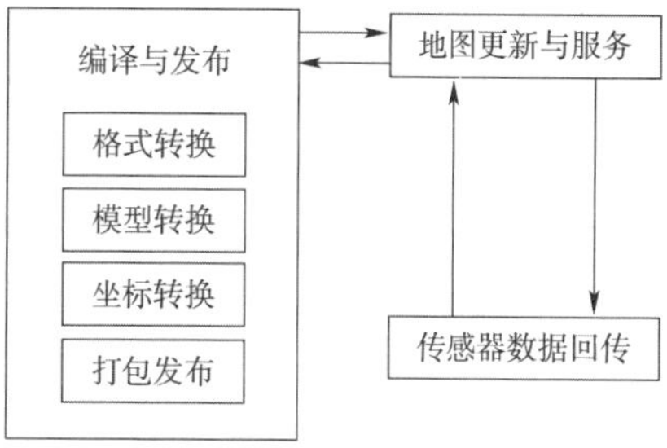

二、高精地图的更新

高精地图完成绘制、交付商用,是地图更新环节的开始。如果一张高精地图无法保证持续更新,从发布之日起,其价值将持续降低,信息滞后带来的安全风险将持续升高。

图 6-11 编译与发布流程

数据采集有集中和众包两种方式,但实时更新需要依靠众包。我国公共道路里程几百万公里,数据量非常庞大,如果按照专业集中测绘方式采集数据,耗时漫长。因此,在一张高精地图的基础上,通过众包模式开展后续更新,成为同时保障地图精度和新鲜度的有效方案。

1. 众包更新技术原理

众包更新模式中,数据的使用者同时也是数据的提供者。搭载传感器的智能汽车在道路上行驶,将环境感知结果形成的矢量数据与高精地图进行对比,得出车辆在高精地图中的精确位置。当系统发现实时感知结果和地图不匹配时,将变化的信息上报给云平台。地图供应商综合多个车辆传回云端的信息按一定规则进行数据处理,形成地图更新信息,下发到各个车辆,完成地图更新的完整闭环,如图 6-12 所示。

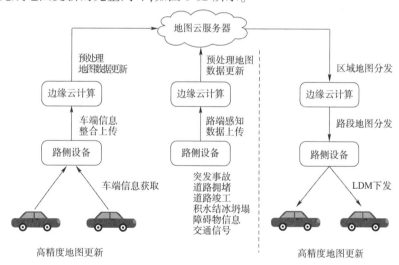

图 6-12 高精地图更新与分发闭环架构

高精地图众包更新系统主要分为"端""管""云"三个部分。"端"是指智能感知终端,即传感器、本地计算能力以及高精度定位;"管"是指数据传输和信息安全;"云"是指高精地图云平台,在云端进行大数据处理、地图的生成和构建、数据分发等。

2. 众包更新技术路径选择

众包更新技术路径分为以激光为主和以视觉为主两种,如图 6-13 所示。以激光为主的路径主要依靠与整车厂合作的"前装众包",通过车厂出售的量产车采集数据,特点是精度高、成本高、数量少,核心传感器是不同线数的激光雷达,众包数据源包括激光点云或者一些照片,输出成果有三维模型、车道模型和地面相关要素。以视觉为主的路径,一是与整车厂合作前装专业摄像头,二是与第三方合作后装智能后视镜、行车记录仪等,特点是精度低、成本低、数量多,众包数据源是照片、视频、轨迹数据等,输出成果是高精度的拓扑关系以及各种道路交通标识牌。

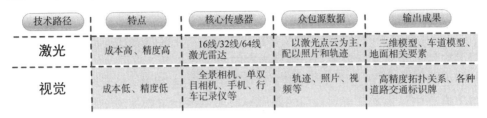

技术路径	特点	核心传感器	众包源数据	输出成果
激光	成本高、精度高	16线/32线/64线激光雷达	以激光点云为主,配以照片和轨迹	三维模型、车道模型、地面相关要素
视觉	成本低、精度低	全景相机、单双目相机、手机、行车记录仪等	轨迹、照片、视频等	高精度拓扑关系、各种道路交通标识牌

图 6-13 众包更新两种技术路径

目前我国的众包更新大多是基于视觉技术,该路径硬件成本低,更容易进行规模化部署。

第四节 高精地图的应用

在自动驾驶系统中,高精地图主要被运用在感知层面和规划识别层面,如图 6-14 所示。

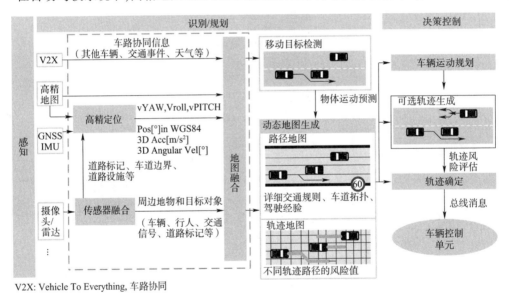

V2X: Vehicle To Everything, 车路协同

图 6-14 高精地图在自动驾驶中的应用

一、高精地图辅助环境感知

环境感知是自动驾驶技术体系中十分重要的一个环节。但是诸如摄像头、毫米波雷达、激光雷达等传感器,在感知条件受限时,存在着一定缺陷。尤其是在沙尘、雨雪、浓雾等极端天气条件下,容易发生误判,甚至失效。即使将多个传感器进行融合,也不能完全避免这些问题。

高精地图不仅能够在极端天气情况下发挥作用,并且其视野范围还不会受到遮挡、距离与视觉等限制,可以对传感器无法探测或探测精度不够的部分进行补充,为自动驾驶汽车提供更加可靠的感知能力,如图6-15所示。

扫描二维码看彩图

图6-15　辅助环境感知

高精地图在环境感知中的具体应用如下:

(1)高精地图辅助汽车超视距感知。当车辆道路环境被其他物体遮挡,或者超出了汽车电子设备的感知范围时,高精地图能够辅助车辆对行进方向环境进行感知。

(2)高精地图辅助车辆感知周边环境。高精地图能够辅助感知的对象类型有车道标线、文字、符号以及路边的标识标牌等信息。车辆可以根据当前位置在高精地图中快速检索出周围的环境,形成已知的基础固定环境,同时通过与车辆中各类传感器的实际探测进行比对,最终得到较为准确的固定环境感知。如果智能汽车在行驶过程中检测到高精地图中不存在的元素,则一定程度上可将这些元素视为障碍物。通过这一方式,可帮助感知系统识别周围环境,提高检测精确度和检测速度,并节约计算资源。

就感知信息而言,高精地图除了包含高精度的静态信息,还包含动态的实时交通信息,还包含动态的实时交通信息,通过对这两类信息进行融合,可以形成一个预知的驾驶环境,供车辆进行环境认知和理解。

二、高精地图在V2X的应用

在车路协同环境中,V2X系统与高精地图分工合作,通过与路侧单元(Road Side Unit,RSU)等路侧单元进行通信,车辆能够直接获取道路基础环境信息及其变化情况,并将变化情况上传至云中心。

具体实现步骤如下:

(1)RSU与车辆进行实时通信;

(2)车辆从RSU获取道路环境信息;

(3)车辆上报传感器识别变化的信息;

(4)RSU经过初步处理后将数据发送到高精地图云中心;

(5)云中心综合多方证据信息进行处理,确认道路环境变化并更新高精度地图,同时将更新后的地图发送给RSU并通知车辆。

在2020C-V2X"新四跨"暨大规模先导应用示范活动中,在跨整车、跨通信终端、跨芯片模组、跨安全平台中首次加入高精地图,在RSU内置高精地图数据,以节点为单元,形成分段分发的数据包,实时分发给路侧设备覆盖的车辆。在车端,实时接收车道级高精地图数据,实现车端导航及控制,云端管控与协同,协助全产业链开展先导性应用功能和性能测试。

三、高精地图匹配定位

无论是GNSS定位还是惯性导航定位,智能汽车定位系统的误差都是不可避免的,定位结果通常偏离实际位置。引入高精度地图可以有效消除系统随机误差,校正传感器参数,弥补在城市高楼区、林荫道、立交桥、隧道中长时间GNSS定位失效而惯性导航系统误差急剧增大时的定位真空期。

地图匹配定位技术是指将智能汽车行驶轨迹的经纬度采样序列与高精度地图路网匹配的过程。地图匹配定位技术将汽车定位信息与高精度地图提供的道路位置信息进行比较，采用适当的算法确定汽车当前的行驶路段以及在路段中的准确位置，校正定位误差，并为智能汽车实现路径规划提供可靠依据。

如图6-16所示，由于各种原因导致智能汽车定位信息存在误差，尽管汽车行驶在中间车道上，但定位结果与实际情况存在偏差，利用地图匹配定位技术可将汽车定位信息纠正回正确车道，提高定位精度。

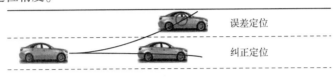

图6-16 地图匹配定位效果示意图

四、高精地图辅助路径规划

高精地图将智能汽车的路径规划导航能力提高到了车道级，可以进行基于车线级别的路径规划，例如高精地图可以确定车道的中心线，保证汽车尽可能地靠近车道中心行驶。在人行横道、低速限制或减速带等区域，高精地图可使汽车提前减速。对于汽车行驶附近的障碍物，高精地图可帮助智能汽车缩小路径选择范围，以便选择最佳避障方案。同时可以结合车辆的高精度定位，让车辆行驶在正确的车道上，避免错道以及非法变道等驾驶现象的出现。辅助路径规划如图6-17所示。

图6-17 辅助路径规划

高精地图辅助车辆进行车道级动态路径规划的具体步骤如下：

（1）车辆在拥有高精度定位功能前提下，在无外部环境干扰的情况下可以根据高精地图的车道参考线规划出一条静态路径，指引车辆到达目的地。

（2）由于现实中道路环境存在各种干扰情况，包括其他车辆、行人等，因此车辆需要融合其他传感器和高精度地图进行感知决策，以决定行进中是否需要换道，并触发新的路径规划。

（3）高精地图提供有车道中心线，以及车道中心线连通关系，自动驾驶车辆可以在这个数据基础上结合当前位置及前进方向进行有限范围（如10km范围内）准实时的车道级路径规划，规划结果用于车辆辅助决策单元生成控制指令。

第五节　高精地图案例

一、高速公路驾驶辅助系统

1. 案例介绍

2019年10月17日，广汽新能源AionLX上市销售，并在其顶配车型中实现了高速公路驾驶辅助功能(High Way Assist Hands Free,HWAHF),该车搭载了百度Apollo高精地图。

2. 对高精地图的需求

AionLX高速公路驾驶辅助功能只能在设计运行区域内开启(如高速公路和封闭的城市快速路),在驾驶人实时监控前方路况的情况下,允许驾驶人双手脱离转向盘,车辆根据车身传感器信息监测车辆前后方及相邻车道的行驶环境,自动调节与前方车辆的距离,并将车辆保持在车道中间,在驾驶人主动打转向灯拨杆时,车辆判断满足换道条件后可支持自动换道进入相邻目标车道,AionLX高速公路驾驶辅助功能开启阶段需要驾驶人全程监控和负责。

AionLX的感知系统拥有全方位的感知硬件,包括前雷达、角雷达、前向摄像头等设备,可以实现360度感知。前雷达负责车辆正前方向的物体检测。角雷达负责车辆侧方区域的物体检测。前向摄像头主要负责检测和识别车辆前方的目标,包括车道线、行人、信号灯、路牌等。

AionLX高速公路驾驶辅助系统对高精地图的需求和用途,主要包括如下几个方面。

(1)实现高精度定位能力。基于成本的考虑,车辆使用的GNSS定位设备精度往往不高,误差通常在1m以上,尤其是在城市高楼区及隧道场景下性能折损严重甚至出现定位错误,定位的精度和稳定性远远不能满足自动驾驶系统的需求。高精地图通过提供高精度定位需要的特征图层,与视觉、毫米波雷达、IMU等多传感器进行融合,能够帮助车辆实现车道级和车道内定位,提供了一个成本低、可靠性高、鲁棒性好的方案。

(2)中近距离下提升车辆的感知效率、优化规划控制、增强安全性。高精地图提供的先验信息,能够帮助感知系统缩小计算范围、提升计算效率、优化识别精度,从而在同等条件下可以有效增强感知能力。同时,高精地图还能优化规划控制,规划控制的主要功能是根据车辆感知的信息以及车辆的状态,计算出一条合适的路径供车辆行驶,"合适的路径"不仅仅包含了行驶路线,还包含车辆的速度、加速度、转向等信息,通过高精地图提供的曲率、坡度、出入口、匝道等信息,规划控制模块可以有效地进行决策优化,如上下坡提前加减速,避免猛加速、急制动和急转弯等引起的乘坐体验问题。高精地图还可用于增强自动驾驶系统的安全性,在车身感知传感器意外致盲时协助车辆安全停车,保障智能汽车在极端环境下的安全。

(3)长距离下辅助优化导航路径。高精地图不仅提供了静态数据,还通过接入来自V2X、众包车辆等数据源的数据,提供交通信号灯状态、车道级拥堵等动态数据,从而帮助自动驾驶系统对导航路径规划进行优化。

广汽新能源提出了高精地图的要素需求和精度需求,要素应覆盖车道级要素和定位要素,如车道线、限速牌等,且相对精度应优于20cm。同时为提高系统的易用性和扩展性,广汽新能源提出高精地图能够支持ADAS接口协议(ADAS Interface Specifications,ADASIS)规范,提供电子视野线(Electronic Horizon Provider,EHP)系统。EHP系统是指依据汽车当前位置,提供出前方的地图数据,如图6-18所示。

3. 解决方案

综合分析需求和车辆传感器、软硬件基础条件,百度提供了高精地图整体解决方案。首先提供了丰富的高精地图要素,涵盖100多个类别,见表6-4。

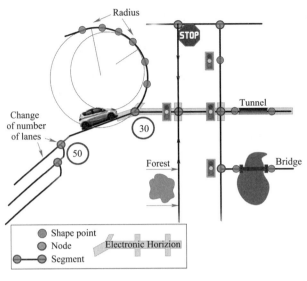

图 6-18 电子视野线

高精地图数据要素表(部分)　　　　　　　　　　　　　　　　　　　　表 6-4

模　块	要　素	说　明
Road Model 道路模型	Tunnel	隧道
	Toll Booth	收费站
	Road End	断头路
	Slope	斜坡
	…	……
Lane Model 车道模型	Barrier	护栏
	Curb	路沿
	Junction	道路连接
	…	……

高精度是高精地图的核心特征,百度针对各类要素提供了具体的精度指标,见表6-5。

各类要素精度指标　　　　　　　　　　　　　　　　　　　　表 6-5

要　素	相 对 精 度
道路几何(Road Geometry)	1m
隧道(Tunnel)	3m
收费站(Toll Booth)	3m
道路终点(Road End Flag)	3m
曲率(Curvature)	3%
坡度(Slope)	2%
车道几何(Lane Geometry)	0.2m
车道宽度(Lane Width)	0.25m

根据用户需求,百度设计了 EHP 系统,该系统能够根据高精地图和车辆的位置,实时构建

车辆前方电子视野线,并将道路几何、车道几何、曲率、坡度、道路等级等信息等,以信号的形式提供给车辆决策规划单元,为决策规划选择合适的驾驶模式和驾驶速度提供数据支持。图 6-19 展示了 EHP 的部署架构,EHP 服务通过车载以太网/CAN 总线与各类应用进行通信。

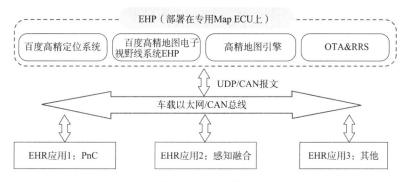

图 6-19　EHP 部署图

曲率数据对高速公路辅助驾驶意义重大,利用曲率信息,车辆可以预先判断前方道路的弯曲程度,并进行预先的速度控制或更高级的自适应巡航等,高速公路辅助驾驶系统需要利用曲率数据实现更智能的驾驶辅助,如图 6-20 所示。

另外,高速公路辅助驾驶系统也需要利用坡度信息可以预先判断前方道路的起伏程度,并进行预先的速度控制等。百度设计了坡度分级方案,即坡度按照 0.2° 进行分级,相对于行驶方向的上坡与下坡,定义上坡为正值,下坡为负值。

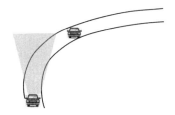

图 6-20　曲率数据增强车辆转弯的安全性

二、V2X 数据与高精地图的融合

1. 案例介绍

以 V2X 技术为基础的汽车网联化与道路智能化是实现自动驾驶的重要基础,通过建立车与车、人、路、云端等之间的实时有效信息交互和协同运作,可向智能汽车提供全局交通视角,有效扩充车辆感知能力,为自动驾驶感知系统提供路侧感知能力冗余,解决盲区、超视距感知能力不足的缺陷。当前,V2X 的技术主要应用于辅助驾驶,服务于自动驾驶系统的 V2X 应用较少,并且自动驾驶系统种类繁多,难以实现 V2X 数据与全部自动驾驶系统的对接,亟需一种方式可以实现 V2X 数据与自动驾驶系统数据标准化交互。高精地图因其作为自动驾驶系统的"标配"以及行业标准化程度较高等优势,具备成为两者数据交互媒介的能力。

2. 功能和实现方案

该项目通过搭建包含"云""边""端"的智慧道路体系,构建 C-V2X 网络,建设典型 V2X 应用,实现路侧实时感知数据与高精地图数据深度融合,形成实时动态高精地图并向自动驾驶系统提供综合数据服务,同时满足 ADAS、控制指挥平台对地图渲染的要求。V2X 数据与高精地图数据结合方式主要包含两个层面,第一个层面为 V2X 实时数据为高精地图准动态层以及实时动态层数据更新提供支持,实现高精地图对交通拥堵等交通事件以及机动车、行人、非机动车等交通参与者实时位置及状态数据秒级及毫秒级数据更新。第二个层面,为

V2X 数据支持高精地图准静态层数据更新,实现地图中道路标志标线、道路施工等信息及时更新。

1) 总体技术方案

V2X 数据与高精地图融合系统包含路侧感知端、车辆端、道路云控平台端,具体架构如图 6-21 所示。

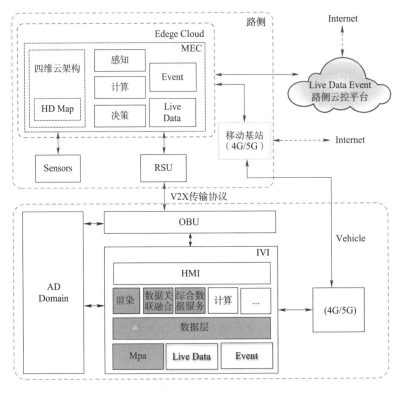

图 6-21　总体架构图

(1) 路侧感知端。通过建设智能相机、微波雷达、激光雷达以及边缘计算单元等路侧感知体系,对动态交通事件、车辆、行人的实时位置、信号灯实时状态信息进行检测,形成动态交通事件和实时数据(包括车辆、行人的实时位置、信号灯实时状态信息等)。路侧感知端基于车路协同技术将道路目标实时状态数据发送至车端,通过 4G/5G 方式与高精地图云平台以及路侧云控平台数据交互。

(2) 路侧云控平台。汇总边缘感知体系检测到的各类数据,为城市交通管理、车辆安全监管等深度挖掘应用提供精准数据,同时与高精地图云平台实时交互,提供道路动态事件信息。

(3) 高精地图云平台。实时接收路侧云控平台发送的道路交通事件数据后,对数据进行预处理,形成高精地图准动态数据层,然后通过数据融合引擎进行道路事件数据与高精地图数据进行关联融合,同时进行数据的分发服务。

(4) 车辆端。车辆通过智能车载单元(On Board Unit,OBU)接收到路侧端交通事件及实时动态数据,基于车载高精地图服务接口,将实时动态数据与高精地图关联融合,通过预处理实现高精地图准动态层与实时动态层数据秒级及毫秒级更新。

2）预研 V2X 场景

预研 V2X 场景见表 6-6。

预研 V2X 场景   表 6-6

序号	V2X 场景	场景说明	与高精地图数据流
1	交通信号灯场景	红绿灯数据叠加至高精地图动态数据层，供智能汽车依据信号灯信息实现红灯停、绿灯行等行驶控制。 道路信息服务数据特征，信号灯数据更新频率：1Hz； LTE-V 通信时延：300m 范围内延时低于 100ms	感知设备 → 信号机数据 RSU → 信号灯信息发送 OBU → 数据接收处理 车端 → 高精地图（高精地图动态层叠加）
2	斑马线行人防碰撞场景	通过路侧感知设备检测道路行人位置信息，并叠加至高精地图动态数据层。智能汽车控制系统调取高精地图动态层数据实现在行人斑马线前启停决策。 道路信息服务数据特征，位置信息更新频率：1Hz； LTE-V 通信时延：300m 范围内延时低于 100ms	感知设备 → 行人识别 RSU → 行人信息发送 OBU → 数据接收处理 车端 → 高精地图（高精地图动态层叠加）
3	交叉口全息感知场景	通过在交叉口部署前端感知设备，检测道路每辆车辆实时位置，发送至智能汽车，数据叠加至高精地图动态数据层。智能汽车控制系统通过标准 API 调取动态层数据后针对交叉口车辆存在潜在冲突后采取减速、制动等控制操作。 道路信息服务数据特征，路口内定位精度：0.25m；位置信息更新频率：1Hz； LTE-V 通信时延：300m 范围内延时低于 100ms	感知设备 → 车道级全息路口感知 RSU → 路口信息发送 OBU → 数据接收处理 车端 → 高精地图（高精地图动态层叠加）
4	交通事件预警场景	通过前端传感器检测或智能网联云控平台下发交通事件，基于车路协同方式将交通事件预警信息发送至智能汽车，并将相关数据叠加至高精地图动态数据层。 道路信息服务数据特征，路口内定位精度：0.25m；路段定位精度：1m；位置信息更新频率：1Hz； LTE-V 通信时延：300m 范围内延时低于 100ms	感知设备 → 交通事件识别检测 RSU → 信息发送 OBU → 数据接收处理 车端 → 高精地图（高精地图动态层叠加）

续上表

序号	V2X 场景	场 景 说 明	与高精地图数据流
5	恶劣天气/异常路面状况场景	通过前段感知设备对路面状况实时检测,基于车路协同方式将道路积水结冰等信息发送至智能汽车,并将相关数据叠加至高精地图动态数据层。 道路信息服务数据特征,路口内定位精度:0.25m;路段定位精度:1m;位置信息更新频率:1Hz; LTE-V 通信时延:300m 范围内延时低于 100ms	感知设备 → 气象传感器数据 RSU → 气象信息发送 OBU → 数据接收处理 车端 → 高精地图(高精地图动态层叠加)
6	可变/固定交通标志	通过车路协同方式将交通管理部门动态交通管理策略发送至智能汽车,相关数据叠加至高精地图动态数据层。智能汽车依据动态层道路占用情况数据进行变道等操作。 道路信息服务数据特征,路口内定位精度:0.25m;路段定位精度:1m;位置信息更新频率:1Hz; LTE-V 通信时延:300m 范围内延时低于 100ms	平台端 → 平台下发路况信息(车道、限速、施工等) RSU → 信息发送 OBU → 数据接收处理 车端 → 高精地图(高精地图动态层叠加)

3. 高精地图应用的特点

该项目实现了 V2X 应用与高精地图间的无缝结合,通过标准化接口方式将路侧数据接入高精地图,作为 V2X 数据与自动驾驶系统标准化交互的"中间件",解决了 V2X 数据与自动驾驶系统数据协议不统一的问题,并建立了基于 V2X 数据的高精地图。

在 V2X 数据和基于高精地图的自动驾驶系统之间无缝对接的基础上,可实现:

(1)辅助验证感知信息,并帮助自动驾驶系统实现超视距的感知。

(2)更精确地确定车辆在地图中的位置。

(3)帮助决策层完成车道级的路径规划。

(4)提高决策层转向、加速和制动指令的准确性。

(5)对下一刻交通情况或交通流的预判,为自动驾驶的决策和控制提供有效的支持。

本章小结

高精地图可以帮助智能汽车预先感知路面复杂信息,结合智能路径规划,让汽车做出正确决策。本章基于高精地图的定义、关键技术、制作更新以及应用等,说明了其在整个自动驾驶领域所扮演的核心角色。

第七章　高精度定位系统

智能汽车需要通过定位技术准确感知自身在全局环境中的相对位置以及所要行驶的速度、方向、路径等信息,精确的定位对实现自动驾驶至关重要。本章节主要介绍了智能汽车中的导航卫星系统、惯性导航定位、多传感器融合定位以及无线定位等技术。

第一节　全球导航卫星系统

人造卫星是由人类建造,以太空飞行载具如火箭、航天飞机等发射到太空中,像天然卫星一样环绕地球或其他行星的装置。

人造卫星一般由保障系统和专用系统组成。保障系统是指保障卫星和专用系统在空间正常工作的系统,也称为服务系统。主要有结构系统、电源系统、热控制系统、姿态控制和轨道控制系统、无线电测控系统等。专用系统是指与卫星所执行的任务直接有关的系统,也称为有效载荷。人造地球卫星按用途可分为三大类:科学卫星、技术试验卫星和应用卫星。科学卫星的专用系统则是各种空间物理探测、天文探测等仪器。技术试验卫星的专用系统则是各种新原理、新技术、新方案、新仪器设备和新材料的试验设备。应用卫星的专用系统按卫星的各种用途包括通信转发器,遥感器,导航设备等。

应用卫星是直接为人类服务的卫星,它的种类最多,数量最大,包括通信卫星、气象卫星、侦察卫星、导航卫星、测地卫星和地球资源卫星等。卫星导航是指采用导航卫星对地面、海洋、空中和空间用户进行导航定位的技术。全球导航卫星系统(Global Navigation Satellite System,GNSS)是由导航卫星、地面测控站和用户设备等组成,能在地球表面或近地空间的任何地点为用户提供全天候的三维坐标和速度以及时间信息的空基无线电导航定位系统。

目前,投入运营的 GNSS 有如下 4 种:

(1)美国的全球定位系统(Global Positioning System,GPS)。
(2)中国的北斗卫星导航系统(Beidou Navigation Satellite System,BDS)。
(3)欧盟的伽利略卫星导航系统(Galileo Satellite Navigation System,GSNS)。
(4)俄罗斯的全球卫星导航系统(Global Navigation Satellite System,GLONASS)。

一、卫星定位的基本原理

1. 三点定位原理

如图 7-1 所示,设 O 点为地心原点,地面点 P 为要确定位置的目标点,其配备卫星信号接收设备;O_i 为第 i 个导航卫星所在位置。采用地心坐标系(地心坐标系是在大地体内建立的 $O-XYZ$ 坐标系。原点 O 设在大地体的质量中心,用相互垂直的 X,Y,Z 三个轴来表示坐标系,X 轴与首子午面与赤道面的交线重合,向东为正。Z 轴与地球旋转轴重合,向北为正。Y 轴与 XZ 平面垂直构成右手系),P 点的坐标可用

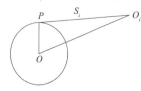

图 7-1　三点定位示意图

(X_P, Y_P, Z_P) 表示;O_i 点的坐标可用 (X_i, Y_i, Z_i) 表示,其值可根据卫星运行规律计算出来,是已知量。

设地面点 P 和 O_i 的距离为 S_i,电磁波传输速度为 c,t_i 为目标点 P 接收机已同步的观测时刻,t_j 为卫星已同步的发射时刻,忽略大气效应等因素,则有:

$$S_i = c(t_i - t_j) \tag{7-1}$$

可见距离 S_i 是可测量计算得到。由此可得到:

$$S_i = \sqrt{(X_i - X_p)^2 + (Y_i - Y_p)^2 + (Z_i - Z_p)^2} \tag{7-2}$$

令 $i = 0, 1, 2$,则有:

$$\begin{cases} S_0 = \sqrt{(X_0 - X_P)^2 + (Y_0 - Y_P)^2 + (Z_0 - Z_P)^2} \\ S_1 = \sqrt{(X_1 - X_P)^2 + (Y_1 - Y_P)^2 + (Z_1 - Z_P)^2} \\ S_2 = \sqrt{(X_2 - X_P)^2 + (Y_2 - Y_P)^2 + (Z_2 - Z_P)^2} \end{cases} \tag{7-3}$$

由于其他参数已知,确定 P 点的三个未知参数 X_P、Y_P、Z_P 可通过上述方程组求解得出。因此,只要有三颗卫星同时观测 P 点,就能确定 P 点的位置。

2. 四点定位原理

从理论上来看,三点定位是可以实现的,但在实际应用中存在如下问题:

(1) 时钟同步问题。

导航卫星都配有高精度的原子钟,由于卫星时钟和用户终端使用的时钟一般都有误差,完全同步只存在理论上的可能性。而电磁波以光速传播,微小的时间误差将会使距离信息出现巨大失真。

(2) 大气效应的影响。

对 i 在实际应用中必须考虑大气效应测量值的影响。设 P 点和第 i 颗卫星的实际测量值为 S_{Pi},其结果和 P 点和 O_i 的真正距离 S_i 是有差别的,故称之为伪距。伪距 S_{Pi} 计算公式如下:

$$S_{Pi} = c(t_{Pi} - t_{Pj}) + c\tau \tag{7-4}$$

式中:S_{Pi}——地面 P 点到卫星 i 的伪距;

t_{Pi}——时钟差的地面接收时刻;

t_{Pj}——时钟差的卫星 i 发射时刻;

τ——传播途径中的附加时延,可参考空间大气模型进行修正。

实际上,卫星时钟、用户终端使用的时钟和定位系统时钟始终存在微小差别。要实现三者的同步,必须引入两个微小量 Δt_i 和 Δt_j 的时钟差。其中 Δt_i 是卫星 i 的时钟和系统时钟的时钟差,Δt_j 是接收机和系统时钟的时钟差。据此有:

$$t_{Pi} = t_i + \Delta t_i \tag{7-5}$$

$$t_{Pj} = t_j + \Delta t_j \tag{7-6}$$

将式(7-5)和(7-6)代入式(7-4)可得:

$$S_{Pi} = c(t_i - t_j) + c(\Delta t_i - \Delta t_j) + c\tau \tag{7-7}$$

将式(7-1)和(7-2)代入式(7-7)可得:

$$S_{Pi} = S_i + c(\Delta t_i - \Delta t_j) + c\tau \tag{7-8}$$

$$S_{Pi} = \sqrt{(X_i - X_P)^2 + (Y_i - Y_P)^2 + (Z_i - Z_P)^2} + c(\Delta t_i - \Delta t_j) + c\tau \tag{7-9}$$

当接收机对卫星信号跟踪锁定后,可以从接收信号中提取,从而得到导航电文和伪距观测量。导航电文一般分为电离层修正数、卫星钟改正数和卫星星历参数三部分。进一步经过对卫星星历参数的统计计算,可求出发射时刻时卫星在地心坐标系中的三维坐标值 X_i、Y_i、Z_i。

因此,式(7-9)中有 4 个未知量:X_p、Y_p、Z_p、$\Delta t_i - \Delta t_j$。也就是说,需要同时观测 4 颗卫星,才能求解出 P 点的坐标 X_p、Y_p、Z_p。这就是实际使用中四点定位的基本原理。

二、GPS 定位系统

美国 GPS 提供具有全球覆盖、全天时、全天候、连续性等优点的三维导航和定位能力,是一种测量、定位、导航和授时手段。

1. GPS 定位系统构成

GPS 是由导航卫星、地面监控设备和 GPS 用户组成的,如图 7-2 所示。

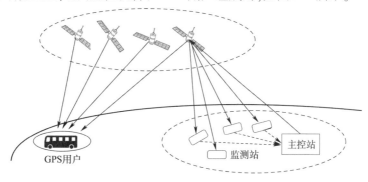

图 7-2　GPS 系统的组成

(1)导航卫星由 24 颗卫星组成(其中 21 颗工作卫星,3 颗备用卫星),分布在 6 个地球椭圆轨道,每个轨道上面上有 4 颗卫星。这些卫星每 12h 绕地球 1 圈。卫星的分布使得在全球任何地方、任何时间都可观测到 4 颗以上的导航卫星,可以为用户提供连续的全球导航服务,并能在卫星中预存导航信息。

(2)地面监控设备主要由 1 个主控站(Master Control Station)、4 个地面注入站(Ground Antenna)和 7 个监测站(Monitor Station)组成。主控站是整个地面监控系统的管理中心和技术中心,主要完成数据采集、计算、传输和诊断等工作。注入站的作用是把主控站计算得到的卫星星历、导航电文等信息注入到相应的卫星。监测站则跟踪所有可见的导航卫星,从卫星广播中收集测距信息等,并将收集到的信息发送至主控站。

(3)GPS 用户,亦称为 GPS 接收机。GPS 卫星发送的导航定位信号,是一种可供用户共享的信息资源。GPS 接收机主要由硬件和数据处理软件组成,主要功能是接收、追踪、放大卫星发射的信号,获取定位的观测值,提取导航电文中的广播星历以及卫星时钟改正参数等卫星测量记录数据,经预处理后对处理结果进行平差计算、坐标旋转和分析综合处理,计算出用户所在位置的三维坐标、速度、方向和时刻等。在智能汽车应用定位系统时,主要使用是用户端的应用。

2. GPS 定位系统主要特点

(1)覆盖范围广,能全天候定位。GPS 卫星数目较多,空间分布均匀,能够提供全球范围的全天候连续三维定位。

（2）实现实时定位。GPS 定位系统可以实时确定运动载体的三维坐标、三维运动状态。

（3）定位精度高。GPS 相对定位精度在 50km 以内可达 6～10m，100～500km 范围可达 7～10m，1000km 范围可达 9～10m。

（4）可提供军用和民用服务。也称为精密定位和标准定位服务。精密定位服务只能由美国授权的军方用户和选定的政府机构用户使用。标准定位服务面向全球所有用户且免收直接费用。

三、BDS 定位系统

北斗卫星导航系统 BDS 是我国着眼于国家安全和经济社会发展需要，自主建设、独立运行的卫星导航系统，是为全球用户提供全天候、全天时、高精度的定位、导航和授时服务的国家重要空间基础设施。2020 年 6 月 23 日，北斗三号第 55 颗卫星也是最后一颗全球组网卫星升空，2020 年 7 月 31 日，北斗三号全球卫星导航系统正式开通，面向全球用户提供高精度定位服务。BDS 也是继 GPS、GLONASS 之后的第三个成熟的卫星导航系统。

1. BDS 定位系统组成

BDS 定位系统由下列三部分组成。

（1）空间段。空间段由 35 颗卫星组成，包括 5 颗静止轨道卫星和 30 颗非静止轨道卫星。5 颗静止轨道卫星定点位置为东经 58.75°、80°、110.5°、140°和 170°。非静止轨道卫星由 27 颗中圆轨道卫星和 3 颗倾斜同步轨道卫星组成。其中，中圆轨道卫星运行在 3 个轨道面上，轨道面之间相隔 120°均匀分布。

（2）地面段。地面段由主控站、注入站和监测站组成。

主控站用于系统运行管理与控制等。主控站从监测站接收数据并进行处理，生成卫星导航电文和差分完好性信息，并交由注入站执行信息的发送。主控站还负责管理、协调整个地面控制系统的工作。

注入站用于向卫星发送信号，对卫星进行控制管理。在接受主控站的调度后，将卫星导航电文和差分完好性信息向卫星发送。

监测站用于接收卫星的信号，并发送给主控站，实现对卫星的跟踪、监测，为卫星轨道确定和时间同步提供观测资料。

（3）用户段。用户段即用户终端，既可以是专用于 BDS 定位系统的接收机，也可以是同时兼容其他卫星导航系统的接收机。

2. BDS 定位系统当前基本导航服务性能指标

服务区域：全球。

定位精度：水平 10m、高程 10m（95%）。

测速精度：0.2m/s（95%）。

授时精度：20ns（95%）。

服务可用性：优于 95%，在亚太地区，定位精度水平 5m、高程 5m（95%）。

短报文通信：用户终端具有双向报文通信功能，用户可以 1 次传送 40～60 个汉字的短报文信息。

3. BDS 与 GPS 之比较

（1）GPS 所用导航卫星少，建设和维护成本低。GPS 发展最早，占据了位置最优的近地卫星轨道。根据国际规则,谁先占据谁就拥有,我国的卫星只能运行在比 GPS 更高的轨道上。GPS 所需导航卫星为 24 颗,BDS 则需 35 颗卫星。

(2) BDS 在轨卫星多。目前 BDS 在轨卫星达 55 颗,GPS 在轨卫星为 31 颗。

(3) 授时精度二者相同,均为 20ns;测速精度相同;位置精度 GPS 比 BDS 略高。

(4) 未来 BDS 定位精度会更高。由于北斗的建设晚于 GPS,其采用的是三频信号,通过三个不同频率的信号可以有效消除定位时候产生的误差。据悉,BDS 的民用版精度能够达到 10cm,与 GPS 的军用版相当。

(5) BDS 具有短报文功能,GPS 无。它比通过移动运营商的通信基站发短信更加方便快捷。在紧急情况下,还能追踪用户位置,方便救援。

(6) BDS 抗干扰能力更强。北斗采用三频定位,多个频率的信号可在某一频率信号故障时改用其他频率,提高了定位系统的可靠性和抗干扰能力。

四、差分全球定位系统

为了提高 GPS 定位精度,可以采用差分全球定位系统进行车辆定位。差分全球导航定位系统(Differential Global Position System, DGPS)是在 GPS 的基础上利用差分技术使用户能够从 GPS 系统中获得更高的定位精度。DGPS 系统由基准站、数据传输设备和移动站组成,如图 7-3 所示。

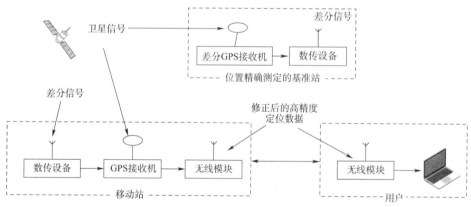

图 7-3 DGPS 系统组成

DGPS 实际上是把一台 GPS 接收机放在位置已精确测定的点上,组成基准站,基准站接收机通过接收 GPS 卫星信号,将测得的位置与该固定位置的真实位置的差值作为公共误差校正量,通过无线数据传输设备将该校正量传送给移动站的接收机。移动站的接收机用该校正量对本地位置进行校正,最后得到厘米级的定位精度。附近的 DGPS 用户接收到修正后的高精度定位信息,从而大大提高其定位精度。

根据 DGPS 基准站发送的信息方式可将 DGPS 定位分为三类,即位置差分、伪距差分和相位差分。这三类差分方式的工作原理是相同的,都是由基准站发送改正数,由移动站接收并对其测量结果进行改正,以获得精确的定位结果。所不同的是,发送改正数的具体内容不一样,其差分定位精度也不同。

1. 位置差分

位置差分是最简单的差分方法,适合于所有 GPS 接收机。位置差分要求基准站和移动站观测同一组卫星。安装在基准站上的 GPS 接收机观测 4 颗卫星后便可进行三维定位,解算出基准站的观测坐标,如图 7-4 所示。由于存在着轨道误差、时钟误差、大气影响、多径效应以及其他误差等,解算出的观测坐标与基准站的已知坐标,存在误差。将已知坐标与观测坐标之差作为位置改正数,通过基准站的数据传输设备发送出去,由移动站接收,并且对其解算的移动站坐标进行改正,最后得到的改正后的移动坐标已消去了基准站和移动站的共同误差,例如卫星轨道误差、大气影响等,提高了定位精度。位置差分法适用于用户与基准站间距离在 100km 以内的情况。

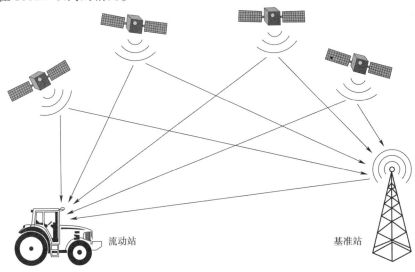

图 7-4 位置差分系统

2. 伪距差分

伪距差分是目前使用最广的一种技术。几乎所有的商用 DGPS 接收机均采用这种技术。利用基准站已知坐标和卫星星历可计算出基准站与卫星之间的计算距离,将计算距离与观测距离之差作为改正数,发送给移动站,移动站利用此改正数来改正测量的伪距。最后,用户利用改正后的伪距来解出本身的位置,就可消去公共误差,提高定位精度。与位置差分相似,伪距差分能将两站公共误差抵消,但随着用户到基准站距离的增加又出现了系统误差,这种误差用任何差分法都是不能消除的。用户和基准站之间的距离对精度有决定性影响。

3. 相位差分

相位差分技术是建立在实时处理两个测站的载波相位基础上的。它能实时提供观测点的三维坐标,并达到厘米级的高精度定位。实现载波相位差分的方法分为修正法和差分法,前者与伪距差分相同,基准站将载波相位修正量发送给用户站,以改正其载波相位,然后求解坐标。后者将基准站采集的载波相位发送给用户站进行求差,再解算坐标。

五、GPS 接收机

GPS 接收机多种多样,最常见的有 GPS 芯片级、板卡级、终端级和便携式等形式,可根据应用需求选择。图 7-5 所示为手持式 GPS 接收机,从外观来看和手机等智能工具并无太大差别。其主要构成及工作原理如下。

1. 天线

天线由接收机天线和前置放大器两部分所组成,其作用是将卫星发送的极微弱的电磁波信号转化为相应的电流,经前置放大器予以放大。本机天线部分内置主机中。

2. 主机

经过 GPS 前置放大器的信号仍然很微弱,为了使接收机通道得到稳定的高增益,采用变频器使 L 频段的射频信号变成低频信号,经放大、A/D 转换和处理后的

图 7-5　GPS 接收机外形图

码相位伪距观测值、载波相位观测值及多普勒频移等传送到内存。主机内设有存储器或存储卡以存储卫星星历、卫星历书等。主机内 CPU 根据应用需求,将计算结果在屏幕上显示。其主要工作步骤为:

(1)接收机开机后进行自检,并测定、校正、存储各通道的时延值。

(2)接收机对卫星进行搜索捕捉。当捕捉到卫星后即对信号进行跟踪,将基准信号译码得到 GPS 卫星星历。当同时锁定 4 颗卫星时,将 C/A 码伪距观测值连同星历一起计算测站的三维坐标,并按预置位置更新率计算新的位置。

(3)根据机内存储的卫星历书和测站近似位置,计算所在轨道卫星的升降时间、方位和高度角。

(4)根据预先设置的航路点坐标和单点定位测站位置计算导航的参数航偏距、航偏角、航行速度等。

(5)接收用户输入信号,如测站名、测站号、天线高、气象参数等。

(6)用户可根据接收机提供的功能进行相应设置,其结果可在屏幕上显示。

3. 电源

电源有两种,一种为内电源,一般采用锂电池,主要用于 RAM 存储器供电,以防止数据丢失。另一种为外接电源,常用可充电的 12V 直流镉镍电池组或汽车蓄电池。

第二节　惯性导航定位技术

惯性,是物体固有的属性,其大小与该物体的质量成正比,不论物体是静止状态,或是匀速直线运动状态,都尽量使其保持现有的状态。惯性导航系统是获取汽车位姿数据的重要手段,其不与外界发生任何光电联系,工作时不依赖外界信息,也不向外界辐射能量,不易受到干扰,是一种自主式导航系统。

一、惯性导航系统的组成

惯性导航系统主要由惯性测量单元(IMU)、计算机、控制显示器组成,如图 7-6 所示。

IMU 包括 3 个相互正交的单轴加速度计(Accelerometer)和 3 个相互正交的单轴陀螺仪(Gyroscopes)。加速度计检测车体在惯性坐标系统独立三轴的加速度信号,而陀螺仪检测车体相对于导航坐标系的角速度信号。计算机根据测量的加速度信号计算出车体的速度和位置数据。控制显示器用来显示各种导航参数。

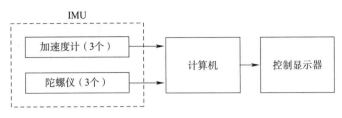

图 7-6　惯性导航系统的主要组成

惯性坐标系如图 7-7 所示，其坐标原点位于陀螺仪和加速度计的坐标原点处（加速度计与陀螺仪的原点位置相同），X、Y、Z 三个轴的方向分别与陀螺仪和加速度计对应的轴向平行。由于惯性测量单元与车体固连，因此在不考虑安装的误差角的情况下，车体坐标系也就是惯性坐标系。车体坐标系如 7-8 所示，车体坐标系的原点位于车体质量中心与车体固定连接处（一般选取车体后轴的中心位置作为原点），X 轴沿车体轴向向右，Y 轴指向前方，Z 轴与 X 轴和 Y 轴满足右手法则指向天。

导航坐标系如图 7-9 中的 $O_l - X_l Y_l Z_l$ 所示，导航坐标系的原点位于车体所在的地球表面，X 轴和 Y 轴在当地水平面内，分别指向东和北，Z 轴垂直向上，与 X 轴和 Y 轴满足右手法则。

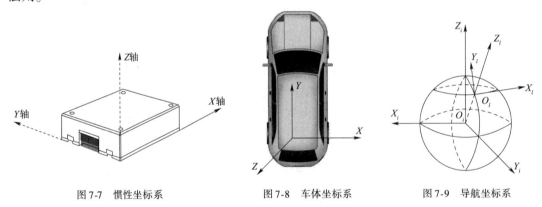

图 7-7　惯性坐标系　　　图 7-8　车体坐标系　　　图 7-9　导航坐标系

二、惯性导航系统的工作原理

惯性导航系统是以陀螺仪和加速度计为感知元件的导航参数解算系统，其工作原理如图 7-10 所示。该系统通过陀螺仪测量车体的角速度求解得到车体的姿态信息，再将加速度计测量得到的车体比力信息转换到导航坐标系中进行加速度信息的积分运算，再利用车体先前的位置信息，就能推算出汽车的位置和姿态信息。

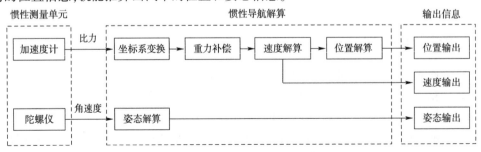

图 7-10　惯性导航系统的工作原理图

惯性测量单元中的加速度计测量的不是车体的运动加速度，而是车体相对于惯性坐标系的绝对加速度和重力加速度之和，称作"比力"。同样地，陀螺仪可以输出车体的角速度。通过对陀螺仪输出的角速度进行积分，可以得到一个姿态的增量，再加上已知的姿态值，两者叠加可以得到车体当前的姿态信息。将得到的姿态信息作用于加速度，由于加速度是在惯性坐标系中测量的，因此得到的姿态信息中包含了由惯性坐标系到导航坐标系的转换。将加速度计测得的比力转换到导航坐标系后，去掉重力加速度，即重力补偿。再对得到的加速度值进行一次积分得到速度信息，进行二次积分得到位置信息。

从一个已知的坐标位置开始，根据载体在该点的航向、航速和航行时间，推算下一时刻该坐标位置的导航过程称为航迹递推。

（1）一维航迹递推。

对于一维航迹递推，考虑在如图 7-11 所示的汽车直线（即在一个固定的方向）上移动的场景，要在这种情况下进行航迹递推，只需要将一个加速度计安装在汽车上，并使加速度计的敏感轴方向与汽车运动方向一致，即可得到速度和位置。

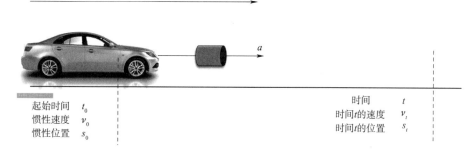

图 7-11　一维惯性导航

已知汽车的初始位置 s_0、初始速度 v_0，通过对加速度 a 进行积分即可得到汽车在 t 时刻的速度 v_t，对速度 v_t 进行积分得到汽车在 t 时刻的位置 s_t，如式（7-10）与式（7-11）所示。

$$v_t = \int a\mathrm{d}t = at + v_0 \tag{7-10}$$

$$s_t = \int v_t \mathrm{d}t = \frac{1}{2}at^2 + v_0 t + s_0 \tag{7-11}$$

（2）二维航迹递推。

航迹递推从一维拓展到二维的难点主要在于需要将惯性坐标系（坐标轴为 x、y，x 轴与汽车航向保持一致）下的加速度变换到导航坐标系中。

汽车速度变化将产生惯性坐标系下的加速度 a_y，但是推算需要的是在导航坐标系中的加速度 a_N，使用航向角 θ 可以将惯性测量单元的测量信息转换到导航坐标系中，坐标系的转换如图 7-12 所示。

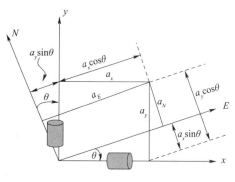

图 7-12　惯性坐标系到导航坐标系的转换

IMU 坐标轴 x、y 与导航坐标轴 E、N 存在夹角 θ，因此加速度 a_E 和加速度 a_N 可以写为：

$$a_E = a_y \sin\theta + a_x \cos\theta \quad (7\text{-}12)$$

$$a_N = a_y \cos\theta - a_x \sin\theta \quad (7\text{-}13)$$

矩阵形式为：

$$\begin{pmatrix} a_E \\ a_N \end{pmatrix} = \begin{pmatrix} \cos\theta & \sin\theta \\ -\sin\theta & \cos\theta \end{pmatrix} \begin{pmatrix} a_x \\ a_y \end{pmatrix} \quad (7\text{-}14)$$

其中，$\begin{pmatrix} \cos\theta & \sin\theta \\ -\sin\theta & \cos\theta \end{pmatrix}$ 为坐标转换的二维旋转矩阵。

得到导航坐标系中的加速度，即可对其积分得到速度，再进行积分，可以得到导航坐标系中的位置。

（3）三维航迹递推。

三维航迹递推需要 3 个陀螺仪来测量载体相对于惯性空间的旋转角速率，需要 3 个加速度计来测量载体相对惯性空间受到的比力。如图 7-13 所示，载体的合加速度是重力加速度和其他外力产生的加速度的合成。为了消除重力加速度分量，需知道加速度计相对于重力方向的角度，这个可以由解算的姿态矩阵给出。与二维航迹递推类似，对陀螺仪测量的角速度进行积分可以得到 3 个姿态角，去掉重力加速度的同时通过三维旋转矩阵将加速度计测量值投影到导航坐标系中，下面给出基础三维旋转矩阵，其中 α、β、γ 角分别对应 3 个姿态角翻滚角、俯仰角、航向角，式（7-15）~式（7-17）分别表示绕 x、y、z 轴旋转 α、β、γ 角的旋转矩阵。

$$R_x(\alpha) = \begin{pmatrix} 1 & 0 & 0 \\ 0 & \cos\alpha & \sin\alpha \\ 0 & -\sin\alpha & \cos\alpha \end{pmatrix} \quad (7\text{-}15)$$

$$R_y(\beta) = \begin{pmatrix} \cos\beta & 0 & -\sin\beta \\ 0 & 1 & 0 \\ \sin\beta & 0 & \cos\beta \end{pmatrix} \quad (7\text{-}16)$$

$$R_z(\gamma) = \begin{pmatrix} \cos\gamma & \sin\gamma & 0 \\ -\sin\gamma & \cos\gamma & 0 \\ 0 & 0 & 1 \end{pmatrix} \quad (7\text{-}17)$$

对于上述 3 个基础旋转矩阵，其旋转次序不可忽略。旋转次序也称顺规，顺规可以自由组合。对于 α、β、γ 角在不同的顺规中有不同的复合旋转矩阵结果，例如先绕 x 轴旋转 α，或者先绕 y 轴旋转 β，最后会得出不同的复合旋转矩阵。一般情况下不同顺规完成的旋转效果相同，但当 y 轴旋转 90°时，会导致 x 轴和 z 轴重合而失去 x 轴的自由度，即万向节死锁（Gimbal Lock）。下面举例说明复合旋转矩阵的计算，zyx 顺规下的复合旋转矩阵为：

$$\begin{aligned} R(\alpha,\beta,\gamma) &= R_x(\alpha) R_y(\beta) R_z(\gamma) \\ &= \begin{pmatrix} \cos(\beta)\cos(\gamma) & \cos(\beta)\sin(\gamma) & -\sin(\beta) \\ -\cos(\alpha)\sin(\gamma) + \sin(\alpha)\sin(\beta)\cos(\gamma) & \cos(\alpha)\cos(\gamma) + \sin(\alpha)\sin(\beta)\sin(\gamma) & \sin(\alpha)\cos(\beta) \\ \sin(\alpha)\sin(\gamma) + \cos(\alpha)\sin(\beta)\cos(\gamma) & -\sin(\alpha)\cos(\gamma) + \cos(\alpha)\sin(\beta)\sin(\gamma) & \cos(\alpha)\cos(\beta) \end{pmatrix} \end{aligned}$$

$$(7\text{-}18)$$

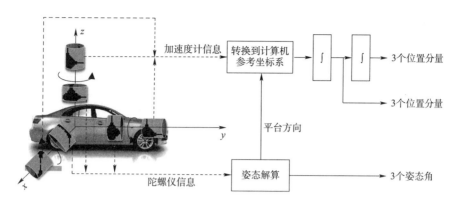

图7-13 三维航迹递推

结合初始航向角,对这3个加速度做一次积分可得到三维的速度信息,通过两次积分运算可得到三维的位置信息。

第三节 多传感器融合定位

多传感器数据融合是将不同传感器对某目标或环境特征描述的信息融合成统一的特征表达信息及其处理的过程。多传感器数据融合实际上是模拟人脑综合处理复杂问题的过程,通过对各种传感器及其观测信息的合理支配与使用,将各种传感器在空间和时间上的互补与冗余信息,依据某种优化准则加以组合,产生对观测环境或对象的一致性解释和描述。多个传感器联合操作,对数据进行多级别、多方位和多层次的处理,产生有意义的信息,这种信息是最佳协同作用的结果,是任何单一传感器无法获得的,同时也提高了整个传感器系统的有效性。

一、GPS/DR 组合导航定位系统

航位推算系统(Dead Reckoning,DR)最早应用于船舶上。车辆航位推算是利用车体上某一时刻的位置,根据航向和速度信息,推算得到当前时刻的位置,即根据实测的汽车行驶距离和航向计算其位置和行驶轨迹。

航位推算原理如图7-14所示,将汽车看作是在二维平面(x,y)的运动,如果已知汽车的起始点(x_0,y_0)和起始航向角θ_0,那么通过实时检测车辆的航向角和行驶距离,即可实时推算汽车的二维位置。

图中白色圆点表示汽车的位置,θ_i表示车辆的航向角,S_i表示车辆的行驶距离。汽车转弯将使陀螺仪产生一个相对于导航坐标系方向角变化的角速度ω,结合初始航向角θ_0。对陀螺仪测量得到的角速度进行积分可以得到航向角θ_t如式(7-19)所示。车辆在t_k时刻的位置(x_k,y_k)如式(7-20)与式(7-21)所示。

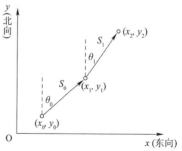

图7-14 航位推算原理图

$$\theta_t = \int \omega dt + \theta_0 \tag{7-19}$$

$$x_k = x_0 + \sum_{i=0}^{k-1} S_i \sin\theta_i \tag{7-20}$$

$$y_k = y_0 + \sum_{i=0}^{k-1} S_i \cos\theta_i \tag{7-21}$$

但是 DR 系统自身不能提供车辆的初始位置坐标和初始航向角,无法得到航位推算系统的初始值,且在进行航位推算时,随着时间的推移和行驶距离的增加,其误差逐步累计发散,因此单独的航位推算系统不能用于长时间的独立定位。将 DR 系统与 GPS 系统组合,由于 GPS 系统提供的绝对位置可以为 DR 系统提供航位推算的初始值,并可以对 DR 系统进行定位误差的校正和系统参数的修正,同时 DR 系统也可以补偿 GPS 系统定位中的随机误差和定位的断点,使定位的轨迹能够平滑,因此,GPS/DR 组合导航系统可以大大提高智能汽车的定位精度。

二、GPS/IMU 组合定位

GPS 是一种相对精准的定位传感器,但是它的更新频率较低,不能满足实时计算的要求,因此在车辆快速行驶时很难给出精准的实时定位。由于 GPS 存在多路径反射问题,所以其在复杂的动态环境中得到的 GPS 定位信息很可能会存在误差,这种误差很有可能会导致交通事故的发生。因此我们必须借助其他的传感器来辅助定位,提高定位的精度。

GPS/IMU 组合定位系统包含了三个部分,一个相对精准但是低频更新的 GPS,一个高频更新但是精度随着时间流逝而越发不稳定的惯性传感器,以及一个基于卡尔曼滤波器的数学模型,用来融合这两种传感器。两种传感器各取所长,能够达到较好的定位效果。

IMU 是检测加速度与旋转运动的高频(1KHz)传感器。对 IMU 数据进行处理后,可以得到车辆的位移与转动信息,但是 IMU 自身存在有偏差与噪音等问题。通过使用基于卡尔曼滤波的传感器融合技术,可以融合 GPS 与 IMU 数据,各取所长,以达到较好的定位效果。

卡尔曼滤波器可以从一组有限的包含噪声物体位置的观察序列中预测出物体的位置坐标及速度。它具有很强的鲁棒性,即使对物体位置的观测有误差,也可以根据物体历史状态与当前对于位置的观测,准确地推算出物体的位置。卡尔曼滤波器运行时主要分为预测阶段与更新阶段。预测阶段基于上个时间点的位置信息去预测当前的位置信息,更新阶段则是通过当前对物体位置的观测去纠正位置预测,从而更新物体的位置。

如图 7-15 所示,首先在上一次位置估算的基础上使用 IMU 对当前的位置进行实时预测。在得到新的 GPS 数据前,只能通过积分 IMU 的数据来预测当前位置。但是,由于惯性传感器的定位误差会随着运行时间增长,所以当接收到新的比较精准的 GPS 数据时,可以使用新的 GPS 数据对当前的位置进行预测更新。通过不断地执行这两个步骤,可以对车辆进行准确地实时定位。在自动驾驶系统中,GPS 的更新频率一般为 10Hz,IMU 的更新频率一般为 100Hz。两个传感器共同工作时,可以给出频率为 100Hz 的定位输出。两个传感器的数据融合原理如图 7-16 所示。

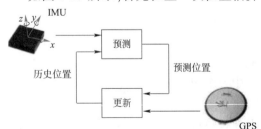

图 7-15 GPS 与 IMU 的传感器融合定位

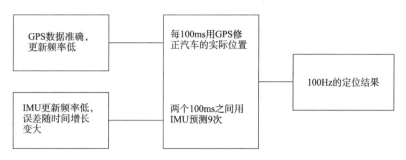

图 7-16　GPS 与 IMU 数据融合原理图

三、GPS/IMU/DMI 组合定位

GPS/IMU/DMI 组合导航定位系统安装了 GPS、IMU、里程计、CCD 相机等设备，在导航计算机中装载可量测影像（Digital Measurable Image，DMI）数据库、二维导航数据库和导航软件。通过 DMI 与卫星导航定位、惯性导航、里程计等集成，实现多源信息融合的导航定位，总体技术框架如图 7-17 所示。

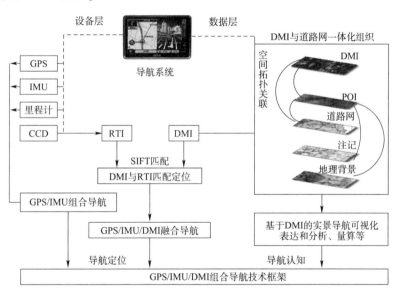

图 7-17　GPS/IMU/DMI 组合定位技术框架

DMI 与实时影像（Real-Time Image，RTI）匹配定位需要从 DMI 数据库中快速查询到当前定位点前趋方向的影像。因此，建立 DMI 高效索引是满足导航定位实时性要求的关键。在检索时，根据定位点概略位置计算出道路、路段，进而查询到定位点可能分布区域的 DMI 序列，再分别与获取的 RTI 进行匹配定位计算。DMI 与 RTI 匹配的实质是在不同尺度空间上查找特征点（或关键点），也就是具有方向信息的局部极值点，如暗区中的亮点、亮区中的暗点、角点、边缘点等。这些点能够对于影像旋转、缩放和仿射变换保持不变，可以满足在不同光照、不同位置姿态、不同分辨率等条件下生成的 DMI 和 RTI 的匹配需求。但是由于 DMI 与 RTI 拍摄的时间不同、拍摄时刻相机的位置和姿态不同，2 幅影像的分辨率和光照不同。因此，需要可靠的匹配方法实现两幅不同条件下所成影像的精确配准，具体步骤如下所述。

首先，通过两幅影像的高斯差分尺度空间（Difference of Gaussion Scale-Space）中采样点与其影像域和尺度域中的所有邻点进行比较，从而检测提取出特征点。然后，根据特征点邻域像素的梯度方向分布特性，为每个特征点附加一个主方向和多个辅方向的描述性信息，即特征向量。接下来，利用特征点、特征向量的欧氏距离，对两幅影像特征点进行相似性度量，确定匹配上的特征点。最后，为了保证算法鲁棒性，采用随机抽样一致性算法（Random Sample Consensus，RANSAC），通过构建特征点估计模型，剔除可能存在的错配点。当匹配上的特征点满足一定数量（一般在5个以上）且均匀分布时，则认为两幅影像匹配成功，同时获得RTI特征点坐标，包括特征点像素坐标和对应物点的空间坐标以实现精确定位。

第四节　无线定位技术

现有无线定位系统基本都是采用相同或相似的定位方法和技术，绝大多数都是通过计算目标移动台的位置来定位，计算位置时需要用到的定位参数是通过测量传播于多个基站和移动台之间的定位信号来获得的。常用的无线定位方法有RSSI定位、TOA定位等。

一、RSSI定位仿真

1. RSSI定位原理

RSSI定位是一种基于距离的定位方法，该方法利用已知的发射信号强度和接收节点收到的信号强度，计算在传输过程的损耗，接着使用式（7-22）将损耗转化为待定位目标与已知节点之间的距离。

$$PL(d) = PL(d_0) - 10nlg\left(\frac{d}{d_0}\right) + \zeta \tag{7-22}$$

其中，$PL(d)$表示与发射端之间的距离为d时接收端接收到的信号强度，即RSSI值；$PL(d_0)$表示与发射端之间的距离为d_0时接收端接收到的信号强度；d_0为参考距离；n为路径损耗（Pass Loss）指数，通常是由实际测量得到的，发射端与接收端之间的障碍物越多，n值就越大，从而接收到的平均能量下降的速度会随着距离的增加而变得越来越快；ζ是一个以dBm为单位，平均值为0的高斯随机变量，反映了当距离一定时，接收端接收到的能量的变化。根据式（7-22），可以得到信号强度与发射节点和接收节点两个节点之间距离的关系，如图7-18所示。

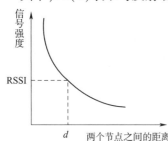

图7-18　信号强度与信号传送距离的关系

2. RSSI定位仿真

RSSI定位仿真程序如下。

```
%功能说明：
%RSSI的测量值由对数路径损耗模型产生，为减小波动造成的误差，其值可由多次测量取平均值来得到。
%对数路径损耗模型中的参考距离路径损耗和路径损耗因子可通过参考点相互之间的测量值估计。
%完成理想情况下（参考距离路径损耗和路径损耗因子已知）与实际情况下的RMSE曲线对比图，横坐标为噪声方差，纵坐标为RMSE。
```

```
clear all;
clc;
BS1 = [0,0];
BS2 = [500,0];
BS3 = [500,500];
BS4 = [0,500];
MS = [100,100];
std_var = [0,2,4,6];% 标准偏差
A = [BS1;BS2;BS3;BS4]; % A 表示每一个已知节点构成的坐标矩阵
number = 300;
pd0 = 0;
n = 3;   % n 表示路径损耗因子
tt = 20; % 每 20 个节点测量 RSSI 值并求其平均值
% 每个 BS 的 RSSI 测量值
for j = 1:length(std_var)
  error1 = 0;
  error2 = 0;
  std_var1 = std_var(j);
  for i = 1:number % 共循环 300 次
    r1 = A - ones(4,1)*MS;
    r2 = (sum(r1.^2,2)).^(1/2);
    for k = 1:tt % 由于多次测量,因此需要内部循环
      rssi(:,k) = pd0-10*n*log10(r2)-10^(std_var1/10)*randn(4,1);
    end
    RSSI1 = mean(rssi,2);25.% 求未知节点到已知节点的平均 RSSI 值,估计未知节点的坐标
    % 理想情况
    r1 = 10.^((RSSI1-pd0)/(-10*n));
    % 实际情况
    [p_est,n_est] = parameter_est(A,std_var1);
    r2 = 10.^((RSSI1-p_est)/(-10*n_est)); % 未知节点到已知节点的距离
    theta1 = TOALLOP(A,r 1,1);
    theta2 = TOALLOP(A,r 2,1);
    error1 = error1 + norm(MS-theta 1)^2; % 求取均方误差
    error2 = error2 + norm(MS-theta 2)^2; % 求取均方误差
  end
  RMSE1(j) = (error 1/number)^(1/2); % 理想情况下的 RSSI 标准偏差
  RMSE2(j) = (error 2/number)^(1/2); % 实际情况下的 RSSI 标准偏差
end
% 绘图
plot(std_var,RMSE1,'-O',std_var,RMSE2,'-s')
xlabel('The standard deviation of RSS measurement (db)');
ylabel('RMSE');
legend('Ideal','Real');
```

* * * * * * * * * * * * * * 参数估计函数(parameter_est.m)* * * * * * * * * * * * * *

```
% 参数估计函数
function [pd0_est,n_est] = parameter_est(A,sigma)
[m,~] = size(A);     % 有多少已知节点参与定位
pd0 = 0;
n = 3;
d = zeros(m,m);    % 初始化固定节点坐标
tt = 5;
sigmal = 10^(sigma/10);
h1 = [];
G1 = [];
for i = 1:m
    for j = 1:m
        if i ~= j                       % 两个节点距离不相等时
            d(i,j) = norm(A(i,:)-A(j,:));        % 计算几种不同类型的矩阵范数
            for k = 1:tt
                prd(k) = pd0-10*n*log10(d(i,j))-sigmal*randn;  % 距离为 k 的每个测量值的 prd
            end
            RSSI = mean(prd);        % 求取平均值
            d_distance = -10*log10(d(i,j));
            h1 = [h1;RSSI];
            G1 = [G1;d_distance];
        end
    end
end
h = h1;
[m1,~] = size(h);
G = [ones(m1,1),G1];     % 将接收功率的式子转化为矩阵形式
x = inv(G'*G)*G'*h;      % 通过最小二乘法得到位置估计
pd0_est = x(1,1);        % pd0 估计
n_est = x(2,1);          % 路径损耗因子的估计
end
```

* * * * * * * * * * * * * TOA 定位算法(TOALLOP.m)* * * * * * * * * * * * * *

```
% TOALLOP 函数
function theta = TOALLOP(A,p,j)
[m,~] = size(A);
k = sum(A.^2,2);
k1 = k([1:j-1,j+1:m],:);     % 取出 J 行
A1 = A([1:j-1,j+1:m],:);     % 取出 J 行
A2 = A1-ones(m-1,1)*A(j,:);
p1 = p([1:j-1,j+1:m],:);     % 取出 J 行
p2 = p(j).^2*ones(m-1,1)-p1.^2 - (k(j)*ones(m-1,1)-k1);
theta = 1/2*inv(A2'*A2)*A2'*p2;  % 利用最小二乘解,得到位置估计
theta = theta';  % 转换为(x,y)形式
```

运行结果如图 7-19 所示。

从图 7-19 的仿真图中可以看出,横坐标表示的是 RSSI 标准偏差,纵坐标表示的是均方根误差(预测值与真实值偏差的平方与观测次数 n 比值的平方根),圆形表示的是理想情况,而矩形表示的是实际情况。当 RSSI 标准偏差比较小时,理想情况与实际情况基本一致,而随着 RSSI 标准偏差的增大,理想情况与实际情况之间的差距也在不断地增加。

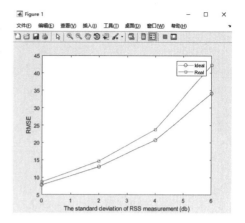

图 7-19　RSSI 仿真结果图

二、TOA 定位仿真

1. TOA 定位原理

TOA 是基于时间的定位方法,亦称圆周定位,它通过测量两点间电波传播时间来计算移动台的位置。如果能获得三个以上基站到移动台的传播时间,那么移动台就在以 (x_i, y_i) 为圆心、以 ct_i 为半径的圆上,就能得到移动台的位置,如图 7-20 所示。

BS_1、BS_2、BS_3 是三个基站,R_i 表示基站 i 与移动台 MS 之间的直线距离,则移动台应该位于半径为 R_i、圆心在基站 i 所在位置的圆周上。记移动台的位置坐标为 (x_0, y_0),基站位置的坐标为 (x_i, y_i),则两者之间满足如下关系。

$$(x_i - x_0)^2 + (y_i - y_0)^2 = R_i^2 \quad (7-23)$$
$$R_i = ct_i \quad (7-24)$$

图 7-20　TOA 定位原理图

在实际的无线电定位中,已知电磁波在空气中的传播速度 c,如果能够测得电磁波从移动台到达基站 i 的时间 t_i,则可以求出基站与目标移动台之间的距离,如式(7-24)所示,取 $i = 1, 2, 3$,联立式(7-23)可以构成三个方程组,从而可以求得移动台的位置坐标 (x_0, y_0)。

2. TOA 定位仿真

TOA 定位仿真程序如下。

```
%功能说明:
%编写两个函数 TOA_LLOP 和 TOA_CHAN 得到位置的估计。
%用 RMSE 实现两种算法的性能比较,得到两种算法的 RMSE 曲线对比图,横坐标为噪声方差,纵坐标为 RMSE。
clear all;
clc;
%接收机的位置坐标,简单实验就可采用少量样本,精准实验必须采用大量样本数量
BS1 = [0,0];
BS2 = [500,0];
BS3 = [500,500];
BS4 = [0,500];
MS = [200,200];            %移动台 MS 的估计位置
std_var = [1e-2,1e-1,1,1e1,1e2];   %范围矩阵
A = [BS1;BS2;BS3;BS4];     %矩阵 A 包含基站的坐标
```

```
% A = [BS1;BS2;BS3];
number = 10000;
for j = 1:length(std_var)      % 从 1 循环到 std_var 的长度
    error1 = 0;         % 初始误差为 0
    error2 = 0;         % 初始误差为 0
    std_var1 = std_var(j);
for i = 1:number    % 多次循环
    r1 = A - ones(4,1)*MS;   % 矩阵 A 减去 4*1 的全一矩阵乘以 MS
    %  r1 = A - ones(3,1)*MS;
    r2 = sum(r1.^2,2);% 矩阵 r1 每个元素分别平方,得到新矩阵,在行求和,最为矩阵 r2
    r = r2.^(1/2) + std_var1 * randn(4,1);% 从移动到位置 MS 发射信号到达基站 i 的 TOA 测量值
    % r = r2.^(1/2) + std_var1 * randn(3,1);
    theta1 = TOALLOP(A,r,1);% 调用 TOALLOP 函数
    theta2 = TOACHAN(A,r,std_var1 ^2);       % 调用 TOACHAN 函数
    error1 = error1 + norm(MS-theta1)^2;
    % norm 是返回 MS-theta1 的最大奇异值,即 max(svd(MS-theta1))
    error2 = error2 + norm(MS-theta2)^2;%移动台 MS 估计位置与计算得到的距离的平方
end
    RMSE1(j) = (error1/number)^(1/2);% 求 TOALLOP 均方根误差
    RMSE2(j) = (error2/number)^(1/2);% 求 TOACHAN 均方根误差
end
% plot
semilogx(std_var,RMSE1,'-O',std_var,RMSE2,'-s')
% x 轴取对数,X 轴范围是 1e-2 到 1e2,Y 轴的范围是变动的
xlabel('测量噪声标准差(m)');
legend('TOALLOP','TOACHAN');
ylabel('RMSE');
legend('TOA-LLOP','TOA-CHAN')
* * * * * * * * * * * * * * TOA-CHA 算法(TOACHAN.m)* * * * * * * * * * * * * *
% TOACHAN 函数:
function theta = TOACHAN(A,p,sigma)
% A 是 BBS 的坐标,P 是范围测量,sigma 是 TOA 测量的方差
[m, ~] = size(A);          % size 得到 A 的行列数赋值给[m,~], ~ 表示占位, 就是只要行 m 的值
k = sum(A.^2,2);   % 矩阵 A 每个元素分别平方, 得到新矩阵, 再行求和, 作为矩阵 K
A1 = [- 2*A,ones(m,1)];    % -2 乘以矩阵 A 与一个 m*1 的全一矩阵, 组成新矩阵 A1,也就是 Gn
p1 = p.^2-k;         % 得到 h
B1 = diag(2*p);         % 得到 B,基站与移动台的真实值
Q1 = diag(ones(m,1)*sigma);          %TOA 协方差矩阵
cov1 = B1*Q1*B1; % 由于 B1 中有 2, 此处就可以省略 4
theta1 = inv(A1'*inv(cov1)*A1)*A1'*inv(cov1)*p1;
% 得到 Za,因为 B 中包含 MS 与个基站之间的距离
cov_theta1 = inv(A1'*inv(cov1)*A1);   % 上式采用扰动算法得
A2 = [1,0;0,1;1,1];             % 得到 Ga'
```

```
p2 = [theta1(1,1)^2;
theta1(2,1)^2;
theta1(3,1)];                          % 得到 h'
B2 = diag([2*theta1(1,1);
2*theta1(2,1);1]);                     % 得到 B'
cov2 = B2*cov_theta1*B2;               % 误差向量的协方差矩阵
theta2 = inv(A2'*inv(cov2)*A2)*A2'*inv(cov2)*p2;    % 运用最大似然估计得到
theta = sign(theta1(1:2,:)).*theta2.^(1/2);          % 得到 MS 位置的估计值坐标,以及符号
theta = theta';% 转换为(x,y)形式
end
* * * * * * * * * * * * TOA-LLOP 算法(TOALLOP.m)* * * * * * * * * * * *
% TOALLOP 函数:
function theta = TOALLOP(A,p,j)
% A 是 BBS 的坐标,P 是范围测量,J 是参考 BS 的索引
[m,~] = size(A);   % size 得到 A 的行列数赋值给[m,~],~ 表示占位,就是只要行 m 的值
k = sum(A.^2,2);% 矩阵 A 每个元素分别平方,得到新矩阵,再行求和,作为矩阵 K
k1 = k([1:j-1,j+1:m],:);% 取出 J 行
A1 = A([1:j-1,j+1:m],:);% 取出 J 行
A2 = A1-ones(m-1,1)*A(j,:);% 得到 D,就是 j 行与其余行对应值相减
p1 = p([1:j-1,j+1:m],:);% 取出 J 行
p2 = p(j).^2*ones(m-1,1)-p1.^2 - (k(j)*ones(m-1,1)-k1);
    % 得到 b,(Rn*Rn - R1*R1 - Kn + K1)其中 Kn 为对应第 n 个 x^2 + y^2
    theta = 1/2*inv(A2'*A2)*A2'*p2;% 利用最小二乘解,得到位置估计
theta = theta';% 转换为(x,y)形式
end
```

运行结果如图 7-21 所示。

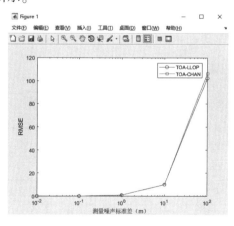

图 7-21　TOA 定位仿真

从 7-21 的仿真图中可以看出,横坐标表示的是测量噪声标准差,纵坐标表示的是均方根误差,圆形表示的是程序中 TOALLOP 算法,矩形表示的是 TOACHAN 算法。可以从图中观察到,TOACHAN 算法的性能要优于 TOALLOP 算法,能对位置进行较为准确的估计。

第五节　高精度定位系统应用实例

高精度定位按应用场合可分为芯片级、板卡级和设备级三种。本节重点介绍设备级 CGI-410 接收机在智能汽车定位中的典型应用,通过学习可掌握其在智能汽车中安装与应用,尤其是对各种参数的理解。

一、接收机简介

1. 简介

CGI-410 是上海华测导航技术股份有限公司采用多传感器数据融合技术将卫星定位与惯性测量相结合,推出的一款能够提供多种导航参数的组合导航产品。产品在卫星定位方面采用全系统多频方案,具有全天候、全球覆盖、高精度、高效率、应用广泛等优点。针对卫星信号易受城市峡谷、建筑山林等遮挡,以及多路径干扰的情况,CGI-410 内置高精度微机电系统(Micro-Electro-Mechanical System,MEMS)陀螺仪与加速度计,支持外接里程计信息进行辅助,借助新一代多传感器数据融合技术,大大提高了系统的可靠性、精确性和动态性,实时提供高精度的载体位置、姿态、速度和传感器等信息,良好地满足城市峡谷等复杂环境下长时间、高精度、高可靠性导航应用需求。

2. 产品特点

(1) 采用高精度定位定向 GNSS 技术,支持 555 通道,支持 GPS、GLONASS、BDS、GSNS 等。

(2) 采用高精度陀螺和加速度计,完善的组合导航算法,提供准确的姿态和厘米级位置信息。

(3) 支持 Wi-Fi 无线接入,支持网页访问,方便用户配置。

(4) 支持 4G 全网通。

(5) 最高支持 100Hz 数据更新率。

(6) 支持外接里程计。

(7) IP67 防水等级。

(8) 紧凑的内部减振技术,振动和冲击适应性强,可靠性高。

3. 产品参数表

CGI-410 接收机的参数见表 7-1。

CGI-410 接收机参数表　　表 7-1

系统精度	姿态精度	0.1°(基线长度≥2m)
	定位精度	单点 L1/L2:1.2m; DGPS:0.4m; RTK:1cm + 1ppm
	数据更新率	100Hz
	初始化时间	1min 以内

续上表

IMU性能指标	陀螺类型	MEMS	
	陀螺量程	±400	
	陀螺零偏稳定性	6°/h	
	加速度计量程	±8g	
	加速度计零偏稳定性	0.02mg	
通信接口	外部接口	3×RS232;1×RS422;1×CAN;1×Micro USB 接口;2×GNSS 天线接口;1×4G 天线接口;1×电源接口	
	无线通信	Wi-Fi:802.11b/g/n; 4G:GSM/GPRS/EDGE 900/1800MHz; UMTS/HSPA+:850/900/2100MHz; LTE:800/1800/2600MHz	

			位置精度(m)		速度精度(m/s)	
组合导航系统性能	中断时间	定位模式	水平	垂直	水平	垂直
	0s	RTK	0.02	0.03	0.02	0.01
	10s	RTK	0.50	0.20	0.06	0.02
	60s	RTK	5.80	2.00	0.30	0.07

二、接收机用户接口

1. 接收机主机和配件

CGI-410 接收机的实物图（正面）如图 7-22 所示。

图 7-22　CGI-410 接收机实物图（正面）

CGI-410 接收机的正面有 4 个 LED 灯（从左至右分别为电源灯、卫星灯、差分灯、状态灯）以及一个 SIM 卡卡槽，见表 7-2。为了达到 IP67 防水等级，用 4 颗螺钉进行固定。

表 7-2　CGI-410 接收机正面介绍

名　称	介　绍
电源灯	红色，通电常亮
卫星灯	蓝色，每隔 5s 闪烁 1 次，表示正在搜索卫星；搜索到卫星后每隔 5s 闪烁 N 次，表示搜索到 N 颗卫星
差分灯	橙色，有差分数据或者 Wi-Fi 连接下闪烁，卫星固定状态，常亮
状态灯	绿色，标定、初始化成功后常亮
SIM 卡卡槽	使用 MICRO SIM 卡，芯片朝下

CGI-410 接收机的前面板如图 7-23 所示。

图 7-23　CGI-410 前面板

CGI-410 接收机前面板中各个接口的介绍见表 7-3。

表 7-3　CGI-410 前面板接口介绍

接口名称	介　绍	接口名称	介　绍
GNSS1	TNC 接口，定位天线	4G	TNC 接口，外接 4G 天线
GNSS2	TNC 接口，定位天线	COM	航空接插件，外接电源以及数据线

CGI-410 接收机的后面板如图 7-24 所示。

图 7-24　CGI-410 后面板

CGI-410 接收机的后面板中只有一个 MINI USB-B 接口，用于数据拷贝。

CGI-410 接收机的配置清单见表 7-4。

表 7-4　CGI-410 接收机的配置清单

名　称	描　述	实物图
CGI-410	主机	

第七章 高精度定位系统

续上表

名　称	描　述	实　物　图
标准配件		
数据线	19Pin 航空接插件	
电源线	用于外接电源	
GNSS 天线转接线	TNC 接头,5m×2	
GNSS 天线	TNC A230GR×2	
吸盘	M90SD×2	
4G 天线	4G 天线 3m	

2. 数据线接口定义

19Pin 数据线主要包括 3 个 RS232,1 个 RS422,1 个 CAN 以及一个电源接口,如图 7-25 所示。

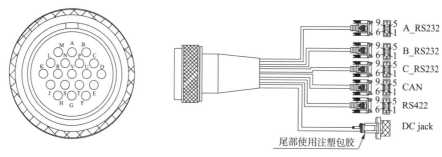

图 7-25　数据线接口

数据线接口定义见表 7-5。

177

数据线接口定义　　　　　　　　　　　　　　　表 7-5

航空 PIN 序	DB9 PIN 序	定义	端口	航空 PIN 序	DB9 PIN 序	定义	端口
G	5	GND	A_RS232	G	3	GND	CAN
T	3	RXD		R	7	CAN_H	
C	2	TXD		F	2	CAN_L	
M	8	PPS		G	5	GND	
G	5	GND	B_RS232	A	4	RXB -	RS422
D	3	RXD		B	2	TXB -	
S	2	TXD		U	1	TXA +	
G	5	GND	C_RS232	V	3	RXA +	
E	3	RXD		K	DC Jack	POWER +	2A 电流
P	2	TXD		H	DC Jack	POWER +	

(1) A_RS23：可通过网页配置，输出 NMEA 数据。可给激光雷达提供 5Hz 的 GPRMC 数据以及 PPS 信号(上升沿信号)。默认波特率为 115200。

(2) B_RS232：可通过 B 口往系统送差分数据。默认波特率为 115200。

(3) C_RS232：可通过网页配置选择输出组合导航融合数据(包括 GPCHC、GPGGA、GPRMC)，最高输出频率 100Hz，默认波特率为 230400。

(4) CAN：可通过网页设置输出组合导航融合数据，默认波特率为 500K。输出频率最高为 100Hz。

(5) RS422：可通过网页选择输出组合导航融合数据(包括 GPCHC、GPGGA、GPRMC)，最高输出频率为 100Hz，默认波特率为 230400。

(6) 电源：输出电源范围 9~32V，电流 2A。

3. 数据协议

(1) GPCHC 数据协议。可以通过 RS232C 口以及 RS422 口输出，默认波特率为 230400，GPCHC 数据协议的部分说明见表 7-6。

GPCHC 数据协议说明　　　　　　　　　　　　　　　表 7-6

字段	名称	说明	格式	举例
1	Header	GPCHC 协议头	$ GPCHC	$ GPCHC
2	GPSWeek	自 1980-1-6 至当前的星期数(格林尼治时间)	wwww	1980
3	GPSTime	自本周日 0:00:00 至当前的描述(格林尼治时间)	ssssss.ss	16897.68
4	Heading	偏航角(0 至 359.99)	hhh.hh	289.19
5	Pitch	俯仰角(-90 至 90)	+/-pp.pp	-0.42
6	Roll	横滚角(-180 至 180)	+/-rrr.rr	0.21
7	gyro x	陀螺 X 轴	+/-ggg.gg	-0.23
8	gyro y	陀螺 Y 轴	+/-ggg.gg	0.07
9	gyro z	陀螺 Z 轴	+/-ggg.gg	-0.06

续上表

字 段	名 称	说 明	格 式	举 例
10	acc x	加表X轴	+/−a.aaaa	0.0009
11	acc y	加表Y轴	+/−a.aaaa	0.0048
12	acc z	加表Z轴	+/−a.aaaa	−1.0037
13	Lattitude	纬度(−90至90)	+/−11.1111111	38.8594969
14	Longitude	经度(−180至180)	+/−11.1111111	121.5150073
15	Altitude	高度,单位(m)	+/−aaaaa.aa	121.51
16	Ve	东向速度,单位(m/s)	+/−eee.eee	−0.023
17	Vn	北向速度,单位(m/s)	+/−nnn.nnn	0.011
18	Vu	天向速度,单位(m/s)	+/−uuu.uuu	0.000

(2)CAN数据协议。

CAN口默认波特率为500K,其部分协议见表7-7。

CAN数据协议说明 表7-7

偏移(bit)	定义	长度(bit)	比例系数	单位	说 明	协 议
0	WeekTime	16	1	周	自1980-1-6至当前的星期数(格林尼治时间)	时间
16	GpsTime	32	0.001	s	自本周日0:00:00至当前的描述(格林尼治时间)	
0	AngRateRawX	20	0.01	deg/s	X轴角速度	IMU角速度原始值
20	AngRateRawY	20	0.01	deg/s	Y轴角速度	
40	AngRateRawZ	20	0.01	deg/s	Z轴角速度	
0	AccelRawX	20	0.0001	g	X轴加速度	IMU加速度原始值
20	AccelRawY	20	0.0001	g	Y轴加速度	
40	AccelRawZ	20	0.0001	g	Z轴加速度	
0	PosLat	32	1E-007	°	纬度	定位经纬度
32	PosLon	32	1E-007	°	经度	
0	PosAlt	32	0.001	m	高度	大地高度
0	AngleHeading	16	0.01	°	航向角	姿态角
16	AnglePitch	16	0.01	°	俯仰角	
32	AngleRoll	16	0.01	°	横滚角	
0	AngRateX	20	0.01	deg/s	X轴角速度	车辆坐标系角速度
20	AngRateY	20	0.01	deg/s	Y轴角速度	
40	AngRateZ	20	0.01	deg/s	Z轴角速度	

4.辅助设备

(1)辅助硬件设备。

①通用设备:十字螺丝刀,用于SIM卡安装。

②测量设备:万用表,用于测量电源电压。
③电源:推荐使用正规厂家适配器,或者蓄电池。
④通信电缆:DB9 串口线、CAN 线等。
⑤电脑或者工控机。
(2)辅助软件。
①串口调试工具:用于数据读取和存储。
②浏览器:推荐使用谷歌浏览器或者微软 Edge 浏览器。
③地图:推荐使用 Google Earth。
④RTK QC:可以直接查看路线轨迹。

三、接收机安装

1. 连接方式

CGI-410 数据线连接方式如图 7-26 所示,其中包含设备主机、GNSS 天线、4G 天线、航空数据线。

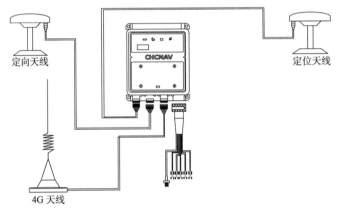

图 7-26　CGI-410 数据线连接方式

2. 车辆安装

GNSS 天线分别旋拧到两个强磁吸盘上并分别固定摆放在测试载体的前进方向和后退方向上,尽可能地将其安置于测试载体的最高处以保证能够接收到良好的 GNSS 信号,同时要保证两个 GNSS 天线相位中心形成的连线与测试载体中心轴线方向一致或平行,如图 7-27 所示。

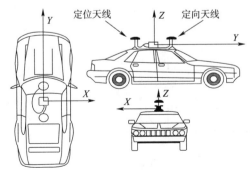

图 7-27　车辆安装

3. 主机安装

将 CGI-410 主机安装在载体上，如图 7-28 所示，主机铭牌上标示的坐标系面尽量与载体被测基准面平行，Y 轴与载体前进方向中心轴线平行。需要注意的是，主机单元必须与被测载体固连，主机安装底面应平行于被测载体的基准面，主机铭牌上标示的 Y 轴指向必须与被测载体的前进方向一致。

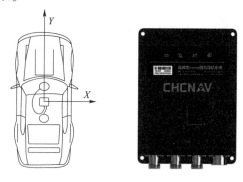

图 7-28　主机安装

四、软件界面

接收机通过内置网页进行操作设置，该网页被集成到接收机固件中。主要包括接收机运行状态、接收机工作模式设置、IMU 操作设置、数据输出设置等各种应用程序的设置。

（1）接收机状态界面。接收机状态主要是查看接收机位置、接收机活动等相关信息。在"接收机位置"中，可查看当前接收机的概略位置、精度因子（Dilution of Precision，DOP）值、使用的卫星、跟踪到的卫星及接收机时钟，如图 7-29 所示。

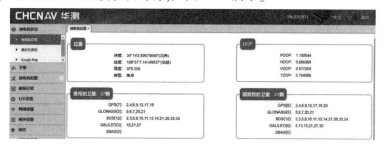

图 7-29　接收机位置界面

在"接收机活动"中可以查看到接收机跟踪到的卫星信息，当前 UTC 时间，存储状态等，如图 7-30 所示。

图 7-30　接收机活动界面

（2）卫星界面。卫星界面可以看到接收机跟踪到的卫星，分别用列表和图表的形式展现跟踪到的每一颗卫星的相关信息，包括卫星编号、卫星类型、高度角、方位角、L1 信噪比、L2 信噪比、L5 信噪比和是否使用等。

例如，点击"卫星跟踪表"，可以查看以图表形式显现的卫星信息，可以勾选所需要查看的卫星类别以及信噪比来查看相关信息，如图 7-31 所示。

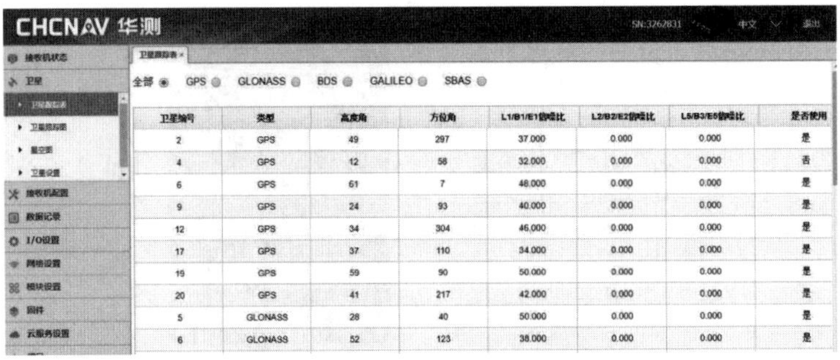

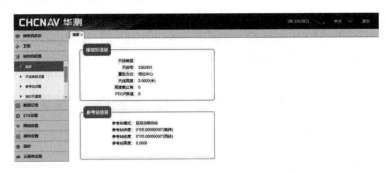

图 7-31　卫星跟踪表界面

（3）接收机配置界面。在接收机配置界面，可以查看到接收机设置的相关信息，对接收机天线类型、参考站位置进行设置，同时可以重置接收机，更改语言等。

例如，点击"摘要"，可以查看接收机信息和参考站的位置信息，如图 7-32 所示。

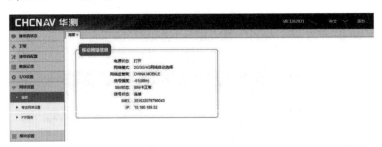

图 7-32　接收机配置界面

（4）网络设置。点击网络设置的"摘要"，可以看到移动网络信息，查看信号强度、SIM 状态、拨号状态等，如图 7-33 所示。

图 7-33　网络设置界面

（5）模块设置。点击"摘要"，可以对接收机的 Wi-Fi 信息进行查看，如图 7-34 所示。需要注意的是，在开启了 Internet 之后，连接接收机 Wi-Fi 的载体就可以使用接收机的网络进行上网，可以关闭 Internet 以免流量使用。

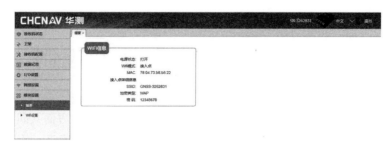

图 7-34　模块设置界面

（6）固件。该界面主要是显示接收机当前的固件信息、硬件版本等功能,如图 7-35 和图 7-36 所示。

图 7-35　固件信息

图 7-36　硬件版本

 本章小结

　　高精度定位系统是智能汽车信息感知的重要组成部分。本章在卫星定位的基本原理即三点定位原理的基础上,着重介绍广泛应用的四点定位技术、GPS、BDS 和差分全球定位系统。此外,对常见车载定位方式,如惯性导航、多传感器融合定位、无线定位技术等做了介绍。最后,以设备级接收机在智能汽车上的应用作为案例,介绍其主要参数、连接方式和通信协议,有助于整体掌握多种定位技术的综合应用。

第八章 智能汽车运动控制

智能汽车的智能化程度由车载环境感知、路径规划和运动控制等方面共同决定。其中,车辆运动控制机构对上层路径规划决策的高效精准响应直接决定了智能汽车的操控性、安全性和舒适性。运动控制系统的任务是根据路径规划决策输出的轨迹曲线,控制车辆的速度与行驶方向,使其完成对规划曲线和速度的精准跟踪。车辆运动控制的执行机构是车辆线控底盘,其通过接受运动控制算法输出的电信号,操控车辆的驱动系统、制动系统与转向系统,实现自动驱动、制动和转向。底盘线控技术与车辆动力学紧密相关,需要在轮胎动力学、纵向动力学、行驶动力学和操纵动力学分析的基础上设计车辆纵向、垂向和横向控制算法。智能汽车运动控制通常将低层级的车辆姿态控制任务交由线控底盘执行,同时利用机器算法技术完成高层级的运动控制。本章将概要介绍底盘线控系统,进而介绍控制理论基础知识以及智能汽车运动控制方法,并使用案例展示部分经典控制方法在车辆运动控制上的应用。

第一节 底盘线控系统

一、概述

智能汽车路径决策控制命令均为数字信号,执行这些命令的运动控制系统也需要采用数字化控制,同时具有较高的控制精度和稳定性,汽车底盘线控(X-By-Wire)技术是实现这种控制的最好的技术途径。线控底盘在获取上层控制器的决策指令后,通过分布在车身各处的传感器实时获取汽车行驶过程中执行机构的各个参数信息,传递给底盘控制器,控制器对这些信息分析处理后,将计算出的控制参数传递给各个执行机构,实现汽车各维度姿态的精准控制,以确保车辆的动力性、制动性、转向性和平顺性。与传统的机械控制系统相比,线控系统降低了车身重量、能源消耗和噪声振动,提高了驾乘舒适性,同时通过模块化底盘设计和大量应用传感器,使得执行机构动作更加灵活精确,便于对底盘各个子系统实施协调控制,保证了汽车整车控制性能。

汽车底盘线控系统主要包括线控转向系统、线控驱动系统、线控制动系统、线控悬架系统以及线控换挡系统等,如图8-1所示。图8-2从控制目标、底盘控制方式、轮胎作用力和车辆运动学等角度展示了各个底盘线控系统之间的耦合关系。下面将重点介绍几种典型底盘线控子系统。

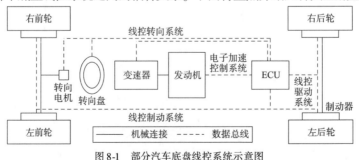

图8-1 部分汽车底盘线控系统示意图

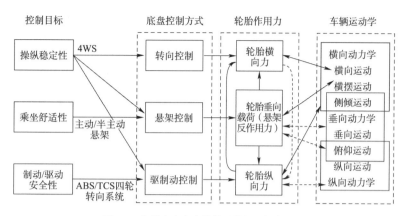

图 8-2 各种汽车底盘线控系统间的耦合关系

4WS-四轮转向系统；ABS-制动防抱死系统；TCS-牵引力控制系统

二、线控转向系统

汽车转向系统经历了机械转向、液压助力转向、电控液压助力转向、电动助力转向的发展过程，目前已经进入线控转向技术发展应用阶段。线控转向系统在传统转向系统的结构基础上，取消了转向盘与转向轮之间的机械传动方式，而是通过 ECU 将转角电信号发送给转向电机来控制转向轮，使转向盘和车辆执行机构成为相互独立的整体。线控转向系统可以实现变传动比控制，提高在低速时转向的灵敏性和高速时转向的稳定性，控制汽车的横摆角速度和质心侧偏角，提高转向稳定性。

线控转向系统主要是由电源、ECU 及机械结构构成，其中根据线控转向系统机械结构及工作原理，可分为转向盘总成和转向执行总成，结构如图 8-3 所示。转向盘总成用来采集驾驶人转向动作并驾驶人提供转向路感，主要由转向盘转角/转矩传感器、路感电机及其减速器构成。转向执行总成用来接受转向指令和执行转向操作，主要包括转向执行电机及其减速器、齿轮齿条机构、转向横拉杆、前轮转角传感器等部件，其中转向执行电机控制器在接收到转向指令后，控制转向电机带动转向横拉杆以实现前轮转向。

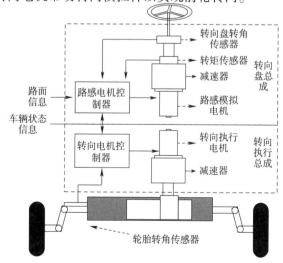

图 8-3 线控转向系统结构示意图

线控转向系统的信号传递流程如图 8-4 所示。转向盘下方的转角传感器感知到驾驶人的转向动作后，通过车辆总线将转向信号传递给 ECU，ECU 结合车速等其他感知信号，根据内部预设的控制程序，计算出前轮转角并发送到转向执行电机完成转向动作。同时，由于转向盘总成和转向执行总成无机械连接，ECU 需要按照对传统转向系统转向阻力的分析，计算出合适的回正力矩传递给转向盘下方的路感电机，向驾驶人提供线控转向系统反馈的转向路感。在完全无需驾驶人参与的高等级自动驾驶汽车中，转向盘总成可能不再有存在的必要性，转向执行总成将直接根据车载计算机的指令完成转向动作执行。图 8-5 所示为耐斯特公司的一款线控转向系统实物图。

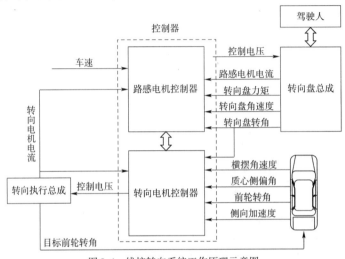

图 8-4 线控转向系统工作原理示意图

图 8-5 耐斯特公司的线控转向系统

三、线控驱动系统

线控驱动系统的作用是通过控制发动机动力输出来调节车速，其主要结构包括加速踏板传感器、车速传感器、伺服电机、控制器等，如图 8-6 所示。线控驱动系统工作原理如图 8-7 所示。线控驱动系统主要采用直接扭矩通信控制和伪加速控制技术实现，两种技术的区别主要在于是否将发动机扭矩通信接口与加速踏板传感器直接相连。直接扭矩通信控制将加速踏板传感器信号通过车辆 CAN 总线与发动机控制器直接相连，发动机通过扭矩控制的方式实现增扭与降扭，进而控制车辆加速或减速。伪加速控制是将加速踏板传感器采集的目标加速度信号接入伪加速控制器中，控制器将加速信号转化为目标电压信号发送给发动机，发动机根据 ECU 中预设的实际车身加速度与目标加速度闭环控制算法的输出，控制车辆加速度。

四、线控制动系统

制动系统用于实现车辆各种制动操作，确保制动安全性与操纵稳定性。传统液压制动系统由制动踏板、真空助力器、制动主缸、轮缸等部件组成，以制动液为压力传递媒介，在驾驶人踩下制动踏板时，真空助力器提供制动助力来驱动制动主缸增压，压力经过制动液传递至轮缸处完成制动。线控制动系统将驾驶人制动动作转换为电信号传递给制动系统，由制动系统自主对车辆进行制动控制的系统。与传统液压制动系统相比,线控制动系统采用电子机械装置替代传统液压机械装置,具有结构简单、响应迅速、建压快速、调压精确、便于实现能量回馈和智能驾驶等优点。典型线控制动系统包括电子液压制动系统(Electronic Hydraulic Brake,EHB)和电子机械制动系统(Electronic Mechanical Brake,EMB)。

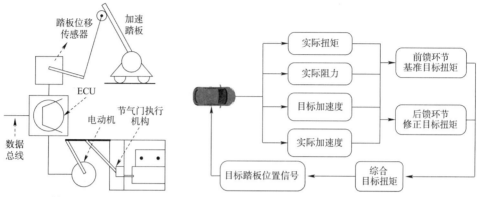

图 8-6　线控驱动系统结构示意图　　　　图 8-7　线控驱动系统工作原理示意图

EHB 是采用液压作为制动力传递介质的线控制动系统,其压力调节通过精密的电磁阀开度控制和开关控制,驱动电机抽取制动液对制动轮缸进行增压,实现制动操作。制动过程中可以通过调整电机转矩控制制动力的大小,系统原理如图 8-8 所示。图 8-9 所示为德国博世公司第二代 iBooster 电助力器式 EHB 系统。与 EHB 相比,EMB 用电子机械结构完全替代了液压控制单元,将电机直接安装在制动钳体上,接收制动指令来驱动摩擦片压紧制动器实现制动,因此其制动响应更加迅速,系统原理如图 8-10 所示。为了保证可靠制动,EMB 需要有车载电源网络备份,另外其电机功率、散热和容错控制的设计指标要高于 EHB。图 8-11 为瑞典 Haldex 公司的 EMB 系统。

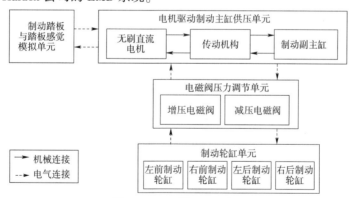

图 8-8　EHB 系统原理示意图

五、线控悬架系统

线控悬架系统也称为主动悬架系统,其能够根据车身高度、车速、转向角度及速率、制动等信号,由 ECU 控制悬架执行机构改变悬架系统的刚度、减振器的阻尼以及车身高度等参数,使车辆具有良好的乘坐舒适性、操纵稳定性以及通过性。从能量耗散方式的角度来说,与主动悬架相对应的还有被动和半主动悬架系统。对于被动悬架系统,路面激励引起车身振动的能量只能由固定参数的悬架系统逐渐耗散,而主动与半主动悬架可根据不同路面激励,通过改变悬架系统参数(悬架刚度或/和阻尼系数)有效改善悬架减振特性。从能量提供方式的角度来说,被动与半主动悬架系统工作无需专门提供动力,属于无源悬架系统,而主动悬架系统需要使用能源对其 ECU 和执行器提供动力,从而对悬架系统输入所需的主动阻尼力,达到衰减振动、调节车身姿态,改善车辆乘坐舒适性和操纵稳定性的目的。

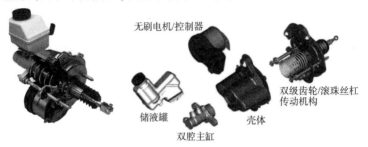

图 8-9　德国博世公司第二代 iBooster 电助力器式 EHB 系统

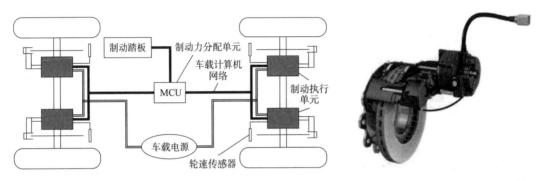

图 8-10　EMB 系统原理图　　　　　图 8-11　瑞典 Haldex 公司的 EMB 系统

图 8-12 所示为丰田公司的 LS400 线控悬架系统组成结构,主要由压缩空气子系统和电子控制子系统组成。工作时,悬架 ECU 根据高度位置传感器采集车身高度信息,通过控制空气压缩机和高度控制电磁阀对空气弹簧的充放气,实现车身高度的调节。同时,ECU 根据加速度传感器、制动灯开关、转向传感器等设备采集车辆运行数据,通过控制悬架控制执行器,调节空气弹簧和减振器的刚度和减振力(阻尼力)。与前几种底盘线控系统相比,线控悬架系统相对独立,且发展相对成熟。

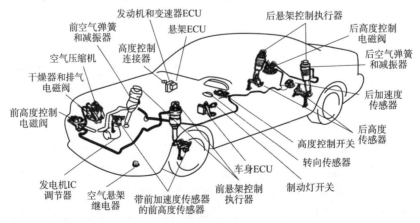

图 8-12　丰田公司的 LS400 线控悬架系统组成结构

第二节 控制理论

一、PID 控制

比例-积分-微分控制(Proportion Integration Differentiation,PID)是实际工程中应用最为广泛的经典控制方法,具有模型结构简单、控制稳定可靠、控制参数易于调整的优势,尤其适用于被控对象数学模型无法精确获知、需要依靠现场调试确定控制参数的应用场景。PID控制根据系统的误差,通过比例(P)、积分(I)和微分(D)三个控制环节,实现对被控对象的超前调整、滞后调整和滞后-超前调整。一般 PID 控制器的结构如图8-13所示。

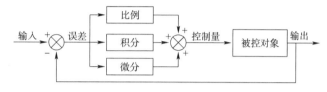

图8-13 一般的 PID 控制结构

其中,比例环节按照控制系统输入与输出的误差值对系统参数进行成比例控制,因此能够快速提升系统响应,但是通常会引起系统超调,产生振荡,使得系统无法稳定在理想状态。积分环节按照系统输入与输出误差的积分值对系统进行调节,主要用于消除系统稳态输出与理想输出之间存在的稳态误差。只要误差持续存在,误差积分值就控制输出持续增大或减小,直至误差为零,积分作用才会停止,输出不再发生变化。因此,使用比例环节和积分环节相结合,可以使系统快速进入稳态,并且消除系统稳态误差。微分环节按照输入与输出误差值的变化率(即微分)进行控制。此环节主要针对比例-积分控制系统中存在的误差消除量滞后于误差变化量的问题,通过将误差消除量的作用"超前",改善调节量作用滞后问题,使得系统超调量减小,稳定性增加,动态误差减小。

二、最优控制

1. 最优控制问题及常见解法

PID 控制在被控对象数学模型无法精确获知的情况下能够取得良好的应用效果,但是需要耗费大量时间进行控制器参数调校,且难以适应具有复杂约束条件的应用场景。如果已知被控对象精确或近似数学模型,采用最优控制方法能够获得理论上的最优控制效果。一个最优控制问题的描述一般包括受控系统运动方程、状态约束条件、目标集、容许控制集、性能指标等部分。

被控对象的状态方程用于描述车辆等动态物体运动过程中遵循的物理规律,经常用一组一阶常微分方程表示:

$$\dot{x}(t) = f(x,u,t) \tag{8-1}$$

式中,$x \in R^n$ 和 $u \in R^r$ 分别为被控对象的状态向量和控制向量;t 为控制过程中的时间点。函数向量 $f \in R^n$ 满足一定的条件使得上述状态方程对于控制向量 u 存在唯一解。当状态向量 x 可以测量时可以用其构建控制律,然而有些场合只能利用系统输出向量 $y \in R^m$ 来构建控制律,y 可用一组代数方程描述:

$$y(t) = g(x,u,t) \qquad (8-2)$$

状态约束条件可用等式或不等式方程来描述：

$$c_1(x,u,t) = 0 \qquad (8-3)$$

$$c_2(x,u,t) \leq 0 \qquad (8-4)$$

状态约束条件可以分为端点约束和过程约束两大类。端点约束指系统变量在起始或结束时刻应满足的约束条件，分别成为起点约束和终端约束。过程约束指在整个控制过程中系统变量需满足的约束条件。针对状态向量的过程约束称为状态约束，针对控制向量的过程约束称为控制约束。

多数情况下，被控对象的初始状态 $x(t_0)$ 是给定的，控制目标为要求终止状态 $x(t_f)$ 满足一定约束。满足约束条件的所有终止状态所构成的集合称为目标集。在一些情形下，在整个控制过程中状态向量和控制向量的特性要求具有一定约束，此类约束通常用状态向量和控制向量的函数的积分来描述，与状态约束条件类似，具有积分型等式约束和积分型不等式约束两种形式：

$$\int_{t_0}^{t_f} L_e(x,u,t)\,dt = 0 \qquad (8-5)$$

$$\int_{t_0}^{t_f} L_i(x,u,t)\,dt \leq 0 \qquad (8-6)$$

式中，L_e 和 L_i 是可积函数。被控对象从初始状态转移到终点状态的过程中，在状态空间留下的运动过程称为状态轨线。满足上述式(8-1)中的系统状态方程，且满足所有端点约束和状态约束的状态轨线称为容许轨线。另外，控制向量 $u(t)$ 通常具有一定约束，满足所有控制约束的控制向量称为容许控制，所有容许控制构成的集合称为容许控制集 U。容许控制 $u(t)$ 代入系统状态方程所得到的解 $x(t)$ 是一条容许轨线，则称 $x(t)$ 和 $u(t)$ 为一容许对。

被控对象的状态在状态空间中从初始状态转移到终端状态，可以通过一系列不同的控制动作序列实现。为了获得最优的控制动作序列，需要设计量化评价指标评价控制动作的优劣，这个指标被称为性能指标，也称为目标函数。在最优控制系统的设计中，性能指标的选取是十分重要的，选取不当则会导致控制系统的性能达不到期望，甚至导致最优控制问题无解。性能指标一般可描述为系统状态向量和控制向量的函数：

$$J = \Phi[x(t_f), t_f] + \int_{t_0}^{t_f} L(x,u,t)\,dt \qquad (8-7)$$

式中，Φ 是终端性能指标函数；L 是可积函数，其积分称为积分性能指标函数，决定了系统状态向量和控制向量在控制过程中的特性。对于不同的控制问题，可以选取适当的终端性能指标函数和积分性能指标函数。基于上述最优控制问题的一般描述，图 8-14 给出了最优控制问题建模和求解方法体系。

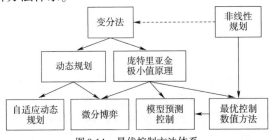

图 8-14 最优控制方法体系

由于上述最优控制问题中的性能指标为泛函形式,所以求解最优控制问题可归结为求解泛函极值问题。变分法是研究泛函极值的一种经典方法,一些简单的(如无约束条件或带有等式约束)的最优控制问题往往可以归结为用变分法求解泛函极值问题。然而经典变分法只能用于控制变量取值范围不受限的情况。作为经典变分法求解最优控制问题的扩展,庞特里亚金最小值原理可以处理控制变量取值范围受限的情况,将最优控制问题转化为求解常微分方程两点边值问题,从而得到最优控制的开环解。同时,最小值原理还能够处理控制变量连续或者不连续的、有约束或无约束的非线性控制问题。然而庞特里亚金极小值原理也存在不易利用反馈的缺点。针对此缺点,模型预测控制在滚动优化环节中获得的开环解的基础上,引入反馈校正环节,利用反馈信息修正包含系统状态方程、状态初值等在内的预测模型。实际工程系统的最优控制问题通常包括有复杂的过程约束,这类问题很难用经典变分法和庞特里亚金极小值原理求解,作为这两种方法的补充,最优控制问题的数值解法常用于工程实际中,这种方法也是模型预测控制的必要求解工具。

另一种解决具有复杂过程约束的最优控制问题的思路是将其转化为多阶段决策问题,即将控制过程划分为若干个相互联系的阶段,在每个阶段中,根据系统状态和控制约束确定该阶段的控制策略;整个过程的控制策略由各子过程的控制决策组合构成,总体性能指标是各子过程的性能指标之和。动态规划是处理这种多阶段决策问题的有效方法,其根据贝尔曼最优性原理,从最后一个阶段开始,到初始阶段为止,逆向递推生成控制策略。这种方法对离散时间最优控制问题和线性二次型控制问题可以取得良好结果,是一种适合于在计算机运算的最优控制问题求解方法。然而,如果控制系统中的状态变量和控制维数过多,采用计算机求解时的计算量和存储量会大幅增长,出现所谓的"维数灾难"。自适应动态规划是一种解决动态规划方法面临的"维数灾难"问题的方法。此方法通过利用一个最优控制问题值函数的近似结构(例如神经网络、模糊模型、多项式等)来估计代价函数,进而按时间正向求解动态规划问题,得到闭环形式的近似最优解。

上述最优控制问题主要用于描述单个被控对象的控制场景,然而在多个被控对象需要协同控制的场景,如多个智能汽车协同行驶,则需要统筹考虑多个被控对象的控制目标和性能指标冲突问题,即连续动态系统的双边最优化问题。微分博弈理论是求解此问题的一种方法,通过构建两个以上博弈者的控制作用同时施加于一个由微分方程描述的运动系统,利用庞特里亚金极小值原理和动态规划方法,求得各参与者随时间演变达到各自目标的博弈平衡。后文介绍的线性二次型最优控制、动态规划与模型预测控制是三种实际应用最为广泛的最优控制方法。

2. 线性二次型最优控制

对于被控对象是线性或者具有可线性化特点的系统,如果将系统状态向量和控制向量的二次型函数的积分作为性能指标函数,则此类最优控制问题称为线性二次型最优控制问题。线性二次型最优控制的目的是使用较小的控制量来实现较小的输出误差,从而达到控制量和误差综合最优,其中的二次型性能指标可以兼顾快速性、能量消耗、终端准确性、灵敏度和稳定性等多种控制目标。此问题定义为选择最优控制 u^* 使得下列二次型性能指标最小:

$$J = \frac{1}{2} e^T(t_f) S e(t_f) + \frac{1}{2} \int_{t_0}^{t_f} \left[e^T(t) Q(t) e(t) + u^T(t) R(t) u(t) \right] \mathrm{d}t \qquad (8\text{-}8)$$

式中，$e(t) = y_r(t) - y(t)$ 为系统实际输出与期望输出的误差；S 为 m 维半正定对称常数矩阵；$Q(t)$ 和 $R(t)$ 分别是 m 维和 r 维正定对称时变矩阵。此性能指标包含三个部分：第一部分 $e^T(t_f)Se(t_f)$ 为终端约束，用于限制终端误差 $e(t_f)$，以确保终端状态 $x(t_f)$ 具有适当的准确性；第二部分 $e^T(t)Q(t)e(t)$ 为过程约束，用于限制过程误差 $e(t)$，以确保系统响应具有适当的快速性；第三部分 $u^T(t)R(t)u(t)$ 为控制约束，用于限制控制量的幅值和平滑性，以保证系统安全平稳运行，同时也可以限制控制动作能耗等其他因素。作为一种综合型性能指标，二次型性能指标设计时需要在不同控制目标间谋求平衡，同时加权矩阵 S、$Q(t)$ 和 $R(t)$ 中各个元素之间的数值比例关系直接影响控制系统工作品质，这些因素都需要考虑在控制器设计中。

上述线性二次型最优控制问题的一般定义可具体化为以下特定问题。

(1) 状态调节器问题。此问题要求控制系统状态维持在平衡状态附近，如果某种原因使得系统状态偏离平衡状态，则对系统进行控制使其回到原先平衡状态。对于线性定常系统，由于任何平衡状态均可通过线性变换转化为零状态，因此通常将系统零状态取为平衡状态。此时，$y_r(t) = 0$，$y(t) = x(t) = -e(t)$，则二次型性能指标变为：

$$J = \frac{1}{2}x^T(t_f)Sx(t_f) + \frac{1}{2}\int_{t_0}^{t_f}[x^T(t)Q(t)x(t) + u^T(t)R(t)u(t)]dt \tag{8-9}$$

状态调节器问题可通过变分法、庞特里亚金最小值原理求解。

(2) 输出调节器问题。此问题要求系统输出维持在平衡状态附近，如果系统完全能观，则此问题可等价转化为状态调节器问题。当系统输出 $y_r(t) = 0$ 时，$y(t) = -e(t)$，则二次型性能指标变为：

$$J = \frac{1}{2}y^T(t_f)Sy(t_f) + \frac{1}{2}\int_{t_0}^{t_f}[y^T(t)Q(t)y(t) + u^T(t)R(t)u(t)]dt \tag{8-10}$$

(3) 跟踪问题。此问题要求系统输出跟踪特定的期望输出并使得性能指标极小，此问题的一种特殊形态是跟踪期望输出为 $y_r(t) = 0$ 的零轨线跟踪问题。此时，$e(t) = y_r(t) - y(t)$，则二次型性能指标满足：

$$J = \frac{1}{2}[y_r(t_f) - y(t_f)]^T(t_f)S[y_r(t_f) - y(t_f)]$$
$$+ \frac{1}{2}\int_{t_0}^{t_f}\{[y_r(t) - y(t)]^TQ(t)[y_r(t) - y(t)] + u^T(t)R(t)u(t)\}dt \tag{8-11}$$

理论上，线性二次型最优控制问题是其他许多控制问题的基础，许多控制问题可以转化为线性二次型最优控制问题来处理。

3. 动态规划

动态规划是一种解决复杂最优控制问题的有效方法，其理论基础是贝尔曼最优性原理，即对于多级决策过程的最优策略，无论其初始状态和初始决策如何，当把其中的任何一级和状态再作为初始级和初始状态时，其余的决策必定也是一个最优决策。基于此原理，开展动态规划时需要将一个最优控制问题分解为多个相互关联的子问题。需要注意的是，某些子问题应当在后续决策中被多次使用到，否则动态规划的优势无法充分体现。另外，分解出的子问题应满足无后效性的要求，即前一阶段决策结果只能影响当前阶段，不能影响后续阶段，即动态规划属于马尔科夫决策过程 (Markov Decision Process)。

使用动态规划求解最优控制问题时，需要先求解最终一个子问题的最优解，再自底向上向原问题逐步求解。为了实现逐步求解，需要将公式 (8-1) ~ (8-7) 所描述的被控对象为连续系统的情况,从时间、状态方程、性能指标等方面进行离散化,则 n 阶离散系统的状态方程 $x(i+1)$、初始状态 $x(0)$ 以及性能指标为:

$$\begin{cases} x(i+1) = f[x(i), u(i)] \\ x(0) = x_0 \\ J_N = \theta[x(N)] + \sum_{i=0}^{N-1} L[x(i), u(i)] \end{cases} \tag{8-12}$$

式中,性能指标 J_N 的下标 N 表示从 $u(0)$ 到 $u(N-1)$ 进行 N 级控制,即 N 级决策。离散最优控制问题为求取最优控制序列 $[u^*(0), u^*(1), \cdots, u^*(N-1)]$,使性能指标 J_N 达到极小(或极大)值。基于离散最优控制系统定义,贝尔曼最优性原理可描述为:如果 $[u^*(0), u^*(1), \cdots, u^*(N-1)]$ 是离散系统最优控制问题在初始为 $x(0)$ 时的 N 级控制的最优控制序列,那么 $[u^*(j), u^*(j+1), \cdots, u^*(N-1)]$ 也是该最优控制问题在初态为 $x(j) = f[x(j-1), u(j-1)]$ 的后 $N-j$ 级控制的最优控制序列(其中,$j = 0, 1, \cdots, N-1$)。具体来说,动态规划算法执行步骤为:划分决策阶段;从首段决策到末段决策,递归定义最优解的代价;从最终段决策至首段决策,逆向计算优化解的代价,保存构造最优解的信息;根据构造最优解的信息构造最优解。从首段决策开始,如果已经求出其最优控制量 $u^*(0)$,则用 $u^*(0)$ 和系统初始状态 $x(0)$ 求出状态 $x(1)$:

$$x(1) = f[x(0), u^*(0)] \tag{8-13}$$

根据最优性原理,如果 $u^*(0)$ 已被求出,那么求 $u^*(1)$、$u^*(2)$、$\cdots u^*(N-1)$ 的问题构成一个初态为 $x(1)$ 的 $N-1$ 级最优控制问题,该问题的性能指标 J_{N-1} 极小值为:

$$\begin{aligned} J^*_{N-1}[x(1)] &= \min_{u(1), \cdots, u(N-1)} \{J_{N-1}[x(1), u(1), \cdots, u(N-1)]\} \\ &= \min_{u(1), \cdots, u(N-1)} \{L[x(1), u(1)] + \cdots + L[x(N-1), u(N-1)] + \theta[x(N)]\} \end{aligned} \tag{8-14}$$

根据最优性原理,可以获得 N 级最优控制问题性能指标最优值 $J^*_N[x(0)]$ 与后 $N-1$ 级最优控制问题性能指标最优值 $J^*_{N-1}[x(1)]$ 之间递推关系:

$$J^*_N[x(0)] = \min_{u(0)} \{L[x(0), u(0)] + J^*_{N-1}[x(1)]\} \tag{8-15}$$

同理,可以得到:

$$\begin{cases} J^*_{N-1}[x(1)] = \min_{u(1)} \{L[x(1), u(1)] + J^*_{N-2}[x(2)]\} \\ x(2) = f[x(1), u^*(1)] \end{cases} \tag{8-16}$$

$$\begin{cases} J^*_{N-2}[x(2)] = \min_{u(2)} \{L[x(2), u(2)] + J^*_{N-3}[x(3)]\} \\ x(3) = f[x(2), u^*(2)] \end{cases} \tag{8-17}$$

由此可得到面向离散系统的动态规划基本方程的一般形式:

$$\begin{cases} J^*_{N-j}[x(j)] = \min_{u(j)} \{L[x(j), u(j)] + J^*_{N-j-1}[x(j+1)]\} \\ x(j+1) = f[x(j), u^*(j)] \end{cases} \tag{8-18}$$

式中,$j = 0, 1, \cdots, N-1$。

上述应用贝尔曼最优性原理求解最优控制问题的方法适用范围十分广泛,当离散过程十分精细时可以获得很高的计算精度。然而,当控制过程较长或系统变量较多时,精细的离散化过程所带来的高维变量和长控制时间将带来很大的计算和存储代价,造成所谓的"维数灾难"问题。另外,如果系统是线性的,而且性能指标函数是状态和控制输入的二次型形式,则其最优控制策略是状态反馈,可以通过求解对应的标准 Ricatti 方程求得。但是,如果系统是非线性的或者性能指标函数是非二次型的,就需要求解(Hamilton-Jacobi-Bellman,HJB)方程来获得最优控制策略,然而 HJB 方程是一种偏微分方程,求解其解析解较为困难。此问题采用后续介绍的基于神经网络的自适应动态规划算法求取近似解的方法进行处理。

4. 模型预测控制

模型预测控制(Model Predictive Control,MPC)是一种用于改进经典和现代控制理论缺陷的方法。作为经典控制理论的代表,PID 控制主要采用单回路控制机制,然而当被控对象的系统组成更加复杂时,这种缺乏变量间耦合信息的单回路控制难以取得良好的全局性能,无法适应有多变量和复杂约束的系统控制要求。相较而言,现代控制理论在系统优化和镇定方面的优势能够提供更高的控制质量,但是也存在需要精确数学模型、对环境不确定性较为敏感、计算方法较为复杂等缺陷,限制了在实际场景中应用。

MPC 借鉴了经典控制中的反馈校正和现代控制理论中的优化思想,利用过程模型来预测系统在一定控制作用下未来的动态行为,在此基础上根据给定的约束条件和性能要求,采取在线不断进行的有限时域优化,滚动求解最优控制量并实施控制,并在滚动每一步通过检测实时信息修正对未来动态行为的预测,实现对控制量的反馈校正。图 8-15 所示为 MPC 原理。与经典 PID 控制相比,MPC 具有优化和预测能力,能够将长时间跨度的最优控制问题分解为若干个更短时间跨度或者有限时间跨度的最优控制问题,并且在一定程度上追求最优解。与现代控制理论相比,MPC 不在实施控制前求解控制律,而是在滚动过程的每一个周期,求解一个有限时域开环最优控制问题来获得其当前控制序列,且只执行第一个控制动作,便进入下一个滚动周期,从而避免了一次性的全局优化。

具体来说,MPC 可分为模型预测、滚动优化和反馈校正三个环节。模型预测环节根据被控对象的历史状态、假设的未来输入和给定的未来控制策略,预测被控对象未来的状态,并判断约束条件是否满足以及被控对象性能指标的优劣,为开展后续滚动优化奠定基础。图 8-16 所示为模型预测示意图。

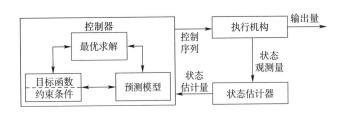

图 8-15 MPC 原理

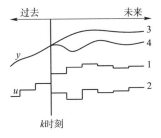

图 8-16 模型预测示意图
1-控制策略I;2-控制策略II;3-对应于I的输出;4-对应于II的输出

滚动优化环节通过优化控制性能评价指标来确定未来的控制动作,性能指标中的系统未来动态行为由预测模型根据未来控制策略计算获得。图 8-17 所示为滚动优化示意图。与一般意义上的离散最优控制不同,滚动优化过程不是一次离线完成的,而是反复在线生成有限时域内的优化策略。在每个滚动周期内算法只优化从该时刻起到未来有限的时间内的系统性能指标,到下一个采样时刻时,优化时段会同时向前移动。

反馈校正环节是为模型预测环节和滚动优化环节构成的是开环优化策略提供闭环控制,从而避免模型失配、未知扰动等因素可能导致的系统运行偏离理想结果。开展反馈校正需要在每个滚动周期内进行优化求解控制之前,先检测被控对象的实时状态,并利用检测信息刷新和修正提供给下一个滚动周期的信息,使得下一周期的模型预测和优化控制更接近实际需要。图 8-18 所示为反馈校正示意图。以图 8-19 所示的车辆轨迹跟踪为例,车辆从某个初始状态出发,采用模型预测控制机制使得车辆能够到达并最终以期望速度跟踪期望轨迹。图 8-20 所示为车辆轨迹跟踪控制示意图。

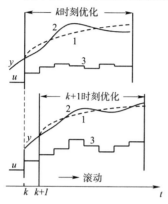

图 8-17　滚动优化示意图

1-参考轨迹;2-预测最优输出;3-最优控制作用

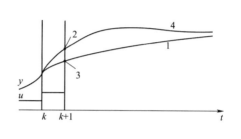

图 8-18　反馈校正示意图

1-k 时刻的预测输出轨线;2-$k+1$ 时刻的实际输出;3-预测误差;4-$k+1$ 时刻经校正后的预测输出轨线

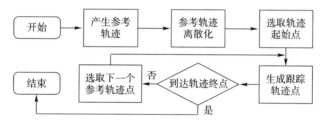

图 8-19　车辆轨迹跟踪控制流程

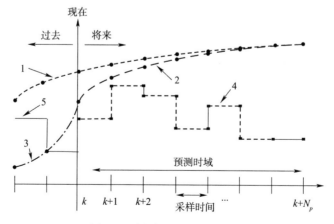

图 8-20　车辆轨迹跟踪控制示意图

1-参考轨迹;2-预测输出;3-测量输出;4-预测控制量;5-已执行控制量

三、智能控制

智能控制是控制理论、人工智能、运筹学和信息论等学科交叉融合产生的一种自动控制理论,主要用于解决以下传统控制理论难以处理的问题。

(1)系统建模难。传统控制理论需要通过建立系统数学模型,利用系统性能指标对控制器进行反馈矫正。但是很多复杂非线性系统的精确数学模型和性能指标难以获取。在传统控制理论框架下,此问题常见的解决方法包括将非线性系统转化为线性系统,进一步利用线性二次型最优控制的方法解决,或者利用滑模控制、反步法等非最优控制方法进行处理。

(2)状态观测难。包含很多组成模块的复杂系统状态是难以观测的,但是传统控制理论需要依赖系统内部状态信息进行反馈控制。当系统内部状态难以观测时,状态反馈控制就难以实施,此时需要利用系统输入和输出信息设计控制器,当传统控制方法难以实现此功能。

(3)控制约束难。实际系统的控制输入需要受到执行机构机械、动力等方面复杂的约束,这种约束主要反映在控制器的性能指标函数上。当不考虑控制器约束时,往往采用二次型性能指标函数,当考虑控制器约束,则需要设计非二次型性能指标函数,这会增加控制器的求解难度。

(4)扰动处理难。如何对未知外部扰动进行建模和处理是实际控制系统需要解决的问题。鲁棒控制是一种常见的处理方法,然而在复杂非线性系统的鲁棒控制中,传统控制方法难以处理最坏外部干扰信号建模和最优控制器求解问题。

与传统控制方法重视理论严谨性、求解精确性和结果最优性相比,智能控制理论更为重视对所需解决问题的系统建模、交互环境开发和求解快速性,有时甚至将被控对象看作黑盒,基于控制系统的输入和输出,利用系统与外部环境,或者模型内部所定义性能指标之间的交互,实现自主学习和自主控制。常见的智能控制理论包括模糊控制、神经网络控制、专家系统、强化学习控制等。下面将介绍几种常见智能控制理论的原理。

1. 模糊控制

模糊控制是以模糊数学理论为基础,用模糊集合的方法表示变量、用模糊语言构建控制器、用模糊逻辑设计控制规则的一种自动控制理论。模糊控制器主要由模糊化、知识库、模糊推理和清晰化等模块组成,如图8-21所示。模糊化模块用于将定量化的输入变量和控制系统输出变量变换成模糊控制器可处理的模糊集合标识符。知识库由数据库和规则库构成,反映了控制对象和控制目标相关知识的集合,其中数据库存放所有输入、输出变量的全部模糊子集的隶属度矢量值,规则库存放了一系列使用关系词将专家知识翻译为可供控制使用的模糊规则。模糊推理模块根据输入模糊量,由模糊控制规则完成模糊推理来求解模糊关系方程,获得模糊控制量。清晰化模块将获得的模糊控制量转换为可供控制器执行的控制量输出。模糊控制系统性能的优劣取决于模糊控制器的结构、模糊规则、推理算法和模糊决策方法等因素。

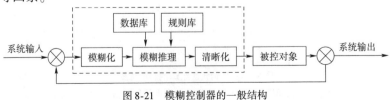

图8-21 模糊控制器的一般结构

2. 神经网络控制

作为一种常见的智能算法,神经网络(Neural Network,NN)方法具有高度并行的结构、学习能力、非线性函数逼近以及容错性等特性。图 8-22 所示为径向基(Radial Basis Function,RBF)神经网络,其由输入层、隐藏层和输出层三层网络节点组成,输入层的节点代表被拟合函数的自变量,隐藏层节点采用 RBF 函数对输入变量进行非线性变换,输出层节点将隐藏层的输出进行线性组合作为 RBF 神经网络的输出。

神经网络在控制系统中主要发挥辨识功能或控制功能。神经网络辨识器(Neural Network Recognizer,NNR)利用其通用逼近特性,利用测量到的被控对象的输入输出状态来调整网络权值参数,实现对被控对象数学模型的辨识。神经网络控制器(Neural Network Controller,NNC)可以作为反馈控制系统的控制器,与被控对象串联使用。另外,神经网络也可以在控制系统中承担优化计算任务,或者与其他智能控制或优化算法融合使用时为其提供优化参数、推理模型和故障诊断等功能。下面介绍几种包含 NNC 的控制系统架构。

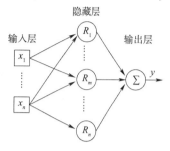

图 8-22 径向基神经网络

作为误差闭环系统的反馈控制器,图 8-23a)中的 NNC 首先利用已有控制样本进行离线训练,然后以系统误差的函数作为自学习算法的评价函数进行在线学习。图 8-23b)所示的自适应逆控制框架,首先使用神经网络离线学习被控对象传递函数的逆函数,将其作为被控对象的前馈串联 NNC 实施开环控制,然后 NNC 根据系统理想输入和实际输出的反馈误差继续在线学习被控对象的逆模型,以解决开环控制缺乏稳定性的问题。图 8-23c)所示的神经网络内模控制框架,使用 NNR 逼近被控对象的模型,并将被控对象与 NNR 并联,NNC 不直接逼近被控对象的逆模型,而是间接学习对象的逆动态特性。图 8-23d)所示的神经网络模型参考直接自适应控制框架中,NNC 首先离线学习被控对象的逆模型,并与被控对象构成开环控制,然后 NNC 根据参考模型的输出与被控对象输出的误差函数进行在线训练,使得误差函数最小。需要注意的是,上述作为控制器的 NNC 通常需要进行离线预训练,并利用训练结果进行系统设计,而训练效果较大程度上依赖训练样本的准确性,而训练样本则由建模者选取,因此为系统控制效果带入了人为不确定因素,采用下文介绍的强化学习方法可以回避此问题。

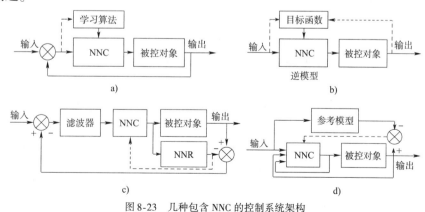

图 8-23 几种包含 NNC 的控制系统架构

图 8-23 中所示的神经网络控制模型均设计了学习机制(图中虚线所示),使得模型具有

一定的自适应控制能力。事实上,神经网络作为一种通用的函数逼近器,在自适应控制中得到了广泛的研究和引用,并且被引入动态规划领域,产生了基于神经网络的近似动态规划或自适应动态规划(Approximate/Adaptive Dynamic Programming,ADP)算法,用来解决上文中传统动态规划方法存在的问题。ADP算法是基于图8-24所示的执行器-评价器(Actor-Critic,AC)学习机制构建的,由执行器、评价器和被控对象等3个模块组成。其中,执行器将一种行为或策略应用于被控对象,评价器用于评估这种行为产生的价值,并根据评估值采用某种方式更新策略行为,然后持续循环迭代。这3个模块均可用神经网络逼近,其中被控对象可采用NNR逼近其动态特性,执行器可用来逼近最优控制策略,评价器可用来逼近最优性能评价指标函数。评价器的参数更新是基于上文提到的贝尔曼最优原理进行的,这样可以减少动态规划的前向计算时间,还可以在线响应未知系统的动态变化,使其对网络结构的某些参数进行自动调整。

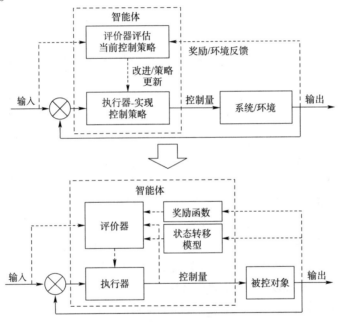

图8-24 自适应动态规划

上述基于神经网络的自适应动态规划算法均采用基本人工神经网络实现,存在网络结构设计与学习参数优化、学习过程易陷入局部极小值、算法收敛性理论有待完善等问题。另外,当系统复杂程度变高、系统模型无法获取或系统具有多重迟滞环节时,基础的神经网络难以逼近系统函数,下文介绍的强化学习控制可有效解决这些问题。

3. 强化学习控制

与神经网络类似,强化学习是机器学习的一个研究领域,解决的是一类序列决策问题,即智能体如何通过在环境中不断探索、尝试学得一个最优策略,使智能体能够获得最大的累计奖励。在图8-25所示的强化学习框架内,t时刻智能体处于状态$x(t)$,若智能体根据策略$\pi(t)$执行动作$u(t)$,则智能体进入新的状态$x(t+1)$,同时得到奖励$r(t)$。此过程可被表征为马尔科夫决策过程(X,U,P,R,γ),其中X为状态集,U为智能体可能执行的动作集,P为状态转移概率矩阵,R为奖励函数,γ为折扣因子。强化学习的目标就是给定一个马尔可夫决策过程,找出一个最优策略$\pi(u|x)=p[U(t)=u|S(t)=x]$,使得从$t$时刻起智能体通过

选择一系列的动作使累积奖励最大。

图 8-25 中展示了强化学习框架在智能汽车面对过街行人进行自主制动的控制系统中的应用。由于行人过街行为多变,因此环境不确定性强,传统基于规则的车辆控制方法难以覆盖,而在强化学习控制框架下,智能体通过传感器获取本车速度、连续步长的本车相对于行人的横向和纵向位置,通过不断训练可以获得理想的制动减速度。对于此类多阶段优化控制问题,智能体可以使用从环境中采样的数据,而无需对环境精确建模,这对于无法获取系统准确数学模型的优化控制问题十分适用。同时,强化学习算法采用统计理论进行决策优化,因此对不同的优化目标以及约束条件具有较强的适应性。

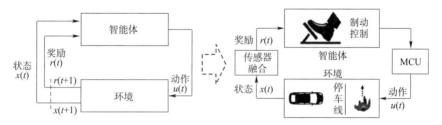

图 8-25 强化学习基本框架及应用

广义上,上文所述的基于神经网络的自适应动态规划算法属于强化学习算法的一种,二者都旨在解决序列决策问题,所采用的总体框架类似(图 8-24 中的执行器和评价器可看作一个智能体),均存在智能体与环境的迭代交互。二者的区别在于,强化学习算法并不必需智能体与环境的交互模型,此模型通常采用马尔科夫决策过程的状态转移模型进行建模。强化学习算法可以直接根据与环境的交互信息实现马尔科夫决策过程的优化机制。基于此区别,可将强化学习算法分为图 8-26 所示的有模型和无模型两类。

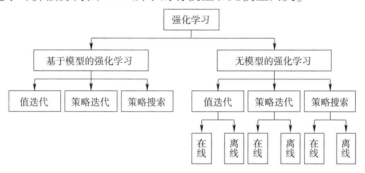

图 8-26 强化学习算法分类

对于无模型强化学习算法,由于智能体与环境的交互模型未知导致学习算法无法评估每一步产生的策略质量,智能体只能基于行为"探索(exploration)-利用(exploitation)"机制进行动作选择、环境交互和获得奖励。这种机制通过对智能体与环境交互的样本数据的学习去获得策略,可以与基于神经网络的自适应动态规划中的 NNR 和 NNC 的交互关系对照理解。行为探索指不采用当前策略的随机化搜索,以收集更多信息,与 NNR 输入相对应;行为利用指采用当前策略进行行为选择的优化,以做出当前信息下的最佳决定,与 NNC 参数优化设计对应。由于可用的试探次数有限,因此需要较好地权衡探索与利用关系,才能使累计奖励最大化。无模型的强化学习既有在线学习算法,也有离线学习算法,代表性算法包括 Q 学习、蒙特卡洛、深度 Q 网络、确定性策略梯度、深度确定性策略梯度等。有模型的强化学习代表性算法包括启发式动态规划、二次启发式动态规划、全局二次启发式动态规划、目标启发式动态规划等。

上文所述的基于神经网络的自适应动态规划算法存在难以处理具有多重迟滞环节的系统控制问题,对应的实际应用问题是,系统执行一个动作所取得的效果需要经过一段时间才能获知,后续观测到的信号可能是一个动作序列中很早之前的某个动作所引起的。若要解决此问题,需要系统学习机制具有较强的预测能力,能够将延迟后的获得的学习信息有效进行时间信度分配。强化学习中的时域差值算法能够较好解决时间信度分配问题,所以此方法及其衍生方法拓展了强化学习适用范围。

第三节 车辆运动控制

一、概述

智能汽车运动控制系统是以自动控制理论为基础、以行驶道路和车辆自身非受控部件为外界环境、以底盘线控系统为控制器和执行机构的复杂自动控制系统。根据控制目标的不同,车辆运动控制问题可以分为路径跟踪和轨迹跟踪两类。路径跟踪中的参考路径与时间参数无关,而轨迹跟踪中的参考轨迹是依赖于时间参数的函数,因此前者实现相对简单,对控制器响应的时效性要求也较低。为了实现控制目标,智能汽车需要根据周围环境和车体位置、姿态、车速等信息,按照特定的控制逻辑做出决策,并分别向加速、制动及转向等底盘线控系统发出控制指令,开展纵向控制、横向控制以及横纵向协同控制。纵向控制需要控制车辆按照预定的速度巡航或与前方动态目标保持一定的距离,反映了车辆的速度跟踪能力。横向控制需要控制车辆沿规划的不同曲率的路径行驶,并保证车辆的平稳性与乘坐舒适性,反映的是车辆的路径跟踪能力。横向控制和纵向控制通常需要协同联调,共同确保车辆行驶的安全性和稳定性。

二、纵向控制

智能汽车的纵向控制可采用直接式或分层式控制系统结构,通过控制制动踏板、加速踏板等改变车辆速度,采用控制精度和执行动作的平滑程度作为控制性能评价的关键指标。直接式控制由一个纵向控制器给出所有子系统的控制输入,而分层式控制需通过设计上位和下位控制器来实现车辆的纵向控制的目标。下面简要介绍这两种控制结构。

1. 直接式纵向控制

如图8-27所示,直接式纵向控制根据期望的速度或跟随距离,通过纵向控制器输出期望制动压力或节气门开度,采用闭环控制的方式实现对跟随距离和速度的直接控制。直接式控制具有系统集成程度高、响应快的优点,但是由于直接将车辆纵向动力学系统视为非线性多变量系统,控制效果易受到前方动态目标及障碍物变化的影响,依赖较多的状态信息,开发难度显著增加,系统的灵活性较差。

2. 分层式纵向控制

分层式纵向控制通过设计上、下位控制器来实现智能汽车纵向控制的目标,其结构如图8-28所示。上层控制器根据距离或速度闭环得到期望加速度或期望转矩,下层控制器协调驱动和制动指令跟踪上层控制器给出的期望值,为车辆提供期望制动压力或驱动力,通过闭环结构完成纵向控制。上层控制器通常负责与横向运动控制模块的交互,以及与第九章介绍的车辆轨迹规划模块的交互,而下层控制器负责根据车辆动力学系统输出控制指令。

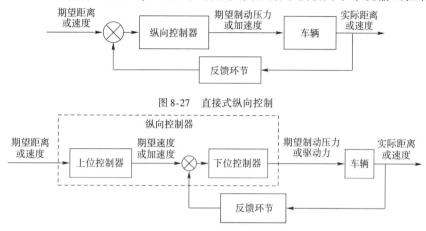

图 8-27 直接式纵向控制

图 8-28 分层式纵向控制结构

三、横向控制

智能汽车通过计算车辆的期望轨迹与车辆实际位置之间的横向位置偏差,控制改变转向盘扭矩或角度,实现车辆对期望轨迹的跟踪。按照期望行驶轨迹获取方式划分,智能汽车的横向控制可分为非预瞄式和预瞄式。非预瞄式横向控制中的期望轨迹由外部传感系统提供,如安装在道路上的电缆或磁道钉,或者高精度地图系统。预瞄式横向控制中的期望轨迹由车辆自身根据车载激光雷达或摄像头获取的信息经过处理后获得。目前采用依赖自车环境感知设备导航的车辆多使用预瞄式车辆横向控制,这种方法具有获取信息量大、控制自主性强等优点,但是需要消耗较多车载计算资源。随着车路协同技术的发展,路侧感知和车路协同技术不断发展,基于非预瞄式横向控制技术有望在未来得到进一步发展。

图 8-29 所示为一种基于预瞄跟随控制理论的横向控制流程,此理论对转向车辆驾驶人的观察和车辆操控行为进行了建模。在车辆转向过程中,驾驶人会根据道路曲率和行驶车速将转向盘转动一定的角度,并通过不断观察车辆实际运行位置与道路中心线间的横向位移偏差和航向角偏差,调整转向盘转角来减小这些偏差,实现准确快速地跟踪其所期望的行驶路径。图 8-29 所示横向控制系统,首先根据预瞄跟随控制理论与设计侧向加速度最优跟踪 PD 控制器得到车辆横向控制参数,接着以车辆纵向速度及道路曲率为控制器输入、预瞄距离为控制器输出,构建预瞄距离自动选择的最优控制器,实现汽车横向运动的自适应预瞄最优控制。相对于纵向控制来说,车辆横向控制所涉及的系统控制变量更多,控制系统架构更为复杂,图 8-30 展示了一种线控转向执行控制策略。

四、集成控制

智能汽车线控驱动/制动、线控转向和线控悬架系统在结构连接、电控信息和受力传递方面存在一定的耦合关系(图 8-2),随之而来也存在各系统间的冲突,在运动控制方面主要体现在:

(1) 同一个车辆运动控制目标可以通过多个控制系统的执行机构实现，相应的，同一控制变量也可用于不同控制系统去实现不同控制目标；

(2) 虽然各个运动控制系统的控制目标不同，但是车辆动力学耦合会导致一个运动控制系统的输出可能会对其他系统的输入产生干扰；

(3) 无论各个运动控制系统的控制目标是否统一，其执行机构最终都将通过轮胎产生控制所需的力或力矩，而由于轮胎的特性，一个控制系统的轮胎作用力将与其他控制系统对同一轮胎上的作用力相互影响。

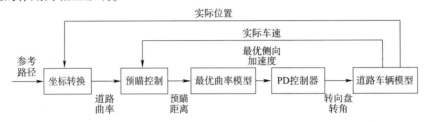

图 8-29　基于预瞄跟随控制理论的横向控制流程图

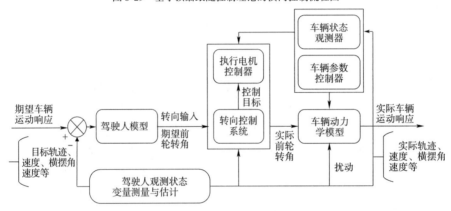

图 8-30　线控转向执行控制策略

因此，各个底盘线控系统除了需要完成各自的功能外，还需要相互协调和共同作用，以提高车辆的整体性能。为了解决此问题，线控底盘集成控制系统从系统工程的角度出发，通过对各个线控系统的协调控制，降低或消除它们之间的耦合影响，实现对车辆整体性能的优化。从控制系统架构来说，集成控制系统可分为分层控制和仲裁控制两类。分层控制在车辆的环境感知、决策控制、指令执行等环节进行不同程度的耦合，采用分层渐进的方式对不同底盘线控系统进行控制。仲裁控制在各底盘线控系统之间引入调节机制，以各个系统间的逻辑关系以及控制指令作为输入，以车辆状态的安全稳定为总前提，动态判断各个系统质量的有效性，以第三方的角度对各个系统进行调节。

图 8-31 所示为一种常规汽车的全线控分层式集成控制系统框架。其中，辨识与估计层是实现线控系统集成控制的重要前提，其通过传感器对汽车状态和路面条件进行估计、对驾驶人意图和特性辨识、对车辆行驶工况进行辨识。集成控制层和力分配层是车辆集成控制策略的核心部分，最终通过各个线控系统作动器构成的执行层来实现。

对于具有辅助驾驶功能的智能汽车，对驾驶人行为建模与应用、驾驶人意图辨识等环节仍然需要保留，通过将人的因素考虑到车辆集成控制之中，能够提升人-车闭环控制系统的品质。对于更高等级的自动驾驶智能汽车，辨识与估计层中的驾驶人环节将被高等级驾驶决策系统所替代,但是在后续的控制层级中,仍需维持类似的系统集成框架。

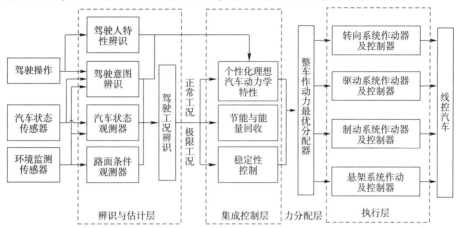

图8-31 分层式线控底盘集成控制系统框架

第四节 运动控制算法实例

一、仿真方法

Carsim是一款在国内外广泛应用的车辆控制系统建模与分析软件。此软件主要基于车辆参数进行整车动力学仿真,同时能够通过三维动画真实呈现出仿真车辆在不同的驾驶人操作、不同路面条件、不同行驶环境下的表现,验证仿真车辆的行驶平顺性、制动性和操纵稳定性。用户能够利用软件中车辆子系统界面来详细定义车辆特性参数,保证仿真车辆模型接近真实车辆。软件中的试验工况界面能够详细定义试验环境和过程,满足不同工况下的试验要求。Carsim主要由前处理模块、数模求解模块和后处理模块组成,如图8-32所示。

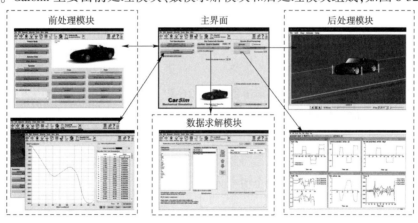

图8-32 Carsim操作界面组成示意图

(1)前处理模块。此模块包括能够被用户调用的三个标准数据库,分别为含有车辆各子系统特性参数的整车模型数据库,含有加速、制动、转向等驾驶工况数据库,含有路面特性、空气动力学等外部环境数据库。通过这些数据库,用户能够对仿真车辆、行驶状态和仿真环境进行配置或定义。

(2) 数模求解模块。此模块主要使用龙格-库塔等数值求解的方法求解非线性车辆数学模型,用户可以在该模块中设置仿真时间和仿真步长,并根据仿真精度需求选择不同数值求解方法,或者利用C语言接口和Simulink接口使用用户自定义的数值求解方法。

(3) 后处理模块。此模块用于仿真回放和绘制各个变量的结果曲线。用户能够通过回放三维动画来直观了解车辆的动态响应,能够通过变量曲线图观测关键参数的特性曲线。

图 8-33 所示的 Carsim 和 Simulink 联合仿真能够利用 Carsim 内置的接口与 Simulink 中生成的 S 函数连接,方便用户在 Simulink 中设计控制策略及算法,在 Carsim 中进行车辆控制算法仿真实验。下面使用 Carsim 和 Simulink 联合仿真介绍几种车辆运动控制仿真案例。

图 8-33　Carsim 与 Simulink 联合仿真环境示意图

二、预瞄跟随控制

本节使用 Carsim 和 Simulink 对预瞄跟随控制进行联合仿真。

1. 模型推导

首先给出预瞄跟随控制的理论推导。选择二自由度车辆模型作为参考模型,则车辆状态方程为:

$$\begin{cases} \dot{\beta} = -\dfrac{a_1}{mv_x}\beta - \left(1 + \dfrac{a_2}{mv_x^2}\right)\omega + \dfrac{2C_f}{mv_x}\delta_f \\ \dot{\omega} = -\dfrac{a_2}{I_z}\beta - \dfrac{a_3}{v_x I_z}\omega + \dfrac{2l_f C_f}{I_z}\delta_f \end{cases} \tag{8-19}$$

式中: β——质心侧偏角;

ω——横摆角速度;

v_x——汽车纵向速度;

δ_f——前轮转角;

m——整车质量;

I_z——整车绕铅垂轴转动惯量;

$a_1 = 2C_f + 2C_r, a_2 = 2C_f l_f - 2C_r l_r, a_3 = 2C_f l_f^2 + 2C_r l_r^2$;

C_f, C_r——前、后轮胎等效侧偏刚度;

l_f, l_r——整车质心至前、后轴距离。

若前轮转角保持恒定,汽车的状态将趋于稳态,即 $\dot{\beta}=0, \dot{\omega}=0$。代入式(8.19)得到汽车横摆角速度 ω 对转向盘转角 δ_{sw} 的稳态增益为:

$$G_\omega = \dfrac{v_x}{i_{sw} L(1 + K v_x^2)} \tag{8-20}$$

式中,i_{sw} 为转向盘转角和前轮转角的角传动比;L 为汽车轴距;$L = l_f + l_r$;K 为汽车稳定性因数,其值与汽车参数的关系为:

$$K = \dfrac{m(l_r C_r - l_f C_f)}{2 C_r C_f L^2} \tag{8-21}$$

假设汽车作平面运动,且汽车的纵向速度在 t_p 时段内保持不变,则影响汽车行驶轨迹的车身状态主要有纵向速度 v_x、侧向速度 v_y、侧向加速度 a_y、横摆角速度 ω 和横摆角加速度 $\dot{\omega}$。为方便描述,将这些车身状态变量整合定义为汽车状态矢量 x。若存在某个汽车轨迹预测函数 $P(x)$,能够根据当前时刻的汽车状态 $x(t)$ 计算出汽车经过 t_p 后的侧向位移 $y(t+t_p)$,即有 $y(t+t_p)=P[x(t)]$,那么可通过期望式、增量式或二者集成的方法求出理想的转向盘转角。

(1) 期望式:如果存在某个汽车状态 x_d,函数 $P(x)$ 预测该状态下汽车在 $t+t_p$ 时刻的侧向位移与期望侧向位移 $f(t+t_p)$ 相等,即 $P(x_d)=f(t+t_p)$,则认为 x_d 为期望的汽车状态。若能求得 x_d,则可根据汽车状态参数与转向盘转角之间的增益来确定 δ_{sw}^*。但是 x_d 各参数之间相互关联,往往难以获得所有状态参数的期望值。因此,可简化为只求解其中一个参数,并认为其他状态参数从 t 到 $t+t_p$ 保持不变。例如,求得期望的横摆角速度为 ω_d,则理想的转向盘转角为 ω_d/G_ω。

(2) 增量式:已知期望横摆角速度为 ω_d,那么当前时刻横摆角速度 ω 与 ω_d 的偏差 $\Delta\omega = K_w\Delta\delta_{sw}$。若当前时刻的转向盘转角为 δ_{sw}^0,驾驶人此时对汽车施加额外的转向盘转角 $\Delta\delta_{sw}$,使得该转角增量补偿横摆角速度偏差 $\Delta\omega$,即有 $\Delta_\omega = K_\omega\Delta\delta_{sw}$,其中 K_ω 为反馈系数。进而易得到理想转向盘转角为:

$$\delta_{sw}^* = \delta_{sw}^0 + \Delta\delta_{sw} = \delta_{sw}^0 + \frac{\omega_d - \omega}{K_\omega} \tag{8-22}$$

(3) 期望式与增量式集成:驾驶人决策出的转向角度由两部分组成,即:

$$\delta_{sw}^* = \delta_{sw}^0 + \Delta\delta_{sw} \tag{8-23}$$

式中,δ_{sw}^0 为驾驶人根据驾驶经验决策出的期望转角,可由期望式方法计算得到,体现了驾驶人对汽车稳态特性的掌握能力;$\Delta\delta_{sw}$ 为驾驶人根据汽车实际状态增加的修正转角,可由增量式方法计算得到,体现了驾驶人对汽车特性以及驾驶环境改变时的适应能力。

预瞄过程可以简化为一个恒定横摆角速度过程。假设车辆在未来一段时间内保持不变的横摆角速度 ω,且由于 v_y 常远小于 v_x,可认为合速度 $V = \sqrt{v_x^2 + v_y^2}$ 的大小保持不变。在该假设条件下,车辆在未来一段时间内将作匀速圆周运动,且合速度的方向始终与其轨迹相切。图 8-34 描述了所预测的车辆行驶轨迹,其中 G 点为汽车当前时刻的质心位置,预测车辆经过 t_p 后的质心位置为 C 点,两点之间的轨迹是半径为 R 的圆弧,X-Y 为惯性坐标系,M 为车辆轨迹的圆心,θ 为圆弧轨迹所对应的圆心角,P 为目标路径上的预瞄点,当前时刻车辆航向角为 ψ。X_G 和 Y_G 为车辆坐标系,Δf 为预瞄点与车辆的侧向偏差,x_{GC} 和 y_{GC} 分别表示车辆在 X_G 轴和 Y_G 轴方向的位移,GB 沿着车辆合速度方向且与车辆轨迹相切于 G 点。

由图 8-34 可知,$\angle CGA = \angle CGB + \beta$,而 $\angle CGB$ 为车辆圆弧轨迹的弦切角,根据弦切角等于其对应弦的圆心角的一半的性质,可得 $\angle CGA = \theta/2 + \beta$。那么 C 点的侧向偏差为:

$$y_{GC} = \tan\left(\frac{\theta}{2} + \beta\right)x_{GC} \tag{8-24}$$

首先采用期望式方法来求取当前时刻的理想转向盘转角。经过 t_p 后,车辆质心的理想位置应该为 P 点,即图 8-34 中 C 点与 P 点重合,$\angle PGA = \angle CGA$,$y_{GC} = \Delta f$。根据作匀速圆周运动的假设,可知圆心角等于汽车在 t_p 内所转过的角度,则 $\theta = \omega t_p$。又因为 v_y 远小于 v_x,则有车辆在 X_G 轴方向的位移 $x_{GC} \approx v_x t_p$。若只求解理想的横摆角速度 ω_d,求解式(8-24)可得理想的转向盘转角为：

$$\delta_{sw}^* = \frac{\omega_d}{G_\omega} = \frac{2\left[\arctan\left(\frac{\Delta f}{v_x t_p}\right) - \beta\right]}{t_p G_\omega} \quad (8\text{-}25)$$

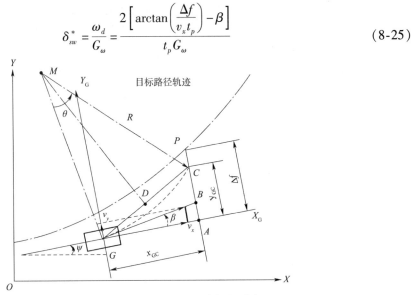

图 8-34　恒定横摆角速度假设下的汽车轨迹预测

再运用增量式方法来计算理想的转向盘转角，由式(8-24)求得 ω_d 再代入式(8-23)可得增量式转向盘转角为：

$$\delta_{sw}^* = \delta_{sw}^0 + \frac{2\arctan\left(\frac{\Delta f}{v_x t_p}\right) - 2\beta - t_p \omega}{t_p K_\omega} \quad (8\text{-}26)$$

至此，预瞄跟随控制的关键控制变量转向盘转角推导完成。

2. 模型仿真

利用 Carsim + Simulink 联合仿真的方式对上述数学模型进行仿真。首先在 Carsim 中设置好道路以及车辆的关键参数，这里选取如图 8-35 所示的连续弯道作为测试道路。选取前轮驱动的 C 类车作为实验车辆，部分车辆参数见表 8-1。之后设置 Carsim 的输入输出参数，如图 8-36 所示，其中输入参数为车辆的转向盘转动角度，输出为车辆的纵向车速（VxBf_SM）、横摆角速度（AVz）、质心侧边角（Beta）、预瞄点的横向偏差（L_DRV）、目标轨迹（X_Target、Y_Target）、实际轨迹（XCG_SM、YCG_SM）。

图 8-35　测试道路

模拟车辆参数说明　　　　　　　　　　　表 8-1

物理量	Ixx（kg/m²）	Iyy（kg/m²）	Izz（kg/m²）	质量（kg）	长度（m）	宽度（m）
参数	606.1	1523	1523	1274	2.578	1.739

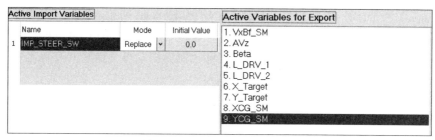

图 8-36　Carsim 输入输出变量设置

之后将模型导入 Simulink，按照之前推导的公式构建 Simulink 模型，如图 8-37 所示。

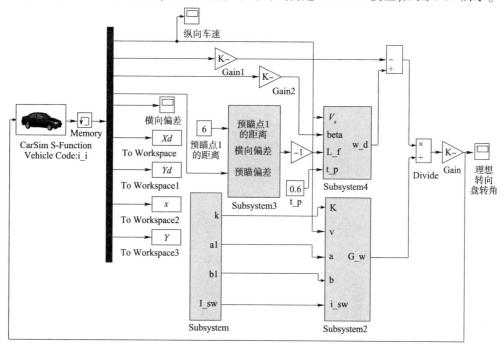

图 8-37　预瞄跟随控制 Simulink 模型

其中，Subsystem3 用于计算横向偏差，具体内容如图 8-38 所示。
Subsystem 用于计算式(8-20)中的参数 i_{sw}，内部框图如图 8-39 所示。

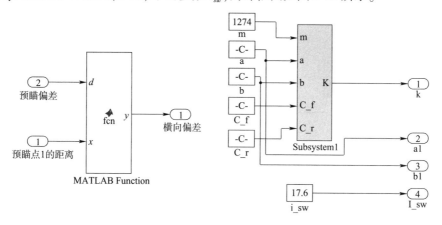

图 8-38　Subsystem3 的 Simulink 模型　　　图 8-39　Subsystem 的 Simulink 模型

Subsystem2 用于计算式(8-20)的稳态增益 G_ω,如图 8-40 所示。

Subsystem4 使用式(8-25)计算期望理想转向盘转角。最终的横向偏差曲线如图 8-41 所示。由图中可以看出,横向偏差值较小,预瞄跟随控制算法取得了良好的控制效果。

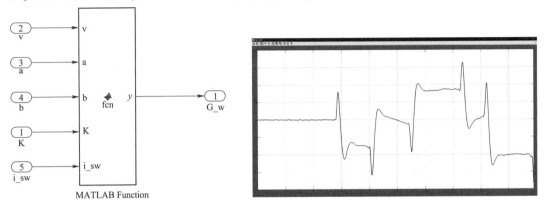

图 8-40　Subsystem2 的 Simulink 模型　　　　图 8-41　预瞄跟随控制横向偏差曲线

三、PID 控制

这里使用 Carsim 与 Simulink 联合仿真对经典 PID 控制算法进行测试。Carsim 的基本设置与预瞄跟随控制相同,Simulink 模型如图 8-42 所示。

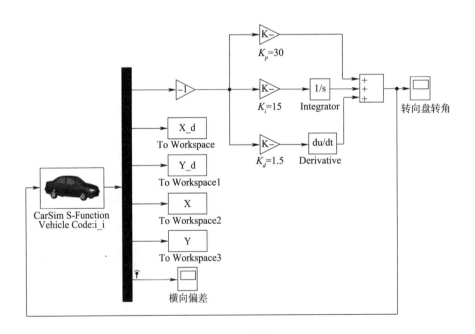

图 8-42　PID 控制 Simulink 模型

由上图可以看出,预瞄点的横向偏差(L_DRV)作为 PID 控制器的输入信号,经过 PID 控制,可以得到转向盘的转角,作为 Carsim 模型的输入来控制车辆。其中 PID 控制模块如图 8-43 所示。

由上图可以看出,PID 控制模块的主要参数有 K_p、K_i 和 K_d,分别控制比例、积分和微分环节。其中比例控制由一个增益器组成,积分环节由一个增益器以及积分器实现,微分环节由一个增益器以及微分器组成,最后通过一个累加器对控制结果进行输出。最终模型得到的转向盘转角与横向偏差曲线如图 8-44 和 8-45 所示。

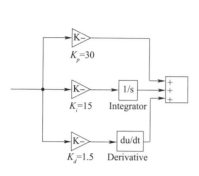

图 8-43　PID 控制模块

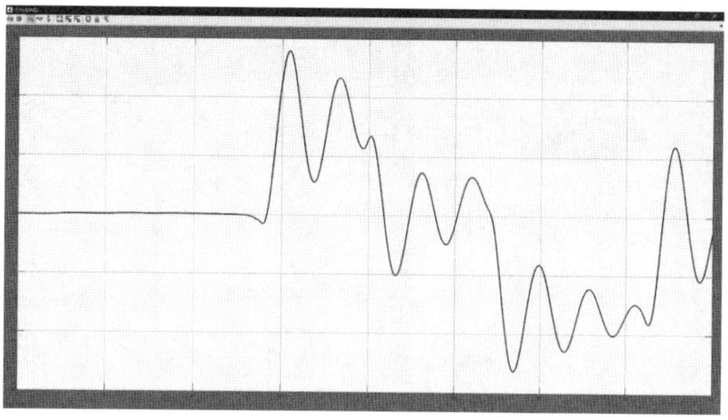

图 8-44　转向盘转角曲线

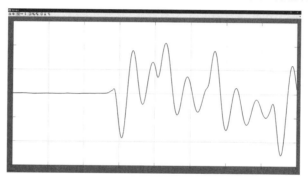

图 8-45　横向偏差曲线

四、模糊 PID 控制

模糊 PID 控制利用模糊逻辑并根据一定的模糊规则对 PID 的参数进行实时的优化,以克服传统 PID 参数无法实时调整 PID 参数的缺点。车辆通过传感器采集道路信息,确定当前距离道路中线的偏差 E 以及当前偏差和上次偏差的变化 E_c,根据给定的模糊规则进行模糊推理,最后对模糊参数进行解模糊,输出 PID 控制参数,模糊 PID 控制的方框图如图 8-46 所示。

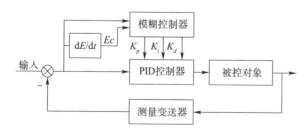

图 8-46　模糊 PID 控制方框图

在 Carsim + Simulink 联合仿真中,Carsim 的相关设置与上文的预瞄跟随控制仿真相似,在 Simulink 中参考图 8-47 搭建控制过程,其中 Fuzzy Logic Controler 为 Simulink 中的模糊工具箱。CarSim S-Function 可以理解为图中的被控对象。

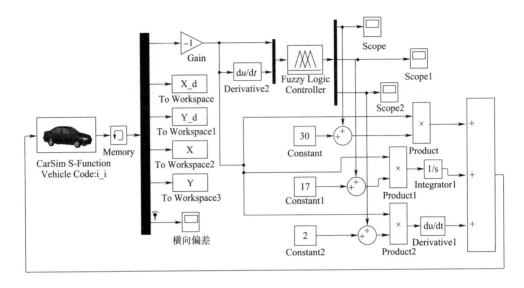

图 8-47 模糊 PID 控制器

由上图可以看出 Carsim S-Function 输出的首个变量即预瞄点的横向偏差（L_DRV）作为控制模型的输入，将其输入到模糊控制器中，之后输出 PID 参数，并利用其对模型进行控制。最终获得的横向偏差曲线如图 8-48 所示。由偏差曲线可以看出，模糊 PID 的横向偏差处于较低的水平，说明模糊 PID 算法取得了良好的控制效果。

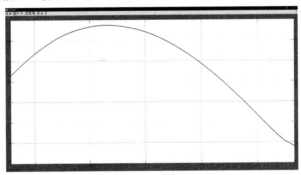

图 8-48 模糊 PID 横向偏差曲线

 本章小结

本章按照理论依据、控制方法、控制实践的顺序介绍了智能汽车控制方式。首先介绍现代汽车的线控系统，分别对线控转向、线控驱动、线控制动和线控悬架系统进行描述。然后介绍车辆控制领域常用的控制理论，包括经典控制理论与现代控制理论，并且将每种控制理论的基本概念、数学推导和具体应用进行了详细的描述，为智能汽车的控制提供理论依据。最后介绍了预瞄控制等具体控制案例，并使用 Carsim + Simulink 联合仿真对部分控制方法进行了仿真实验。

第九章　智能汽车路径规划

路径规划是智能汽车核心功能,旨在安全、合理、高效地为车辆规划从出行起点至终点的行驶路径,并将规划结果输出至第八章介绍的车辆运动控制模块,进而交由车辆底盘执行机构实施。本章将从路径规划方法概述、行驶环境建图和三大类路径规划方法等方面介绍智能汽车路径规划的相关知识。

第一节　基本概念

智能汽车安全可靠的行驶需要环境感知、预测以及规划控制等多个模块的协同配合工作,如图 9-1 所示。路径规划模块承接上层感知预测结果、建图和定位结果、网联通信信息,依次完成路由寻径(Routing)、行为决策(Behavioral Decision)、动作规划(Motion Planning)三类任务,并将规划输出的运动轨迹传送至车辆运动控制模块,供其完成轨迹跟踪和车辆控制。

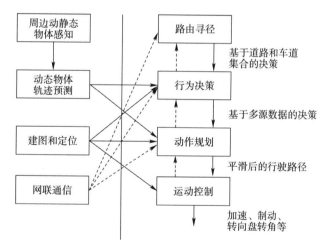

图 9-1　感知、规划和控制信息交互

一、路由寻径

路由寻径的作用是在道路网络层面上指导智能汽车规划控制模块选择一条最优(时间最短、距离最短等)行驶路径,从而实现从出行起点到达出行终点的目标。路由寻径任务既可以在出行前离线进行,也可以在行驶中不断迭代规划。例如,国家自然科学基金委组织举办的"中国智能车未来挑战赛"中,比赛组织方赛前会提供比赛的路网定义文件,各参赛队伍可以根据此文件开展全局期望路径规划。值得注意的是,虽然路由寻径的功能在初级发展阶段类似已有的车载或手机导航软件,但未来将紧密依赖于专门为智能汽车导航绘制的高精地图。在高精地图所定义道路网络上,路由寻径模块需要基于特定的最优策略定义,计算出一个从起点到终点的最佳行驶道路序列。通常可将路网上的路由寻径任务抽象成一个在带权有向图上的最短路径搜索问题。

路由寻径模块首先会在路网地图上一定范围内所有可能经过的道路上进行分散"撒点",这些点代表了对智能汽车可能经过的道路抽样,点与点之间由有向带权的边连接,边的权值代表智能汽车从一个点行驶到另一个点的潜在代价。基于有向带权图,路由寻径任务可采用 A^* 算法、Dijkstra 算法等方法得以解决。

二、行为决策

当路由寻径模块确定智能汽车在路网上的行驶路线后,直接供下层的行为决策模块使用。根据具体任务不同,行为决策模块的输出指令较为多样,包括车道跟车、遇到交通信号灯和行人时等待避让、在路口和其他车辆的交互通过等。假设在特定行车场景中,路由寻径的输出要求智能汽车保持在当前车道行驶,而当车辆感知到本车道前方有一辆汽车减速行驶时,行为决策模块需要决定车辆需要在本车道减速跟车,还是变换到相邻车道以加速绕行超过前方车辆。行为决策模块与上层路径寻由模块和下层动作规划模块可能存在交互影响。一方面,行为决策结果有可能影响到上一层的路径寻由。在上述场景中,如果智能汽车决定变换到相邻车道行驶,而相邻车道可能导致车辆偏离原先设定的目的地,这种情况下路径寻由模块需要重新为车辆规划行驶路线。另一方面,行为决策结果不仅是运动规划模块的输入,有时运动规划的执行结果也可能会使得上一轮行为决策规划结果失效,从而重新进行行为决策。仍以上述场景为例,如果车辆换道后加速绕行原车道前车失败,可能会放弃绕行决策退回原车道继续跟随行驶。鉴于上述原因,在智能汽车软件系统中,行为决策模块的输出逻辑需要与上下层功能模块逻辑配合一致,具体设计时,有时为独立的功能模块,有时与其上下层功能模块融合。

智能汽车需要在汇聚多源多类信息的基础上做出行为决策,这些信息主要包括:

(1)路由寻径结果。智能汽车为了到达目的地所需进入的目标车道。

(2)车辆当前状态。自车位置、速度、朝向、所处车道、路径寻由结果指向的后续目标车道等。

(3)历史决策信息。上个周期的车辆行为决策结果,如跟车、停车、转弯、换道等。

(4)周边障碍物信息。车辆周边一定距离范围内的动静态障碍物信息,例如道路及附属设施、临近机动车和非机动车的速度、位置、方向角、短时行驶意图和轨迹。

(5)周边交通标识和交通规则。例如道路限速、标志标线、前方路口信号灯等。

由于智能汽车所处理的信息类型复杂多样,且驾驶场景多变,因此行为决策需依赖的理论方法通常高度复杂,国内外众多自动驾驶研究团队均提出了各自的行为决策算法。在 DARPA 自动驾驶车辆竞赛中,斯坦福大学团队开发的自动驾驶车辆系统"Junior"利用一系列代价函数和有限状态机来设计自动驾驶车辆的轨迹和操控指令,如图 9-2 所示。卡耐基梅隆大学的自动驾驶车辆系统"Boss"则通过计算分析车道之间的空隙,并且按照一定规则和预设阈值来决定换道决策的触发。Odin 和 Virginia Tech 等参赛团队也利用规则引擎来决定自动驾驶车辆的驾驶行为。在学术研究领域,有不少学者采用如马尔科夫决策过程等随机概率模型对智能汽车行为决策机制进行建模,但是工业界仍倾向于采用基于规则的确定性模型。

第九章 智能汽车路径规划

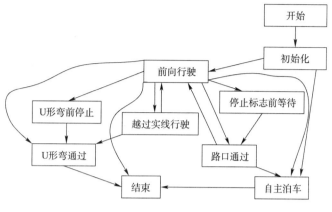

图 9-2 Junior 行为决策系统

三、运动规划

运动规划模块旨在基于特定环境地图上，在一个较小时空区域内为智能汽车规划一条满足车辆动力学、安全性、舒适性等约束的无碰撞路径。此模块需要具备对上层全局路径规划结果的跟踪能力，以及对行为决策结果的执行和反馈能力。进行运动规划时，以车辆所在局部坐标系为准，根据车辆定位信息将全局期望路径转化到局部坐标系中作为局部路径，由于车辆在行驶过程中通常保持连续运动状态，所以局部路径点上车辆的位置、航向和转弯半径是连续变化的。每个路径点的坐标和切向方向为车辆位置和航向，路径点的曲率半径为车辆转弯半径，从而为下层的运动控制模块提供导向信息。

与多自由度机器人的运动和姿态规划任务相比，由于智能汽车通常在二维空间中运动，因此其运动规划的空间维度相对较低，运动规划模块的输出变量限于转向、驱动、制动等少量变量。然而，实际道路上的行车场景极为复杂多变，智能汽车进行运动规划时所需的感知和通信信息量远超工作环境相对固定的多自由度机器人，因此需要针对城市一般道路、城市快速路与高速公路、停车场、交通管制路段等各类行驶工况中的各类行车场景制定特定的运动规划方法。

由于行为决策模块和运动规划模块的任务紧密联系，所以在智能汽车系统设计时，二者通常共享感知、通信与定位信息（图 9-1）。这种冗余设计出于两方面考虑。一方面，如果仅依赖行为决策模块传递感知结果，那么运动规划模块将忽略在行为决策模块计算完成前出现的新感知物体，这会带来行车安全隐患；另一方面，如果二者共享信息，则即使行为决策模块出现了问题，运动规划模块仍然拥有环境感知、地图定位等完整信息，仍能确保基本行车安全。

四、路径平滑

车辆实际运行轨迹总表现为类似螺旋线的平滑曲线，而运动规划模块输出的通常为由离散点构成的局部路径折线，难以供车辆底盘直接执行跟踪控制，因此通常需要将路径折线进一步优化为二维平面上的时空曲线，即进行路径平滑。路径平滑中常使用曲线拟合方法，常见的拟合方法包括 B 样条曲线法、QP 算法等。

根据与局部路径上离散点的空间关系，曲线拟合方法可分为"点点通过法"和"平均通过法"两种。点点通过法指，拟合曲线通过运动规划算法输出的所有离散路径点，进而根据拟合所得曲线方程以足够小的步长通过插值获取相邻离散点之间若干个数据点的坐标，并用直线连接。点点通过法适用于上层运动规划算法输出精度较高的情形，输出的路径平滑曲线也被称为插值曲线。平均通过法指，拟合曲线不通过上层运动规划模块输出的所有离散路径点，而是最小化拟合曲线与离散路径点之间的距离，使得拟合曲线的走势反映了这些路径点的变化趋势。平均通过法适用于上层运动规划算法输出精度不足导致离散路径点存在误差的情形，输出的拟合曲线也称为逼近曲线。当运动规划模块输出的离散路径点数量较多时，较难一次性生成面向所有点的拟合曲线方程，因此采用分段拟合（也称样条拟合）方法进行路径平滑，采用这种方法时需要注意确保不同分段之间的平滑过渡。如图9-3所示，虚线为运动规划生成的离散路径点，实线为路径平滑后的实际路径。

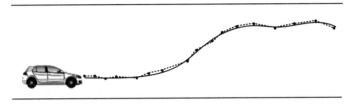

图9-3　运动规划和路径平滑

需要指出的是，除了上述先产生离散路径点、再进行离散点间轨迹平滑的方式以外，也可采用轨迹规划算法生成可供智能汽车底盘实际跟踪执行的行驶轨迹。这种方法会将车辆动力学、轮胎动力学、驾乘舒适等微观因素纳入轨迹规划中，最后生成一条考虑行驶速度、加速度、曲率、曲率高阶导数等车辆底盘控制直接相关的运动变量的轨迹。鉴于此类算法与第八章介绍的车辆线控系统密切相关，因此这里不做赘述。

第二节　路径规划算法分类

智能汽车行驶环境是一个二维空间，其中包含有车、人和道路设施等动、静态障碍物，车辆在此空间中进行路径规划。对于图9-1所示的路径规划任务分层，在路网层面进行路由寻径，或者在车辆稀疏的条件下进行行为决策，车辆可以看作空间中的质点，障碍物可根据车辆尺寸进行扩展。然而，在复杂条件下进行行为决策和动作规划时，路径规划任务中需要明确描述和定义临近空间中物体几何模型，即进行环境地图建模。根据是否进行环境地图构建，路径规划方法可分为基于地图构建的路径规划和不依赖地图构建的路径规划。对于前者，在完成环境地图建模后，路径规划程序会为车辆寻找一条从起始点到目标点的满足特定最优准则的路径。基于地图构建的路径规划方法可分为基于图搜索的路径规划、基于采样的路径规划和基于人工智能的路径规划三类，每类都包含一系列算法，如图9-4所示。本章将详细介绍这三类算法。

对于非地图构建路径规划方法，包括模版匹配和人工势场两类算法。模版匹配算法主要依赖智能汽车过往行驶经验规划路径，当模板匹配成功时会取得较好效果。如果没有足够的路径模版，就难以找到与当前状态匹配的路径，所以此方法主要适用于由静态障碍物构成的行驶环境。相较而言，人工势场法将车辆运动视为在虚拟人工受力场中的运动，障碍物对车辆产生斥力，目标点对车辆产生引力，引力和斥力的合力作为车辆的控制力，算法控制车辆避开障碍物到达目标。但是此方法存在局部极小点、引力和斥力场设计时存在人为不确定因素、障碍物较多时计算量过大等问题,这些缺陷是人工势场路径规划方法在实际应用中需要解决的问题。

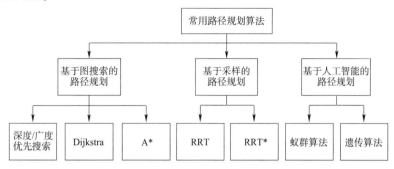

图9-4 常用路径规划算法

第三节 静态环境地图构建

精准的行驶环境地图对于确保智能汽车路径规划的安全高效具有重要意义。行驶环境地图构建方法主要分为静态环境建图和动态环境建图两类。由于动态环境建图与车辆定位和感知设备密切相关,属于前沿性研究,而静态环境建图发展相对成熟,本节将主要介绍静态环境建图技术。

一、拓扑法

拓扑法的基本思想是降维,即将在高维几何空间中求解最优的问题转化为低维拓扑空间中的连通性判别问题。拓扑法将智能汽车所处环境用图形来表示,不同的地点用点表示,不同点的相邻可达性用弧来表示。建图流程是先将车辆所处整体空间划分为具有拓扑特征一致的子空间,再分析各个子空间之间的连通性,据此建立拓扑网络。智能汽车在此拓扑网络上寻找起始点到目标点的最优拓扑路径,最后将拓扑网络中的最优路径还原至实际几何路径。这种方法能够确保找到无碰撞路径,有效降低路径搜索范围,且无需对车辆位置进行定位,具有良好的鲁棒性,如图9-5所示。此方法的难点在于建立合适的拓扑空间,即将实际道路网络抽象为合适的拓扑网络结构,但是现实中精准构建能够较好模拟实际环境的拓扑网络难度较大,同时在新增障碍物的情况下,对已有网络的更新也存在挑战。

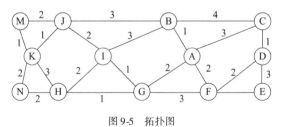

图9-5 拓扑图

二、栅格法

栅格法是用大小相等的栅格将智能汽车行驶区域划分为栅格地图,应用栅格对障碍物的位置进行标记,进而由这些栅格构成一个连通图,依据障碍物栅格位置,在此图上寻找一条从起始栅格到目标栅格无碰撞的最优路径。栅格法的关键在于采用不同的编码形式标记栅格中是否存在障碍物。这里以图9-6为例说明栅格标记方法。图中每一个方格表示一个栅格,首先采用此栅格网络对整个行驶环境的电子地图进行叠加,接着对每个栅格属性进行编码,并使用矩阵存储法对编码信息进行存储。对于图中的蓝色栅格G,此栅格信息将被存储到矩阵存储器中的第i行、第j列。当仅区分栅格中有无障碍物存在时,采用二进制编码方法对栅格进行编码。采用这种栅格与矩阵一一对应的存储方法,可以构建起整幅栅格地图,此地图可应用于后续路径规划算法中,从而获得避障路径。因此,使用栅格地图进行路径规划可分为三个步骤,①划分栅格;②对栅格进行编码并判断有无障碍物;③根据障碍物位置寻找车辆在无障碍栅格中的最优绕避路径。

根据栅格处理方法不同,栅格法可分为精确栅格法和近似栅格法,后者也称概率栅格法。精确栅格法是将车辆行驶空间分解成多个形状不一的单元,这些栅格的组合与行驶空间精确相等,图9-7所示的梯形栅格分解为一种常用的精确栅格分解法。近似栅格法所采用的栅格均为固定形状,通常为矩形,行驶空间先被分成多个较大矩形,每个矩形之间彼此连续,如果大矩形内部包含障碍物或者边界,则将其分割成多个小矩形,接着在小栅格间重复执行该程序,直到达到解的界限为止。

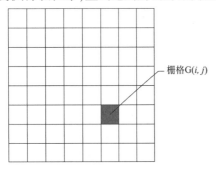

图9-6 栅格网络图

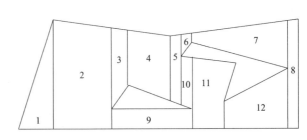

图9-7 梯形栅格分解示意图

三、可视图法

可视图法将智能汽车看成一个点,车辆、目标点和多边形障碍物各顶点之间组合连接,确保这些直线连接线均不与障碍物相交,从而形成一张图,即可视图。如图9-8所示,障碍物在图中用多边形表示,多边形的尺寸与障碍物大小成正比,所有障碍物的顶点构成点集,从起点S到目标点G的所有可能路径为S和G及各个多边形顶点的连接,目标点与多边形顶点的连线不可穿过障碍物,这些直线即为所有可能路径,即直线是"可视的"。由于所有直线都是可视的,因此可以确保从起点沿着这些直线到达目标点的所有路径均是无碰撞路径,进而将路径规划任务转化为搜索从起点到目标点经过这些可视直线的最短距离

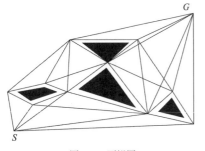

图9-8 可视图

问题。采用可视化图寻找最短路径具有直观简单的优点,但是如果障碍物之间间距过小,就有可能使得汽车与障碍物产生接触,而如果过分缩小模拟车辆的尺寸,则会增加最优化路径求解的时间。

四、Voronoi 图法

与可视图类似，Voronoi 图也是一种围绕静态障碍物建图的方法，只是二者建图思路有所不同。如图 9-9 所示，Voronoi 图由直线段和抛物线段构成，其中直线段由两个障碍物的顶点或两个障碍物的边定义而成，直线段上所有点必须距离障碍物的顶点或障碍物的边相等，另外抛物线段由一个障碍物的顶点和一个障碍物的边定义生成，抛物线段要求与障碍物顶点和障碍物的边有相同距离。构造 Voronoi 图需要针对所有障碍物间的顶点-边、顶点-顶点、边-边，相应生成 Voronoi 图边，其中 Voronoi 图边相交的点为 Voronoi 图的顶点，这些顶点生成的边分割成线段，最后只保留离各个离障碍物顶点和边最近的线段。基于 Voronoi 图开展车辆路径规划具有实时性好、生成路径比较远离障碍、路径比较平滑等优点，但是不能保证路径最优。

五、自由空间法

自由空间法是采用预先定义的如广义锥形和凸多边形等基本形状模拟车辆及其行驶环境中的障碍物，进而分割车辆行驶空间并将其表示为连通图，然后通过搜索连通图来进行路径规划，如图 9-10 所示。自由空间的构建方法为：首先选择某个障碍物为研究对象，从其中一个顶点出发，将该顶点与其他障碍物的顶点相连；在所有连线当中，将穿过障碍物的连线去掉，同时去掉多余的连接线，在所有的连线中，挑选能使连线与障碍物之间围成面积最大的情况为最优结果；连接最优结果中的所有线的中点，中点围成的面积就是供车辆运行的空间。自由空间法具有构造简单、自由度大、适应性强的优势，即使改变车辆起终点位置也无须重新建图，但是如果行驶空间内障碍物数量增加，算法复杂度也会大幅提升。

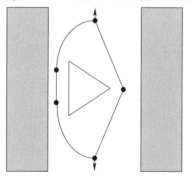

图 9-9 障碍物环境中的 Voronoi 图

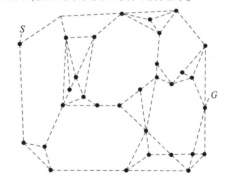

图 9-10 自由空间法路径规划

第四节 基于图搜索的路径规划

基于图搜索的路径规划算法是发展较为成熟和得到广泛应用的一种智能汽车路径规划算法，此类算法通常将预先构建的环境地图抽象为有向图，并基于此图使用回溯技术实施搜索从而获得最终路径。本节将主要介绍几种常见的图搜索算法。

一、深度/广度优先搜索算法

图是由顶点和顶点之间边的集合组成，在图 9-11 中顶点用圆圈表示，圆圈之间的连线是边。若顶点 V_i 到 V_j 之间的边没有方向,则这条边为无向边,反之为有向边(或弧),其中 V_i 称为弧尾,V_j 称为弧头。若图中所有边都为无向边,则该图为无向图(图9-11),反之若都为有向边,则为有向图。相邻且有边直接连接的两个顶点称为邻节点,图9-11中 V_1 和 V_2 是邻节点,但 V_1 和 V_3 不是。

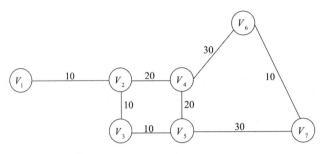

图9-11 无向图

深度优先算法和广度优先搜索算法是两种代表性图搜索算法,此类算法将有向图抽象为树,从起始状态出发遍历树的节点,直至到达目标状态或者到达一个搜索终止点。如果到达目标状态,它退出搜索并返回解路径,如果到达一个搜索终止点,将回溯到路径上含有未搜索过的节点的临近节点,并沿着这个分支继续搜索下去。图9-12所示为这两种算法的通用流程。此类算法适合于解决行驶环境中节点数目较少情况下的路径搜索问题,而节点数目增加会降低搜索速度和效率。

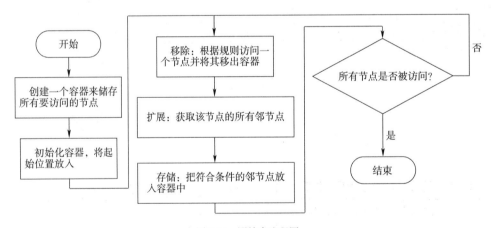

图9-12 图搜索流程图

这里以深度优先搜索算法为例,说明算法在有向图9-13a)中进行路径搜索的步骤。

(1)创建一个栈来储存所有要访问的节点。

(2)初始化栈,将起始位置 S 放入。

(3)进入循环。①移除:访问初始节点 S 后,将 S 移除;②扩展:获取初始节点 S 的所有邻节点 D、E、P;③存储:把未访问过的 D、E、P 节点放入容器中;④一直循环下去直到所有点被访问。

(4)结束。

广度优先搜索与深度优先搜索的区别主要在于所使用的数据结构不同,深度优先搜索使用的堆栈(图9-13c)中的[1])会返回最后进入的节点,这使整个搜索一直沿着一条路走,而广度优先搜索所使用的队列(图9-13c)中的[2])返回最先进入的节点则会使整个搜索呈现一层一层的搜索。由于上述搜索机制的不同,深度越大的结点在深度优先搜索中越先得到扩展,广度优先搜索中深度越小的结点越先得到扩展;深度优先搜索能够很快找到一条路径,但其找到的第1条路径往往是较长的路径,其优点在于即使在未知全局地图的情况下也能找到一条路径;广度优先搜索呈波状推进方式,因此其能够保证搜索到的第1条路径是一条最短路径。

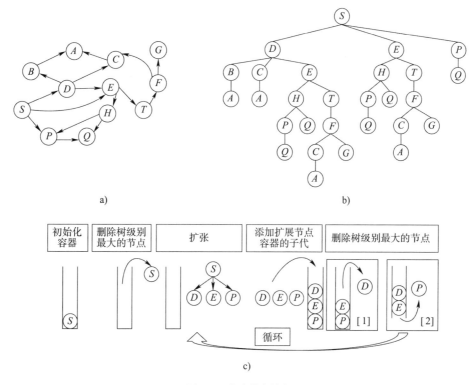

图9-13 深度优先搜索

二、Dijkstra 算法

Dijkstra 算法由荷兰数学家 Dijkstra 于 1959 年提出,是一种基于贪心策略的最短路径算法,旨在按照路径长度逐点增长的方法构造一棵路径树,从而得出从该树的根结点(即指定结点)到其他所有结点的最短路径。此算法的主要步骤包括:

(1)设置两个点的集合 S_n 和 T_n,集合 S_n 中存放已找到最短路径的节点,T_n 集合中存放当前还未找到最短路径的节点。

(2)初始状态时,集合 S_n 中只包含起始点。

(3)不断从集合中选择到起始节点路径长度最短的节点加入集合 S_n 中。

(4)集合 S_n 中每加入一个新节点,都要修改从起始点到集合 T_n 中剩余节点的当前最短路径长度值,集合 S_n 中各节点新的当前最短路径长度值为原来最短路径长度值与从起始点过新加入节点到达该节点的路径长度中的较小者。

(5)重复此过程,直到集合中所有结点全部加入集合中为止。

针对如图9-14所示的有向图,表9-1中给出了用 Dijkstra 算法求解最短路径的过程,其

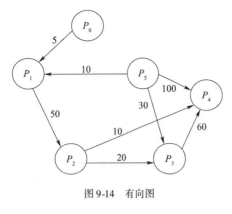

图 9-14 有向图

中 A 点和 B 点分别为路径起点和终点,灰色点为算法搜索过的点集,红线为算法搜索的最短路径。

在 matlab 中进行仿真实验,结果如图 9-15 所示,其中 A 为起点,B 为终点,A 和 B 之间的连线是寻找到的最优路径,灰色点是算法执行过程中遍历到的路网节点,黑色为障碍物,可以发现,算法通过遍历定量的路网节点,避过障碍物,找到一条最优的无碰路径。Dijkstra 算法作为经典的路径规划算法,在路径节点数量较小情况下会得到很好的规划结果,但是当节点数量较大时则难以满足路径规划的实时性要求。

Dijkstra 算法求解最短路径的过程　　　　　表 9-1

步骤	集合 S_n	集合 T_n	所选顶点	最短距离
1	P_0	P_1,P_2,P_3,P_4,P_5	P_2	$\infty,10,\infty,30,100$
2	P_0,P_2	P_1,P_3,P_4,P_5	P_4	$\infty,0,60,30,100$
3	P_0,P_2,P_4	P_1,P_3,P_5	P_3	$\infty,0,50,0,90$
4	P_0,P_2,P_4,P_3	P_1,P_3	P_5	$\infty,0,0,0,90$
5	P_0,P_2,P_4,P_3,P_5	P_1	P_1	$\infty,0,0,0,0$
6	P_0,P_2,P_4,P_3,P_5,P_1	—	—	$0,0,0,0,0$

三、A* 算法

A* 算法是一种建立在 Dijkstra 算法基础上的启发式路径搜索算法。前文介绍深度优先搜索和广度优先搜索等遍历性搜索具有盲目性,效率较低,当搜索空间很大时或者存在未知状态时,有可能在有限时间内无法搜索到目标点,而启发式搜索会在搜索过程中能够利用含有有效信息的启发函数,使搜索方向更加智能地趋向于终点,所以该算法搜索的节点数少,效率相对遍历式搜索更快。A* 算法的关键

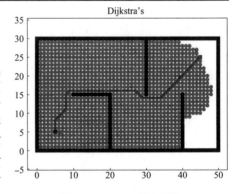

图 9-15 Dijkstra 算法实例

是确立如下形式的启发式估价函数,此函数的合理选择决定着算法能否快速找到最优路径:

$$f'(n) = g(n) + h'(n) \tag{9-1}$$

式中,$g(n)$ 是从起点 S 到候选节点 n 实际代价;$h'(n)$ 是从候选节点 n 到目标点 D 的估计代价。必须保证 $h'(n) \leqslant h*(n)$,其中 $h*(n)$ 表示结点 n 到目标点 D 的实际最小代价。该算法在搜索的过程中,优先搜索 $f'(n)$ 值最小的节点。图 9-16 所示为 A* 算法流程图,其中 OPEN 表用来记录已被访问但未计算出其代价的相关节点,CLOSE 表用来保存已计算出其代价的节点。启发式搜索算法与遍历式算法的主要区别在于所使用的数据结构不同,深度和广度优先搜索算法是根据压入数据容器的先后顺序确定下一次访问节点不同,而启发式算法采用优先级队列作为容器,并定义特定的启发函数去估计容器内每一个节点的代价,

以此代价作为弹出节点的排序依据,每次弹出优先级最高(即最近)的节点并访问、迭代,从而使得每一次迭代都朝着局部最优的值靠近。

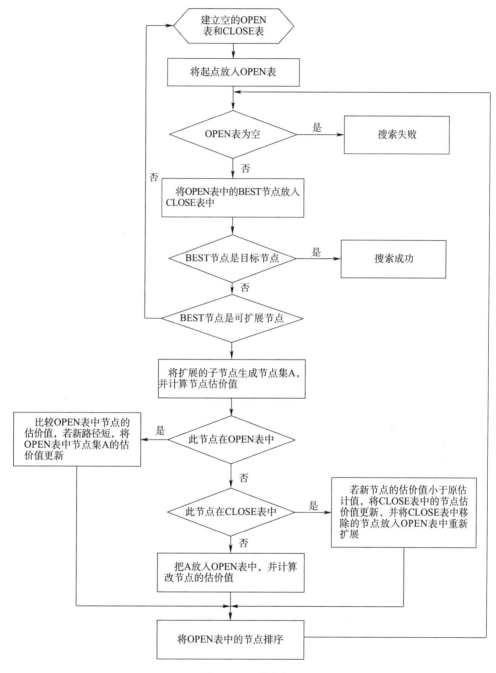

图 9-16 A*算法流程

图 9-17 所示为 A* 仿真实验结果,与图 9-15 中 Dijkstra 算法结果图相比,此图中算法搜索过的灰色路径点更少,说明 A* 算法能够在搜索更少路径点的情况下获得最优路径。在实际使用中,采用此算法选择下一个搜索节点时,可以通过引入多种有用的路径网络信息,计算所有候选节点与目标点之间的特定启发函数,如最短行车距离、最短行车时间、最少行车

费用等，以此函数值为标准来评价该候选节点是否为最优路径应该选择的节点，并将优先选择为下一次搜索的起点。

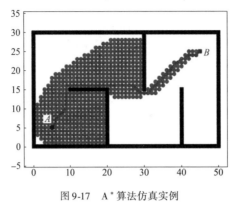

图 9-17　A* 算法仿真实例

第五节　基于采样的路径规划

采样方法的基本思路是在智能汽车的路径搜索空间中生成样本点，从中寻找满足任务需求的样本点序列作为规划结果，常见的采样方法可分为随机采样和固定采样两类。本节将介绍 RRT 算法和 RRT* 算法这两种基于采样的路径规划算法。

一、RRT

LaValle 在 1998 年提出的快速探索随机树（Rapidly-exploring Random Tree，RRT）算法主要用于解决复杂和动态环境中含有动力学约束的机器人路径规划问题。由于此算法采用随机采样的方法构建随机扩展树，无须遍历所有路径节点，因此作为一种快速搜索方法在路径规划领域获得广泛应用。早期主要采用单向 RRT 算法，后续进一步提出双向 RRT 法和偏向 RRT 算法，以提高搜索速度及保证算法的完备性。

图 9-18 为基本 RRT 算法流程图，这里参考图 9-19 介绍此算法流程。①以路径初始节点 q_{init} 初始化随机树 T；②在无障碍空间 X_{free} 中均匀采样一个随机节点 q_{rand}，接着通过特定距离评估函数遍历随机树 T 中距离 q_{rand} 最近节点 $q_{nearest}$；③从 $q_{nearest}$ 向 q_{rand} 前进单位步长生成新的节点 q_{new}，如果从 $q_{nearest}$ 到 q_{new} 之间没有发生碰撞，则将新节点 q_{new} 以及 $q_{nearest}$ 到 q_{new} 的边添加到随机树 T 中，如果从 $q_{nearest}$ 到 q_{new} 之间发生碰撞，则抛弃新节点 q_{new}，不对随机树 T 做任何修改；④不断重复以上随机采样和生成新节点的步骤，直到新节点包含了目标节点 q_{goal} 或进入了目标区域或者达到了设定采样次数的上限；⑤当在随机树中搜索到 q_{goal} 时，则通过回溯法在随机树 T 中得到从目标节点 q_{goal} 开始到 q_{init} 结束的规划路径，否则返回搜索失败。图 9-20 所示为基本 RRT 算法仿真案例。

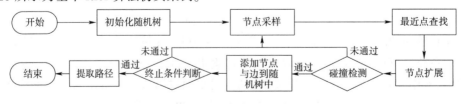

图 9-18　基本 RRT 算法流程图

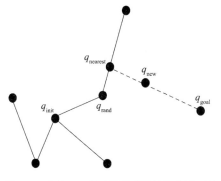 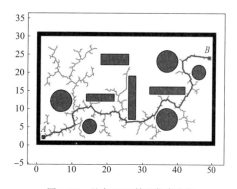

图9-19　基本RRT算法随机扩展树构造原理图　　　图9-20　基本RRT算法仿真实例

基本RRT算法能够满足微分约束等复杂条件,且该算法能够在高维空间和高自由度系统中有效使用,但是此算法也存在缺点。如果地图中存在可行路径,基于搜索的路径规划算法可以通过反复迭代计算找到最优路径,而RRT算法的目标则是快速找到一条可行路径,且这条可行路径是由单个节点连接形成的,由于冗余的节点的存在和节点连接方式造成的曲折,该路径可能不是最优路径。目前已经有很多方法来改进这个问题,下文介绍的基于目标概率采样的RRT*算法是其中比较重要的算法。

二、RRT*

作为基本RRT算法的改进版本,RRT*算法同样通过在智能汽车可达空间的随机采样来构建树,并在新节点通过碰撞和非完整约束检测后将新节点连接到树上。不同的是,RRT*算法在生成新节点时进行重新选择父节点和重新布线,重选父节点保证新节点路径成本相对最小,重布线保证增加节点后随机树的结构合理,这种两种操作能够不断改进搜索到的路径质量,经过多次迭代后RRT*算法会收敛到渐近最优解,但是这两种操作也增加了算法计算量。比较基本RRT算法和RRT*算法,前者生成的树具有向各个方向移动的分支,而后者生成的随机树则很少有沿父节点向后移动的分支。下面将重点介绍RRT*算法中重新选择父节点和重新布线的流程。

1. 重选父节点流程

图9-21所示为RRT*算法重新选择父节点的过程。与基本RRT算法不同,RRT*算法并不选择距离最近的节点作为新节点的父节点,而是计算新节点连接到随机样本邻域内所有节点的路径成本,选择路径最佳的节点作为新节点的父节点。在图9-21中,随机树从节点4扩展了一个新节点9,在节点9的邻域内有四个节点,通过计算这四个节点到节点9的路径成本,最终选择成本最小的节点5作为新节点的父节点。

表9-2展示了RRT*算法的伪代码,其中:第1~2行初始化随机树并将起始位置添加到树中;第5行选择随机采样点的最近节点;第6行是重新选择父节点过程。此过程见表9-3,其中,第1行首先确定随机采样点的最近邻节点$q_{nearest}$,并将该节点暂时选为最佳父节点q_{min};第2行,根据最近邻节点$q_{nearest}$确定了新节点q_{rand},同时计算了从根节点到新节点q_{rand}的路径成本,将其存储为当前最小成本c_{min};第4行,确定新节点q_{rand}附近半径为Δq的邻域,考虑邻域中已经存在的多个节点作为最佳父节点的备选节点;第5行,进行碰撞检测,如果新节点q_{rand}到备选节点的路径上无障碍,则计算根节点到q_{rand}的路径成本;第6行,存储新的路

径成本;第 7~9 行,如果该成本低于当前最小成本,则将该附近节点选为最佳父节点 q_{min},并且将该成本记为最小成本 c_{min},如果该成本大于等于当前最小成本,则选择邻域中的下一个节点进行计算;第 13 行,当检查所有附近节点后返回最佳父节点 q_{min}。

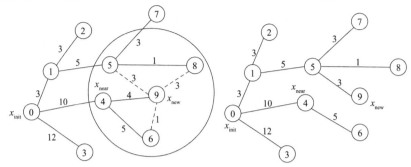

图 9-21　重新选择父节点案例图

RRT* 伪代码　　　　　　　　　　　　　　　　　　　　　　　　　　表 9-2

序号	指　　令
1	$T \leftarrow$ Initialize Tree( )
2	$T \leftarrow$ Insert Node(ϕ, q_{init}, T)
3	For $\leftarrow 1$ to N do
4	$q_{rand} \leftarrow$ RandomSample(k)
5	$q_{nearest} \leftarrow$ NearestNeighbor(q_{rand}, Q_{near}, T)
6	$q_{min} \leftarrow$ ChooseParent($q_{rand}, Q_{near}, q_{nearest}, \Delta q$)
7	$T \leftarrow$ Insert Node(q_{min}, q_{rand}, T)
8	$T \leftarrow$ Rewire($T, Q_{near}, q_{min}, q_{rand}$)
9	End

重新选择父节点过程伪代码　　　　　　　　　　　　　　　　　　　　表 9-3

序号	指　　令
1	$q_{min} \leftarrow q_{nearest}$
2	$c_{min} \leftarrow$ cost($q_{nearest}$) + c(q_{rand})
3	For $q_{near} \in Q_{near}$ do
4	$q_{path} \leftarrow$ Steer($q_{near}, q_{rand}, \Delta q$)
5	If ObstacleFree $\leftarrow$ cost($q_{nearest}$) + c(q_{rand})
6	$c_{new} \leftarrow$ cost(q_{naer}) + c(q_{path})
7	If $c_{new} < c_{new}$ then
8	$c_{min} \leftarrow c_{new}$
9	$q_{min} \leftarrow q_{near}$
10	end
11	end
12	end
13	Return q_{min}

2. 重新布线流程

RRT* 算法中的重新布线过程如图 9-22 所示,其中节点 9 是基于随机采样新生成的节点,其邻域内的节点有4、6、8的三个节点,它们的父节点分别是节点0、4、5。考虑新节点邻域内的节点,将邻域内节点的父节点变为新生成的节点9,如果这种更改能够降低当前的路径成本,则进行更改,若路径成本增加或不变,则保持原来的随机树的结构。将节点6的父节点改为新节点后路径成本降低,因此进行重新布线,更改了随机树的结构。

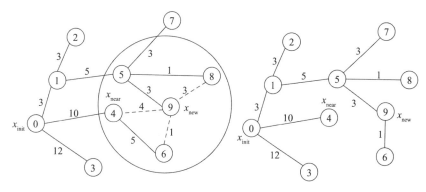

图9-22 重新布线过程案例图

表9-4展示了重新布线过程的伪代码,此算法根据新插入的节点q_{rand}重新布线更改了随机树的结构以降低路径成本,其中:第2行,使用新节点q_{rand}邻域内的节点q_{near},考虑将邻域内的节点作为重新布线的候选者,调用Steer函数来获取从根节点到新节点q_{rand}再到q_{rand}邻域内的节点q_{near}的路径;第3行,进行碰撞和路径成本检测,如果此路径上没有障碍物以及路径的总成本比目前的路径成本低,则将新节点q_{rand}选为邻域内节点的父节点;第4行,将树重新布线,以删除q_{near}与之前父节点的连线,并添加q_{near}与新节点q_{rand}之间的连线;第7行,返回重新布线结果。

重新布线过程伪代码 表9-4

序号	指 令
1	For $q_{near} \in Q_{near}$ do
2	$\quad q_{path} \leftarrow$ Steer(q_{rand}, q_{near})
3	$\quad$ If ObstacleFree(q_{path}) and cost(q_{path}) + c(q_{path}) < Cost(q_{path}) then
4	$\quad\quad T \leftarrow$ ReConnect(q_{rand}, q_{near}, T)
5	$\quad$ end
6	end
7	Return T

经过重新布线过程,在随机树扩展一个新节点时可能改变树的结构,从而优化已知节点的路径成本。虽然最终采用的路径可能不包含经过优化的节点,且对每个节点进行优化会增加算法计算量,降低了路径生成的效率,但在每一个节点生成时都尽可能降低路径成本,会增加减小最终路径成本的可能性。图9-23所示为RRT*算法仿真案例。

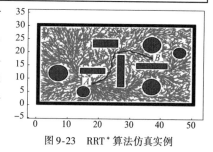

图9-23 RRT*算法仿真实例

第六节 基于人工智能的路径规划

基于人工智能的路径规划算法将诸如进化计算、人工神经网络、模糊逻辑与信息融合等现代人工智能技术应用于智能汽车的路径规划中,以克服传统路径规划方法的不足。本节将介绍几种典型的智能路径规划算法。

一、蚁群算法

蚁群算法最早由 Dorigo 等人提出,他们发现寻找食物的蚁群能够通过分泌一种称为信息素的生物激素交流觅食信息,从而快速找到目标,据此提出了基于信息正反馈原理的蚁群算法。基于蚁群算法的智能汽车路径规划算法使用网格离散化的方法对带有障碍物的环境建模,使用邻接矩阵存储该环境,使得问题转化为蚁群算法寻找最短路径。蚁群算法流程如图9-24所示,蚁群算法仿真案例如图9-25所示。需要指出的是,蚁群算法路径规划技术通常与其他路径规划方法结合在一起使用,主要利用进化机制进行优化求解,单独完成路径规划任务的情况较少。

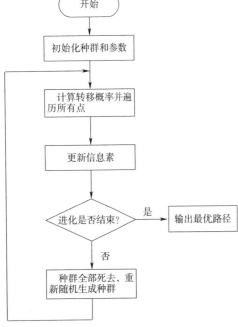

图 9-24 蚁群算法流程

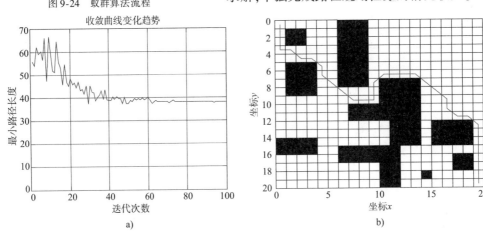

图 9-25 蚁群算法仿真实例

二、遗传算法

遗传算法是一种主要用来解决优化问题的智能算法,主要步骤包括种群初始化、适应度函数计算、选择、交叉和变异。与蚁群算法类似,遗传算法应用于智能汽车路径规划时使用网格离散化的方法对带有障碍物的环境建模,算法流程图如图9-26所示,遗传算法仿真案例如图9-27所示。算法流程详述如下。

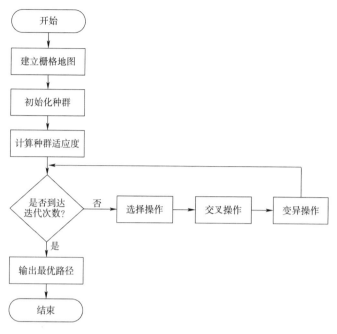

图9-26 基于遗传算法的路径规划流程图

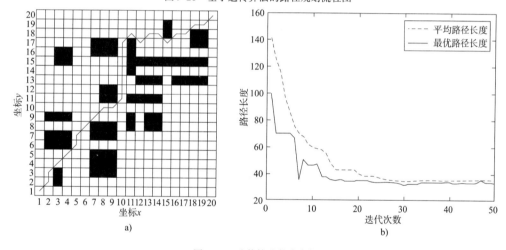

图9-27 遗传算法仿真实例

1. 初始化

假设路径规划起点为栅格0,终点为栅格99。图9-26中的初始化种群步骤要求随机产生多条不与障碍物栅格相碰撞的可行路径。可行路径初始化流程图如图9-28所示。生成可行路径主要分为两个步骤:

(1) 生成间断路径。由于车辆每次行走一个栅格,每一行至少有一个栅格在可行路径中,因此初始化时按顺序在每一行随机取出一个无障碍栅格,形成一条间断路径,其中第一个和最后一个栅格分别为起点和终点。

(2) 将间断路径连接为连续路径。从第一个栅格开始判断相邻的两个栅格是否为连续栅格,判断方法为:

$$D = \max\{abs(x^{i+1} - x^i), abs(y^{i+1} - y^i)\} \tag{9-2}$$

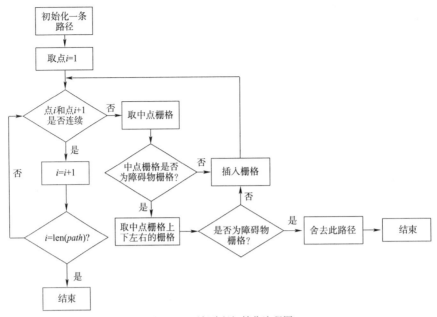

图 9-28 可行路径初始化流程图

式中，x^i 和 y^i 分别为第 i 步所在栅格的横坐标和纵坐标。若 D 等于 1 则说明两个相邻栅格连续，反之不连续。对于不连续的栅格，取两个栅格的中点栅格，中点栅格坐标为：

$$x_{new} = \text{int}\left(\frac{x_{i+1} + x_i}{2}\right) \quad (9\text{-}3)$$

$$y_{new} = \text{int}\left(\frac{y_{i+1} + y_i}{2}\right) \quad (9\text{-}4)$$

若新栅格为障碍物栅格，则以上下左右顺序取新栅格的相邻栅格，并判断此栅格是否已经在路径中（防止陷入死循环）；若新栅格为无障碍栅格且不在路径中，则插入路径中；如果遍历上下左右四个栅格后没有满足条件的栅格，则删除这条路径；若新栅格为无障碍物栅格，则插入两个不连续栅格中间，继续判断新插入的栅格和新插入的栅格的前一个栅格是否连续，若不连续则循环以上步骤，直到两个栅格连续。当两个栅格连续后取下一个栅格，循环以上步骤，直到整条路径连续。

2. 适应度函数计算

适应度函数分成用来判断路径的长短和平滑程度两部分。在计算路径长度时，由于要求所规划路径长度最短，所以适应函数的第一部分为：

$$fit_1 = \frac{1}{d_{总}} \quad (9\text{-}5)$$

其中，路径长度的计算公式为：

$$d_{总} = \sum_{i=1}^{end-1} \sqrt{(x_{i+1} - x_i)^2 + (y_{i+1} - y_i)^2} \quad (9\text{-}6)$$

在计算路径平滑度时，由于车辆运动学和动力学约束，车辆行进时拐弯不宜过大，并且相对平滑的路径有利于车辆行驶，因此对产生的路径有平滑度的要求。路径越平滑，相邻三点形成的角度越大，角度越大相邻三点之间的距离越大，所以适应度函数的第二部分需要计算路径中所有相邻三点的距离，计算公式为：

$$d_3 = \sum_{i=1}^{end-2} \sqrt{(x_{i+2} - x_i)^2 + (y_{i+2} - y_i)^2} \quad (9\text{-}7)$$

路径中连续三点的夹角可分为平角、钝角、直角和锐角四种情况,其中呈平角的三点在一条直线上,平滑度最好,钝角、直角次之,由于车辆动力学约束,不允许出现锐角,因此对除直线外的其他三种情况设置惩罚系数,可以根据实际情况改动惩罚的大小。惩罚之和的倒数即为适应度函数的第二部分:

$$fit_2 = 1/d_3 \tag{9-8}$$

最后通过下式确定路径长度和平滑度在适应度函数中的权重:

$$fit = afit_1 + bfit_2 \tag{9-9}$$

3. 选择方法

选择方法采用基于概率的轮盘赌方法。首先计算所有个体的适应度函数之和,再根据下式计算每一个个体所占的比率 p_i,然后根据每个个体的概率以轮盘赌的方式选择出下一代个体。轮盘赌方法能够保留部分非最优的个体,有效防止算法陷入局部最优解。

$$p_i = fit_1 / \sum_{i=1}^{end} fit_1 \tag{9-10}$$

4. 交叉和变异

(1) 交叉。如图9-29a)所示,首先确定交叉概率 p_c,在0~1之间产生一个随机数 R 并与交叉概率 p_c 比较,若小于 p_c 则进行交叉操作。交叉方法采用单点交叉方式,即找出两条路径中所有相同的点,然后随机选择其中的一个点,将之后的路径进行交叉操作。

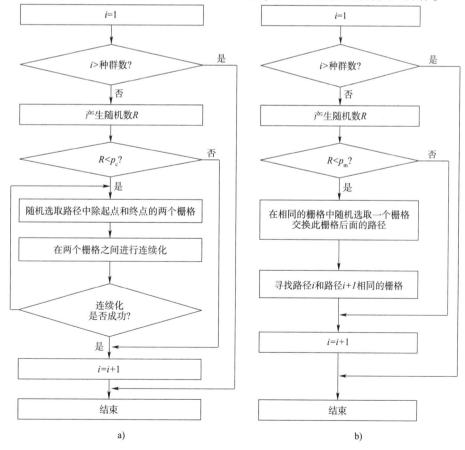

图9-29 交叉和变异流程

(2)变异。如图9-29b)所示,首先确定变异概率p_m,在0~1之间产生一个随机数R并与变异概率p_m比较,若小于p_m则进行变异操作。变异方法是随机选取路径中除起点和终点以外的两个栅格,去除这两个栅格之间的路径,然后以这两个栅格为相邻点,使用初始化路径中的第二步将这两个点进行连续操作。此时有可能无法产生连续的路径,则需要重新选择两个栅格执行以上操作,直到完成变异操作。

本章小结

本章首先介绍了智能汽车路径规划的基本概念,接着根据是否构建行驶环境地图,将路径规划方法分为基于地图和不依赖地图两类路径规划方法,然后介绍了常见的静态环境地图构建方法,并详细说明了基于地图的三类路径规划方法中的典型算法及其仿真案例。

第十章 智能汽车测试技术

"测"是用仪器仪表来度量,"试"是为达到某种效果所做探测行动,测试是具有试验性质的测量,即测量和试验的综合。测试的基本任务是借助专门的仪器、设备,设计合理的实验方法以及必要的信号分析与数据处理,从而获得与被测对象有关的信息。智能汽车作为一种关键核心技术尚未发展成熟的新事物,只有经过完备的测试,才具备商业应用的可能。目前 L1～L2 级智能汽车配置的各种 ADAS 系统,已有相关国家标准规范规定了测试规程。L2 级以上智能汽车运行面对的场景非常复杂,其测试方法尚在完善中。本章将从智能汽车测试评价目的及测试分类、测试场景设计、实验室测试和封闭实验场地测试等角度,介绍智能汽车测试技术中的核心要素。

第一节 测试评价目的及测试分类

一、测评目的

开展智能汽车测试的主要目的是基于测试数据获取不同维度的定性或定量评价结果。智能汽车按测评目的可分为:符合性测评、对比测评和研发测评。

1. 符合性测评

符合性测评是指,按相关国家标准或行业标准对被测产品的功能和性能指标进行测试和评价。若被测产品的功能和性能指标达到标准要求,则该产品合格,反之不合格。符合性测评的要义在于测试依据和规程一定是国家标准或行业标准,而不是实验室自定义的或其他非正式的相关规范要求。举例来说,智能汽车所用摄像头、超声波传感器、毫米波雷达和转向传感器等都要按照相关国家标准进行符合性测评。

2. 对比测评

对比测评就是将两个及以上的被测对象通过测试进行评价的活动。一般来说,需要在保证其他条件一致或基本相同的情况下,选取一个或多个变量作为测评的物理量。例如,教育部高等教育司委托教育部高等学校自动化类专业教学指导委员会举办的全国大学生智能汽车竞赛已经开展 17 届,每年都吸引众多参赛队伍。竞赛所用车型、单片机、传感器和比赛赛道等条件基本相同。评价标准就是在不违反规则情况下,测试跑完赛程所用时间,评价标准为时间越短越好。

另外,国家自然科学基金委主办的"中国智能车未来挑战赛"已经举办了 12 届。作为国内创办最早、时间最久、最权威的自动驾驶赛事,推动了我国智能汽车从简单封闭道路逐步驶向真实、复杂的道路交通环境。该比赛以在复杂交通场景中完成指定的行驶任务作为基本内容,强调对自动驾驶技术的综合考核和验证。该比赛以"4S"为原则,即安全性(Safety)、智能性(Smartness)、舒适性(Smoothness)和敏捷性(Sharpness),设计了完备的智能汽车测试评价指标,通过对比参赛车辆的指标得分来进行排名。

由于对比测评需要通过对比和分析若干被测对象的测试结果,并将之作为选择或决定的依据,因此对比测评所采用的标准不一定是国家标准,但是通常是由权威机构根据活动目标而制订。对比测评可用于多种场合。例如符合一定标准的不同产品的个人偏好选择,比如人们在汽车购置时,有的偏好加速性和动力性,有的更喜欢平顺性。再如新产品的开发比较,在智能汽车设计初始阶段,作为决定质量目标的一种信息来源,对其他厂商的性能进行调查研究的测评活动。

3. 研发测评

所谓研发测评是为改进产品性能和新产品开发而进行的测试和评价活动。一般来说,高校、研究所和制造商进行的研究或开发测评属于此范畴。为了适应市场对产品功能和性能的要求以及用户的多样化需求,研发阶段的测试和评价涉及范围非常广,有时还需要不断地制订新的测试与评价方法。

研发测评最重要的目标是在技术研发阶段就考虑相应的产品质量问题或安全问题,以便可以直接把研发设计阶段的成果作为生产的模板,这样有利于缩短研发时间,降低研发成本,并在研发阶段进行一定量的模拟测试和实车测试。理想情况下,通过所有研发测评,意味着车辆开发能够最终成型。因此,对于研发测评来说,最重要的是保障其有效性、客观性和完整性。

二、智能汽车测试分类

智能汽车测试有很多种分类方法,主要包括以下分类方法。

1. 按系统硬件构成划分

智能汽车硬件系统主要由传感器、控制器、执行机构和通信设备等部分组成,可针对不同硬件组成部分开展测试。

(1)传感器测试。用于对摄像头、毫米波雷达、激光雷达、超声波、IMU、高精度定位等部件的测试。零件部件测试可以是符合性测评,也有研发性测评。

(2)控制器测试。通常中央控制器只有一个,但是不同的子系统也内置有相应的控制器,负责完成信息感知融合、路径规划、决策控制等内容,因此控制器的测试非常复杂,通常可以通过仿真或实车测试来完成。

(3)执行机构测试。执行机构主要指底盘线控系统,各类底盘线控系统需要在出厂前完成独立测试,但是与智能汽车的上层感知设备集成工作后,仍需要开展进一步的集成测试。

(4)通信设备测试。随着V2X技术的发展,无线通信设备将成为智能汽车的标准硬件配置,无线通信设备不仅需要完成出厂前的硬件测试,也需要完成通信信息安全测试。

2. 按测试场地分类

智能汽车本身具有车辆的特征,按测试场地可分为如下几种。

(1)实验室测试。使用实验设备对智能汽车的零件部件等进行功能和性能测试,如采用车辆台架试验对整车功能和性能进行测试。

(2)封闭场地测试。使用自动驾驶封闭测试基地地和测试设备,在典型场景下对智能汽车进行功能和性能测试。只有通过封闭场地测试合格的智能汽车才能获得下一步开展道路测试的资格。

(3)道路测试。分为半开放道路测试和开放道路测试。道路测试可进一步检验智能汽车对实际复杂道路条件的适应性,此类测试可视为智能汽车商业化应用的最后一步测试。

3. 按测试方法分类

智能汽车常用测试方法通常可分为:

(1)模型在环测试。

(2)软件在环测试。

(3)硬件在环测试。

(4)车辆在环测试。

(5)驾驶人在环测试。

4. 按有无实车测试分类

实车进行测试耗时费力,用虚拟仿真试验完成测试将节省成本。按有无实车参加,智能汽车测试可分为:

(1)实车测试。

(2)虚拟仿真测试。

(3)虚实结合测试。

第二节 测试场景设计

场景(Scenerio)一词来源于拉丁语 Olinda,意为舞台剧,指在某个时间空间下发生的有始有尾的事情片段。随着智能汽车技术的发展,场景的概念逐渐应用于技术研究和产品开发工作中。通常认为,L2级以上智能汽车在实际应用中会面临无限个场景,但是能够支撑智能汽车测试的各类资源相对有限,因此需要做好测试场景设计工作。

一、测试场景定义

在自动驾驶领域,场景尚未有公认的规范化定义,但是众多专家学者对此定义的核心要素事实上是一致的,都包含道路环境要素、各类交通参与者、被测车辆驾驶任务,同时这些要素会在一定时间内具有动态变化特性且相互作用。简而言之,场景可被认为是一定时间和空间范围内行驶环境与智能汽车驾驶行为的有机结合。

应用于特定测试目的的场景称为测试场景。测试场景主要用于智能汽车的功能或性能测试、验证或评价。设计测试场景必须有明确的测试目的。例如,在《智能网联汽车自动驾驶功能测试规程》中提出的典型的20类测试场景中包含交通标志和标线识别类,具体测试场景分为限速标志识别及响应、停车让行标志线识别及响应、车道线识别及响应、人行横道线识别及响应等。

智能汽车测试场景可分为实体测试场景和虚拟测试场景。实体测试场景由于测试场地的局限性,只能选择有代表性的典型应用场景。作为实体测试场景的补充,虚拟测试场景应能体现智能汽车运行中所面对场景的无限丰富、极其复杂、难以预测、不可穷尽等特点。因此,虚拟测试场景应具备如下特点:①可量化,场景的各个要素特征可以被量化,这不仅是场景构建所需,而且是开展要素组合测试的前提;②可复现,场景在目前技术条件和测试软件上可以进行复现,这是确保可重复测试的基础;③高保真,能够在一定程度上呈现或反映真实世界中的场景,这是保证虚拟场景测试结果有效性的基本要求。

二、测试场景要素

测试场景要素种类繁多,图 10-1 所示为其主要要素构成示意图。要素主要包括交通环境元素和测试车辆基础信息两大类,并可细分为更多小类元素。

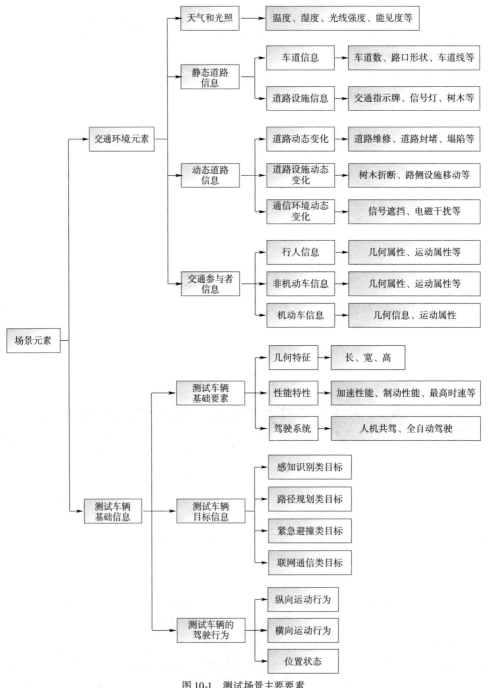

图 10-1　测试场景主要要素

三、场景数据来源

为保证智能汽车测试场景的类型足够丰富,需要收集大量的场景数据并建立测试场景库。目前很多国家官方机构和私营企业都已着手构建智能汽车测试场景库,以期推动自身智能汽车技术研发和产业化进程。例如,美国国家公路交通安全管理局自动驾驶测试项目、百度 Apollo Scape 等花费了大量人财物力构建实用性强的场景数据资源。构建智能汽车测试场景的数据来源主要包括真实数据、模拟数据和专家经验等 3 个部分,具体内容如图 10-2 所示。

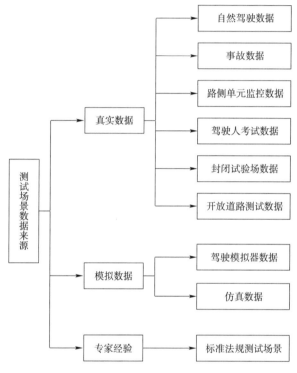

图 10-2 测试场景数据来源

1)真实数据

真实数据来源主要包括自然驾驶数据、事故数据、路侧单元监控数据,以及驾驶人考试、智能汽车封闭试验场测试、开放道路测试等。

(1)自然驾驶数据是通过在传统汽车上加装雷达、摄像头、高精度 GPS、IMU 等多传感器采集平台,在驾驶人操控车辆正常行驶的过程中所采集的场景要素数据。典型的自然驾驶数据采集工况包括高速公路、城市道路、停车场等。使用自然驾驶数据构建测试场景能够确保测试场景要素的属性符合真实行车条件,因此通常此类数据会作为智能汽车测试的关键基础数据。美国的特斯拉公司利用售出车辆的联网功能,在全球收集了超过 160 亿 km 的真实驾驶数据,用于发现其车辆自动驾驶功能的缺陷,从而进行系统的完善和升级。

(2)事故数据是利用现有道路交通事故大数据,分析提炼出的适用于智能汽车测试的特征要素。目前已有多个国家和组织建立了交通事故数据库,如我国的 CI-DAS 数据库、德国的 GIDAS 数据库、美国 NHTSA 的 GES 数据库、欧盟的 ASSESS 数据库等。智能汽车测试可充分利用这些数据资源,构建基于交通事故与违法违规行为的极端测试场景(Corner Case),来检验智能汽车应对极端风险挑战的能力。

(3)驾驶人考试数据是利用机动车驾驶人考试管理系统采集得到的人-车-环境多维度场景要素信息。一方面,智能汽车测试可以充分借鉴机动车驾驶人考试管理制度以及考试项目、方法和要求等,从安全驾驶技能、安全驾驶意识等维度构建测试场景。另一方面,有研究显示新手驾驶人是交通事故高发群体,而驾驶人考试数据可以较好反映新手驾驶人(Novice Driver)的车辆操控行为,此类数据可用于完善自动驾驶系统的主动安全保障功能。

(4)封闭试验场测试数据是在专门的封闭试验场内对不同智能化水平等级的智能汽车进行测试得到的数据。目前国内外建设了很多专用智能汽车封闭试验场,在这些场地上可以构建丰富的典型交通场景,用于智能汽车测试。

(5)开放道路测试数据是指满足一定条件的智能汽车在开放道路上进行测试时采集的数据。通过开放道路测试,可以获取智能汽车与其他道路使用者之间的互动数据,是对智能汽车功能性能实地测试获取的第一手数据,也是评价智能汽车是否符合商业化应用标准的数据基础。美国谷歌公司的Waymo自动驾驶汽车已在全美20多个城市积累了超过2000万km的自动驾驶数据。2018年百度智能汽车在北京市完成了约14万km的开放道路测试。

2)模拟数据

模拟数据来源主要包括驾驶模拟数据和虚拟仿真数据。

(1)驾驶模拟数据是利用驾驶模拟器进行智能汽车测试得到的数据。驾驶模拟器是集车辆运动模拟系统、实时监控系统、声光系统、视景系统、数据采集与传输系统于一体的驾驶行为研究设备,其行车模拟视景可以来源于真实场景导入或虚拟生成。相比道路测试,使用驾驶模拟器进行智能汽车测试具有安全、高效、可重复性好等优点,并且可以进行危险和极限工况的驾驶人在环测试。美国密歇根大学、英国利兹大学、我国吉林大学、同济大学、清华大学等,均利用驾驶模拟器采集了大量的人-车-环境闭环系统数据,并在此基础上进行了不同等级自动驾驶系统的开发与测试研究。

(2)仿真数据是指智能汽车在仿真环境中虚拟运行得到的测试数据。仿真环境可以通过真实场景导入或车辆行驶环境建模产生。车辆行驶环境建模主要包括道路场景建模、交通环境建模、气象建模以及电磁环境建模等。道路场景建模旨在模拟真实环境中道路场景要素的几何特性、物理特性和行为特性。交通环境建模的关键在于生成各类交通流状态及周围车辆行为。气象建模及电磁环境建模旨在还原真实环境中的天气状态以及电磁干扰,例如模拟光线强度、湿度、温度,以及电磁信号的阴影效应、多普勒频移等。

3)专家经验

专家经验数据是指通过以往测试的经验知识总结得到的场景要素信息,标准法规测试场景是典型的专家经验场景数据来源。目前世界各国已有80余类自动驾驶测试法律法规。以自动紧急制动(AEB)功能为例,欧洲NCAP将AEB功能测试分为AEB-City、AEB Inter Urban和AEB Pedestrian三种类型,每种测试类型都有其对应的测试场景。我国发布的《智能网联汽车自动驾驶功能测试规程(试行)》中提出了包括交通标志和标线的识别及响应等在内的34个测试场景。

第三节 实验室测试

实验室测试是智能汽车开发的第一步,也是智能汽车日后在实际道路上安全稳定运行的基本保证。按测试内容可将其分为元功能(零部件)和整车测试功能测试;按有无真实车辆可分为实车测试、仿真测试和虚实结合测试;按技术研发阶段的需要,可分为模型在环测试、软件在环测试、硬件在环测试、车辆在环测试和驾驶人在环测试。这里以车辆控制算法测试为例,介绍这几类在环测试方法。

一、模型在环测试

模型在环(Mode in the Loop,MIL)测试主要应用于智能汽车开发的起始阶段。MIL 测试如图 10-3 所示,其外部输入是各种模拟场景数据和传感器模型,其被控对象模型是与智能汽车紧密相关的车辆动力学模型等,控制算法模型主要是智能汽车的决策规划和运动控制算法。MIL 测试本质上是计算机仿真,是在某种开发环境下,采用某种语言构建智能汽车控制算法模型和车辆动力学模型,并将其有机地连接起来形成闭环,通过变换外部输入和被控对象模型的状态,实现对控制算法模型的功能进行测试。除用于仿真的计算机外,MIL 测试并不要求有其他硬件参与系统测试,其主要用于找到理论上较好的控制算法。

图 10-3 模型在环 MIL 测试

MIL 测试的外部输入是一系列测试用例,通过测试可验证控制算法模型是否满足了设计的功能需求。MIL 测试用例设计十分重要,因为测试用例通常根据智能汽车的设计功能要求来确定,评价指标与控制器性能指标直接对应,因此在后续的其他类型测试中所使用的测试用例往往是在 MIL 测试用例的基础上拓展而来。MIL 测试主要优点如下:

(1)仅对动力学未知的关键部件进行物理测试,降低了物理测试仪器的成本和复杂性。

(2)可以测试一个新设计的系统,即使有些部分实际上还未制造出来,也可采用模型代替。

(3)有些测试物理条件很难在实验室中创建,例如实际环境或空气动力,这些因素可以用计算机模型准确地表示。

(4)模拟系统的特性可以自由配置,比改变实际车辆的物理组件更方便。

二、软件在环测试

软件在环(Software in the Loop,SIL)测试如图 10-4 所示。SIL 测试将 MIL 测试中调试好的控制算法开发编译为可在实车上部署的软件代码参与测试,故称为软件在环测试。SIL 测试的目的是为了验证编译器自动生成的代码和用于代码生成的模型在控制效果上一致性。与 MIL 类似,SIL 测试的基本测试架构为虚拟环境和虚拟被测对象之间的联合仿真。SIL 测试通过运行系统环境中的车辆动力学模型和虚拟 ECU 中的 I/O 模型来模拟控制器所需的各种传感器信号,并与被测虚拟 ECU 的代码信息(包括基础软件和硬件参数等)和系统环境模型相连接,实现闭环仿真,对控制软件进行在线或离线测试验证,从而为开发控制软件节约时间、减少成本。

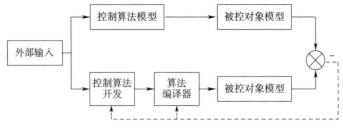

图 10-4　软件在环 SIL 测试

三、硬件在环测试

完成针对 ECU 的 SIL 测试后就进入控制器硬件试制,为了确保硬件控制效果与设计预期效果一致,同样需要对其进行测试。硬件在环(Hardware in the Loop,HIL)测试是一种有效的硬件测试方法。HIL 测试系统如图 10-5 所示,图中控制器是硬件实物。由于 HIL 测试系统中传感器、车辆动力学模型和场景等其余组成部分需要通过仿真软件来实现的,故 HIL 测试系统又称半物理、半实物测试系统。HIL 测试系统是通过仿真车辆模型、传感器和执行器来构建一个虚拟环境,以实际 ECU 处理虚拟环境提供的输入信号,并将输出信号反馈至虚拟环境,实现对真实被测 ECU 功能、逻辑等方面的测试。

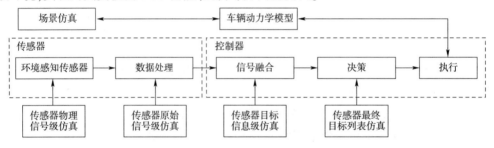

图 10-5　硬件在环 HIL 测试

HIL 测试可分为以下层级。

(1)传感器物理信号级仿真:将真实的传感器引入硬件在环测试环节,通过专门的技术来提供传感器的激励信号,如毫米回波模拟、基于摄像头视角的交通画面等。

(2)传感器原始信号级仿真:跳过传感器部分前端模块,直接将模拟的前端模块数据流传送给下一级处理单元,如摄像头视频注入。

(3)传感器目标信息级仿真:将传感器识别的目标物列表通过相关的通信协议传输给自动驾驶 ECU。

(4)传感器最终目标列表仿真:将 ECU 中目标信号融合的结果直接输入给自动驾驶 ECU 的决策层。

HIL 测试的主要特点如下。

(1)测试场景的复杂化与多样化。需要根据控制器的功能定义、标准法规、自然驾驶数据、交通事故数据等信息,确保 HIL 测试的全面性、覆盖性,尤其是能对极限工况、危险工况的测试。

(2)测试系统的实时性。智能汽车 HIL 测试环节较多,且通常涉及多个 ECU 协同控制或需要创建多种软件集成环境,因此需要测试系统有足够的实时性,才能精准还原测试场景,激励被测系统。

(3)测试的高效性。智能汽车 HIL 测试需要使用很多测试用例与软件反复迭代,因此 HIL 测试应是基于场景数据库全自动化进行,以保证测试效率。

四、车辆在环测试

车辆在环(Vehicle in the Loop,VIL)测试是指将自动驾驶系统集成到真实车辆中,同时通过实时仿真设备及仿真软件模拟道路、交通场景以及传感器信息,构成整套测试系统的方法,可以为实车测试提供较为真实的参考数据。VIL 原理如图 10-6 所示。

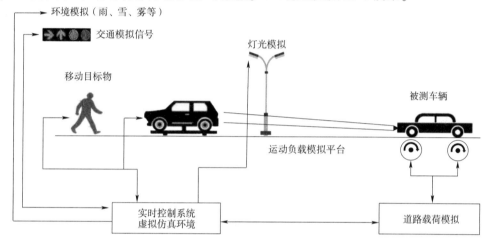

图 10-6 车辆在环测试原理图

车辆在环系统的主要构成如下:

(1)以车辆纵向或横向耦合运动平台为核心,通过集成设计车辆纵向/横向负载模拟及车轮转向运动负载模拟等结构,建立智能汽车在环运动负载模拟平台。

(2)同步协同控制多个交通参与目标物相对位移速度,实现动态交通流的快速重构。

(3)通过连续调节环境灯光亮度,同时叠加雨、雪、雾等环境要素,形成智能汽车整车、动态交通流、气候电磁环境全工况重构的测试系统平台,实现对整车复杂动态全工况场景测试。

作为自动驾驶测试技术发展的新产物,VIL 测试填补了 SIL 测试、HIL 测试与实车测试之间的空白,既解决了 SIL 测试和 HIL 测试缺少足够真实性的问题,同时又解决了实车测试存在的测试效率低、危险工况少、受自然环境影响等难题。其主要优势如下:

(1)将部分道路测试工作转移至室内进行,具备 24h 连续测试条件,增加了有效测试验证时间。

(2)系统平台通过实时多目标协同控制算法,同时控制多个目标车和目标行人模拟物的运动轨迹,通过目标物的不同初始位置参数、运动轨迹参数等的组合,为测试车辆提供大量复杂危险的测试工况,实现对自动驾驶功能的深度检测。

(3)可以完成感知系统单一传感器性能测试、多传感器感知融合性能开发测试、复杂交通场景下的决策控制算法开发训练测试评价、环境要素影响测试、预期功能安全测试等不同类别的测试。

五、驾驶人在环测试

驾驶人是智能汽车的最终用户,因此驾驶人主观评价是测试中的重要环节。驾驶人在环(Driver in the Loop,DIL)测试是将驾驶人引入汽车测试环节,在原理样车还未开发出来之前,利用参数化或硬件在环技术,对车辆的相关性能进行测试评价,保证前期设计的正确性,测试的充分性,从而缩短整车开发的周期,节省开发成本。DIL测试原理如图10-7所示。

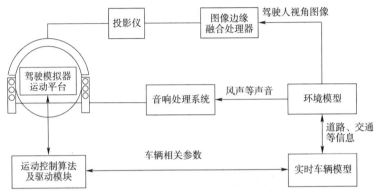

图10-7 驾驶人在环测试原理图

DIL测试可以用于开展以下几个方面的测试评价。

(1)自动驾驶功能与性能测试。

配合场景模型及硬件在环设备,在产品设计阶段对自动驾驶的功能与性能进行模拟真实道路场景的测试,并且驾驶人可以对测试过程中所表现出来的性能进行主观评价。

(2)人机切换策略测试。

在人机共驾过程中,通过对切换时间、舒适性、安全性等的评价,来评估人机共驾策略的合理性。

(3)人机交互界面(Human Machine Interface,HMI)系统设计。

在概念设计初期从声音、图像等方面对人机交互界面进行主观评价,尽早发现设计中的缺陷并完善,从而提高设计质量和效率。

(4)驾驶人行为分析。

通过给驾驶人穿戴相关的传感设备,可以在不同自动驾驶场景下对驾驶人行为进行分析,如疲劳度、注意力、压力等。

(5)耐久性测试。

通过建立虚拟道路、交通、天气等场景,可以对自动驾驶系统进行模拟真实道路的耐久性测试。

六、自动驾驶仿真测试平台

前面介绍了MIL、SIL、HIL、VIL和DIL测试系统的基本工作原理,虽然其各自测试内容不同,但都会使用仿真软件或平台。在此简要介绍自动驾驶仿真测试平台。

1. 自动驾驶仿真测试平台简介

仿真测试平台可为机动车与其他交通参与者在虚拟交通场景中进行驾驶测试提供软、

硬件支撑,实现复杂与极端交通场景测试。其可由一种或多种仿真工具组成,仿真测试平台内各种工具的联合仿真流程如图10-8所示。

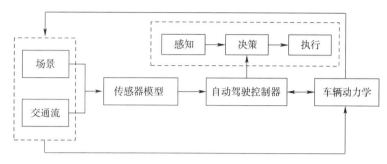

图10-8 仿真测试平台内各种工具的联合仿真流程

图10-8中所述的仿真工具可以分为以下五种。

(1)场景仿真工具。场景仿真工具可以从现实道路中抓取动态与静态要素模拟真实场景,或建立一些现实世界中难以复现的极端路况场景,为仿真测试提供底层模板。

(2)交通流仿真工具。交通流仿真工具可以模拟车辆在模拟场景中,与其他交通参与者或交通对象的动态或静态状况,可以为仿真测试提供交互式体验。

(3)传感器仿真工具。传感器仿真工具可以模拟各类车载传感器(毫米波雷达、激光雷达等)在目标场景中的运行状况与图像生成,实现多波段、多材质传感器仿真。

(4)车辆动力学仿真工具。车辆动力学仿真工具现已十分成熟,可以将车辆动态要素(航向角、倾角、速度等)实现图形可视化,进行结果模拟与条件修改。

(5)HIL仿真工具。硬件在环仿真工具通过I/O接口将运行仿真模型的实时处理器与被测对象相连接,来验证系统功能是否与需求定义一致。

2. 场景仿真软件

Prescan是由Tass International公司研发的一款ADAS测试仿真软件,现由德国西门子公司发售。软件设有GUI定义场景的预处理和用于执行场景的运行环境。用户可从GUI界面调用MATLAB,用于创建和测试算法。平台交互式体验更好,GUI界面预留了与车辆动力学软件(如CarSim)、控制算法软件(如Simulink)和HIL硬件(如NI、dSPACE和ETAS)的接口。Prescan仿真流程分别以下四个步骤:

(1)场景搭建。如图10-9所示,用户可以通过GUI界面使用道路分段、交通标志、植物和建筑物组件库,可使用机动车、非机动车、行人等交通参与者数据库添加所需元素,并可对元素路线轨迹进行设定,可修改天气、光源,使场景更加真实。2020版Prescan支持导入OpenDrive 0.9版本,可对标准和特定真实场景进行修改。

(2)传感器设置。用户可根据需要添加真值传感器、理想传感器、单双目相机、激光雷达、毫米波雷达等,并对传感器广角、偏移量等数值进行修改。

(3)控制系统连接。用户可通过与Simulink或Carsim联合仿真添加目标车的动力模型和控制模型,也可以与HIL硬件控制系统连接,对被测对象完成闭环仿真测试。

(4)仿真运行。如图10-10所示,Prescan提供内置3D可视化查看器和渲染效果,用户可通过不同角度甚至自定义角度进行观看。如有需要,也可以通过LabView和ControlDesk自动运行实验场景。

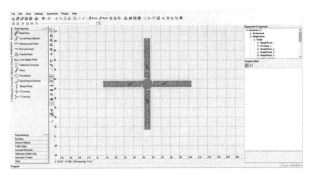

图 10-9　Prescan 软件场景建模

图 10-10　Prescan 仿真运行效果

3. 交通流仿真软件

VISSIM 是德国 PTV 公司推出的一款微观交通流仿真软件。用户可在软件内自由构建各种复杂场景，并能在一个交通场景中模拟包括机动车、轨道交通和郊区交通设施给出专业规划和评价，也可模拟特殊场景对交通状况的影响。如图 10-11 所示，VISSIM 可仿真微观单车及多车行为，用户可通过三维可视化引擎对交通流成员进行细节分析。VISSM 也为自动驾驶算法提供接口，将自动驾驶仿真带入交通流场景中。

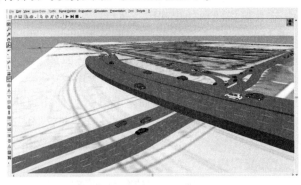

图 10-11　VISSIM 仿真运行效果

4. 传感器仿真工具

美国 RightHook 公司能够为用户提供一整套传感器仿真工具链，包括 RightWorld、RightWorldHD、RightWorldHIL 等，通常支持 NVIDIA DriveWorks、LCM（LCD Module）和 ROS（Robot Operating System）接口。传感器模型包括 LDR（Low Dynamic Range）和 HDR（High-Dynamic Range）分辨率摄像机、参数化直接机械扫描、闪存和固态激光雷达、数据驱动的短距和长距毫米波雷达、任意精度的 IMU 和 GNSS 及可自定义参数配置的理想传感器等，能够满足用户对于传感器仿真的多元化需求。

5. 车辆动力学仿真软件

第八章介绍的 CarSim 车辆动力学仿真软件的 RealTime 版本可以用于 HIL 测试仿真中，对被测对象进行实时验证测试。随着 ADAS 的发展，CarSim 与时俱进地加入了传感器单元对周边路况进行探测，也可构建参数化的 3D 道路模型，如图 10-12 所示。

图 10-12　CarSim 仿真运行效果

6. 硬件在环仿真平台

dSPACE 是由德国 dSPACE 公司开发的一套基于 MATLAB/Simulink 的控制系统开发及半实物仿真的车辆控制软硬件开发平台。在其硬件在环仿真中，模拟器能够模拟 ECU 作用的虚拟环境。首先，ECU 的输入和输出连接到模拟器的输入和输出。其次，模拟器执行 ECU 工作环境的实时模型，可以包括来自 dSPACE 的汽车仿真模型或来自其他厂商的模型。这种方式可以在产品原型还没有生产出来之前提供一种测试方案，即在一个安全的环境中对新功能进行重复性测试。

第四节　封闭试验场地测试

智能汽车道路测试是其走向量产和商用的必由之路，作为公共道路测试之前的关键一环，封闭试验场地测试能保证智能汽车在进入公共道路测试时具备足够的安全性。封闭试验场地测试是在自动驾驶封闭测试场进行，测试期间禁止无关车辆和人员等进入测试场地，确保测试的安全性。公共道路测试也称为开放道路测试，通常是在指定的示范测试区进行。示范测试区本身就是公共道路，允许其他车辆和行人使用，更接近智能汽车实用场景。和普通道路不同的是，示范区公共道路上会安装用于智能汽车测试所需的测试设备。示范测试区和自动驾驶封闭测试场通常靠近建设，以方便测试。智能汽车必须在封闭道路测试通过并获得测试牌照才能在公共道路测试。

一、自动驾驶封闭测试场

由于目前智能汽车技术尚未发展成熟，基于封闭场地构建各种实际道路场景对智能汽车进行试验验证，是提升其技术水平、功能稳定性、安全性的重要途径。封闭场地测试有如下特点：

(1) 封闭测试场可为智能汽车提供接近真实交通场景的试验环境，相关企业可以在风险可控的条件下发现智能汽车存在的技术问题，确定车辆实际可靠运行的道路环境条件。

(2) 封闭测试场可提供多种道路突发状况集中发生的测试场景，对于测试主体来讲，测试场仅有的几公里的测试效率相当于真实道路中上百甚至上千公里的测试经历。

（3）封闭测试可以帮助测试主体复现在道路测试中遭遇的偶然场景，满足定制化需求，更有针对性地提供测试场景，加快技术试验验证的效率。

（4）封闭测试能帮助测试人员熟悉智能汽车的操作习惯，并充分了解紧急情况下的应对方法，以提升公共道路测试的安全性和可控性。

（5）封闭测试场占地面积大、投入多，但便于集中管理。

正因为自动驾驶封闭测试场具有上述特点，目前全球范围内正加速布局测试场的建设。

1. 国外自动驾驶封闭测试场

2015 年，美国密歇根大学和密歇根州交通部共同出资建设的 M-City 是世界第 1 个专用智能汽车封闭测试场，并于当年 7 月投入使用。试验场如图 10-13 所示，其占地面积为 12.9 万 m^2。M-City 拥有高速实验区和用于模拟市区与近郊的低速实验区域，车道总长约 5mi（大约 8km），最长直线道路大约 400m。其主要特点是道路无固定标线，可随时更改车道布置，多种交通元素可以移动，交通标志可以随时更换。

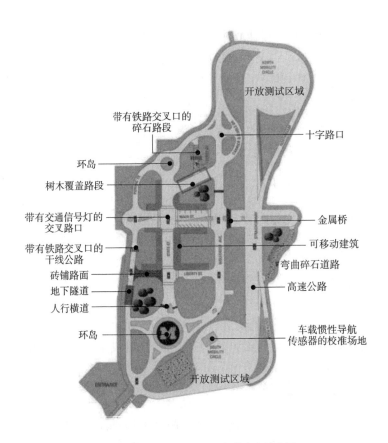

图 10-13　美国 M-City 智能汽车试验场

自动驾驶测试场项目在美国得到了广泛的关注。美国从联邦政府层面准许智能汽车制造商申请开展道路测试，《自动驾驶汽车政策指南》中指出，申请道路测试前需要完成包括从系统功能、适用范围、目标响应、系统安全等多方面的评估，这也带来自动驾驶封闭场地测试的需求，美国各州根据产业发展需求展开了自动驾驶测试场的建设热潮。

2016年11月,美国交通部公布"自动驾驶试验场试点计划",并于2017年1月确立了10家自动驾驶试点试验场地,分别位于美国的东北部、东部、东南部、北部、中西部、南部、西部、西南部的9个州。各个试验场具有差异化的气候条件和地貌特征,比如位于密歇根州的美国移动中心能够提供冰雪天气的测试环境,位于加州的 Go Mentum Station 具有丰富的丘陵、斜坡等地貌场景,能够使智能汽车在更加丰富的条件下开展测试。

其他国家也开展了这方面工作。英国建有 Mira City Circuit 测试场,该测试场占地4560亩,内部共有24条环路,全长超过95km,测试场分为9个区域,可分别用于传统车辆测试以及智能汽车的测试。日本2017年开放 J-town 智能汽车测试场。韩国于2018年开放一个约36万 m^2 的测试场 K-City 供智能汽车进行性能测试。瑞典在位于瑞典哥德堡附近建设 Asta Zero 测试场。

2. 国内自动驾驶封闭测试场

随着工信部构建的"基于宽带移动互联网的智能汽车与智慧交通应用示范"项目的推动,我国积极推进智能汽车测试示范区的建设,已经形成了包括北京、河北、上海、重庆、浙江、吉林、湖北、江苏在内的众多车联网示范区,提供包括车路协同、先进辅助驾驶、自动驾驶、交通大数据等新技术与新产品实验验证、测试评估、封闭测试、应用示范等方面工作。

(1) 国家智能网联汽车(上海)试点示范区封闭道路测试区。

国家智能网联汽车(上海)试点示范区是由工信部2015年6月批准的国内首个国家级智能网联汽车示范区。上海示范区的封闭测试区在2016年6月正式开园,建设面积为2平方公里。

在测试场景方面,该测试场模拟了高速、城市和乡村道路场景,具有隧道、林荫道、加油/充电站、地下停车场、十字路口、丁字路口、圆形环岛等模拟交通场景,可以提供50种场景的测试验证。在基础设施方面,该测试场可用于测试的道路长3.6km,建设了1个 GPS 差分基站、2座 LTE-V 通信基站、16套 DSRC 和4套 LTE-V 路侧单元、6个智能交通信号灯和40个各类摄像头,园区内道路实现了北斗系统的厘米级定位和 Wi-Fi 的全覆盖。辅助测试设备方面,该测试场提供了可移动的假人、背景车辆、驾驶机器人、自行车等,帮助智能汽车验证如碰撞预警、紧急制动等驾驶辅助及自动驾驶功能。

(2) 重庆车检院自动驾驶测试应用示范基地。

重庆车检院围绕智能网联汽车技术打造自动驾驶测试应用示范基地,于2018年获得"交通运输部自动驾驶封闭场地测试基地(重庆)"授权资质,其封闭测试区位于高新区,占地约500亩,如图10-14所示。

封闭测试区内共建设了48种以道路为基础的自动驾驶与车路协同测试应用场景,包含安全类、效率类、服务类、通信能力类、车辆性能类、驾驶行为类、异常处理能力类、退出机制类以及操作类。典型测试场景包括服务区、隧道、应急避险车道、学校区域以及公交车站等。这些场景可通过组合派生出更多的实用性场景,以满足个性化的测试需求。在测试设备方面,重庆车检院购置了国际先进、使用范围广泛的成套自动驾驶测试设备,包括英国的驾驶机器人、英国牛津的组合惯导系统等测试设备。

3. 长安大学自动驾驶封闭测试场

长安大学自动驾驶封闭实验场是在学校原有汽车综合性能试验场的基础上通过电子化、信息化和智能化改造完成的,2018年获得"交通运输部自动驾驶封闭场地测试基地(西安)"授权资质。该封闭测试场总共占地28万 m^2,建有2.4km 的汽车高速环形跑道、2.6km

的城市道路模拟、1.1km 的直线试车道、1.3 万 m^2 的操纵稳定性试验广场,还建有汽车驾驶适应性训练场、F3 车道、五种可靠性强化典型试验道路、三种低附着系数组合路面等专用车辆试验道路实施,如图 10-15 所示。

图 10-14 重庆车检院自动驾驶测试应用示范基地

图 10-15 长安大学自动驾驶封闭测试场

1) 现有设备

长安大学自动驾驶封闭测试场现有设备见表 10-1。

长安大学自动驾驶封闭测试场现有设备　　　　　表 10-1

设 备		配 置	图 示
主体	车辆、行人、非机动车	共 9 辆汽车(1 辆电动车),其中 4 辆无人驾驶车辆,其余为普通车辆。 无人驾驶汽车车载设备包括激光雷达、惯导 + GPS、微波雷达	

续上表

设　　备		配　　置	图　　示
交叉口	环岛交叉口	智能交通信号系统,通信系统(星云互联LTE-V,新岸线EUHT),中控机柜	
	小交叉口	智能交通信号系统,通信系统中控机柜	
龙门架		数据采集设备[地感线圈、摄像头、路基微波雷达(测距半径500m)],测速设备,监控摄像头,LED屏(实时显示车辆运动信息),信号机,V2X通信设备	
V2X通信系统		5G设备1套、专用短程通信DSRC设备9套、4G-LTE设备1套、EUHT设备(5个基站)、LTE-V设备3套、Wi-Fi设备(80个节点)	
视频监测系统		无线视频监控系统一套,布设于四处龙门架	
控制机柜		具备除5G设备外的试验场所有路侧设备控制、数据集中分析处理等功能	

2) 实验场现有测控系统

(1) 路侧系统。目前建成的路侧系统包括高精度定位系统、龙门架、地感线圈、ETC系统、RFID系统、交叉口信号控制系统、视频监控系统以及光纤网络等。

(2) 视频监控系统。建有无线视频监控系统一套,布设于四处龙门架。有线视频监控实现全场全覆盖。

(3) V2X通信系统。建成了LTE-V、4G-LTE、DSRC、Wi-Fi和EUHT等多种通信网络并存的多模式车联网异构网络。

(4) 建成了针对自动驾驶车辆的压缩场景专用测试车道和测试数据监控中心。

3) 实验场已开展的测试项目

(1) 极端条件下车辆操纵稳定性测试。针对普通汽车、智能汽车、自动驾驶汽车的操纵稳定性测试,试验场通过模拟各种极端条件的路面,包括比利时路、长波路、卵石路、涉水路、高速环道等,可实现车辆的高速行驶稳定性、不平路面直线行驶能力、制动表现等性能测试,现场测试如图 10-16 所示。

图 10-16　极端条件下车辆操纵稳定性现场测试图

(2) 基于车联网异构网络的自动驾驶测试。针对基于车联网异构网络的自动驾驶测试,实验场可实现多种通信方式下的自动驾驶性能测试以及基于多模式车联网异构网络的自动驾驶性能测试。部分现场测试如图 10-17 所示。

图 10-17　网联汽车和无人驾驶应用场景部分现场测试

(3) 车路协同式自动驾驶测试。针对车路协同式自动驾驶测试,实验场承接了来自华为、大唐、东软、金溢等企业的车联网测试任务,主要测试项目包括车联网组网测试、车载终端性能测试、智能交通应用测试、汽车电子产品认证测试等。部分现场测试如图 10-18 所示。

图 10-18　车路协同式自动驾驶部分现场测试

二、自动驾驶功能测试项目

2018 年 8 月，中国智能网联汽车产业创新联盟、全国汽车标准化技术委员会智能网联汽车分技术委员会发布《智能网联汽车自动驾驶功能测试规程》，提出了各检测项目对应的测试场景、测试规程及通过条件，提出了 34 个具体场景，见表 10-2，其中带有 * 为选测项目。2021 年 7 月，工信部、公安部、交通运输部联合发布《智能网联汽车道路测试与示范应用管理规范(试行)》，提出 8 项自动驾驶功能通用检测项目。

智能网联汽车自动驾驶功能检测项目及测试场景　　　　表 10-2

序号	检测项目	测试场景
1	交通标志和标线的识别及响应	限速标志识别及响应
		停车让行标志标线识别及响应
		车道线识别及响应
		人行横道线识别及响应
2	交通信号灯的识别及响应*	机动车信号灯识别及响应
		方向指示信号灯识别及响应
3	前方车辆(含对向车辆)行驶状态的识别及响应	车辆驶入识别及响应
		对向车辆借道本车车道行驶识别及响应
4	障碍物的识别及响应	障碍物测试
		误作用测试
5	行人和非机动车的识别及响应*	行人横穿马路
		行人沿道路行走
		两轮车横穿马路
		两轮车沿道路骑行
6	跟车行驶(包括停车和起步)	稳定跟车行驶
		停-走功能

续上表

序号	检测项目	测试场景
7	靠路边停车	靠路边应急停车
		最右车道内靠边停车
8	超车	超车
9	并道行驶	邻近车道无车并道
		邻近车道有车并道
		前方车道减少
10	交叉路口通行*	直行车辆冲突通行
		右转车辆冲突通行
		左转车辆冲突通行
11	环形路口通行*	环形路口通行
12	自动紧急制动	前车静止
		前车制动
		行人横穿
13	人工操作接管	人工操作接管
14	联网通信*	长直路段车车通信
		长直路段车路通信
		十字交叉口车车通信
		编队行驶测试

三、自动驾驶功能测试规程

规程是指为进行操作或执行某种制度而作的具体规定,而智能网联汽车自动驾驶功能测试规程规定了智能网联汽车自动驾驶功能检测项目的测试场景、测试方法及通过标准。下面以《智能网联汽车自动驾驶功能测试规程》中交通标志和标线的识别及响应为例介绍该测试规程。

1. 交通标志和标线的识别及响应

此项测试旨在测试自动驾驶系统对交通标志和标线的识别和响应,评价测试车辆遵守交通法规的能力,包括限速标志、停车让行标志标线、车道线和人行横道线四类标志标线场景的测试。第三方检测机构可根据实际测试路段情况增加其他禁令/禁止、警告和指示类标志和标线的测试。

2. 限速标志识别及响应

(1)测试场景。测试道路为至少包含一条车道的长直道,并于该路段设置限速标志牌,测试车辆以高于限速标志牌的车速驶向该标志牌,如图10-19所示。

(2)测试方法。测试车辆在自动驾驶模式下,在距离限速标志100m前达到限速标志所示速度的1.2倍,并匀速沿车道中间驶向限速标志。

(3)要求。测试车辆到达限速标志时,车速应不高于限速标志所示速度。

3. 停车让行标志标线识别及响应

(1)测试场景。测试道路为至少包含一条车道的长直道,并于该路段设置停车让行标志牌和停车让行线,测试车辆匀速驶向停车让行线。如图 10-20 所示。

图 10-19 限速标志识别及响应测试场景示意图　　图 10-20 停车让行标志标线识别及响应测试场景示意图

(2)测试方法。测试车辆在自动驾驶模式下,在距离停车让行线 100m 前达到 30km/h 的车速,并匀速沿车道中间驶向停车让行线。测试中,停车让行线前无车辆、行人等。

(3)要求。测试车辆应在停车让行线前停车;测试车辆的停止时间应不超过 3s。

4.车道线识别及响应

(1)测试场景。测试道路为一条长直道和半径不大于 500m 弯道的组合,弯道长度应大于 100m,两侧车道线应为白色虚线或实线。如图 10-21 所示。

(2)测试方法。测试车辆在自动驾驶模式下,在进入弯道 100m 前达到 30km/h 的车速并匀速沿车道中间行驶;如果最高自动驾驶速度 V_{max} 高于 60km/h,则测试速度设置为 60km/h。

(3)要求。测试车辆应始终保持在测试车道线内行驶,方向控制准确,不偏离正确行驶方向;测试车辆的车轮不得碰轧车道边线内侧;测试车辆应平顺地驶入弯道,无明显晃动。

5.人行横道线识别及响应

(1)测试场景。测试道路为至少包含一条车道的长直道,并在路段内设置人行横道线,测试车辆沿测试道路驶向人行横道线,如图 10-22 所示。

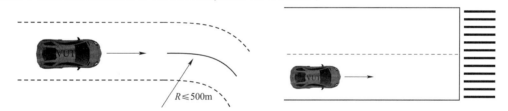

图 10-21 车道线识别及响应测试场景示意图　　图 10-22 人行横道线识别及响应测试场景示意图

(2)测试方法。测试车辆在自动驾驶模式下,在距离停止线 100m 前达到 40km/h 的车速,并匀速沿车道中间驶向停止线。测试中,人行横道线上无行人、非机动车等。

(3)要求。测试车辆应能减速慢行通过人行横道线;测试车辆允许短时间停于停止线前方,但停止时间不能超过 3s。

本章小结

本章首先介绍了测评的目的和种类,介绍了智能汽车测试的分类,明确了测试场景的定义,并对测试场景的要素组成以及数据来源做了详细的说明。在此基础上,重点介绍了实验室测试和封闭实验场测试。实验室测试包括 MIL、SIL、HIL、VIL、DIL 等,它们都含有虚拟仿真的内容,更加突显测试场景设计和构建的重要性。封闭实验场测试重点以长安大学自动驾驶封闭实验场为典型案例,介绍其结构、常用设备、测试项目和测试规程。

参 考 文 献

[1] 赵祥模,史昕,惠飞.网联车辆协同感知与智能决策[M].北京:科学出版社,2020.
[2] 王建,徐国艳,陈竞凯,等.自动驾驶技术概论[M].北京:清华大学出版社,2019.
[3] 杨世春,肖赟,夏黎明,等.自动驾驶汽车平台技术基础[M].北京:清华大学出版社,2019.
[4] 甄先通,黄坚,王亮,等.自动驾驶汽车环境感知[M].北京:清华大学出版社,2019.
[5] 李晓欢,杨晴虹,宋适宇.自动驾驶汽车定位技术[M].北京:清华大学出版社,2019.
[6] 杨世春,曹耀光,陶吉,等.自动驾驶汽车决策与控制[M].北京:清华大学出版社,2020.
[7] 余贵珍,周彬,王阳.自动驾驶系统设计及应用[M].北京:清华大学出版社,2019.
[8] 赵祥模,刘占文,沈超.面向智能网联的视觉目标多层次感知及应用[M].西安:西安电子科技大学出版社,2020.
[9] 崔胜民.智能网联汽车新技术[M].北京:化学工业出版社,2016.
[10] 崔胜民.智能网联汽车概论[M].北京:人民邮电出版社,2019.
[11] 崔胜民.一本书读懂智能网联汽车[M].北京:化学工业出版社,2019.
[12] 刘少山,唐洁,吴双,等.第一本无人驾驶技术书[M].北京:电子工业出版社,2017.
[13] 李妙然,邹德伟.智能网联汽车技术概论[M].北京:机械工业出版社,2019.
[14] 宋传增.智能网联汽车技术概论[M].北京:机械工业出版社,2020.
[15] 林小峰,宋绍剑,宋春宁.基于自适应动态规划的智能优化控制[M].北京:科学出版社,2020.
[16] 德梅萃·博赛卡斯.强化学习与最优控制(英文版)[M].北京:清华大学出版社,2013.
[17] 熊光明.无人驾驶车辆智能行为及其测试与评价[M].北京:北京理工大学出版社,2015.
[18] 中国电子信息产业发展研究院.智能网联汽车测试与评价技术[M].北京:人民邮电出版社,2017.
[19] 孙慧芝,张潇月.智能网联汽车概论[M].北京:机械工业出版社,2019.
[20] 陈刚,殷国栋,王良模.自动驾驶概论[M].北京:机械工业出版社,2019.
[21] 冯屹,王兆.自动驾驶测试场景技术发展与应用[M].北京:机械工业出版社,2020.
[22] 刘宴兵,常光辉,李曦.车联网安全关键技术解析[M].北京:科学出版社,2019.
[23] 王泉.从车联网到自动驾驶汽车交通网联化、智能化之路[M].北京:人民邮电出版社,2018.
[24] 王平.车联网权威指南:标准、技术及应用[M].北京:机械工业出版社,2018.
[25] 田大新,王云鹏,鹿应荣.车联网系统[M].北京:机械工业出版社,2015.
[26] 张玫,邱钊鹏,诸刚.机器人技术[M].北京:机械工业出版社,2016.
[27] 黄鹤,郭璐,周熙炜.图像处理与机器视觉[M].北京:人民交通出版社股份有限公司,2018.
[28] 施特格.机器视觉算法与应用[M].北京:清华大学出版社,2008.

[29] 余志生.汽车理论[M].5版.北京:机械工业出版社,2009.

[30] Taxonomy and Definitions for Terms Related to Driving Automation Systems for On-Road Motor Vehicles:SAE J3016[S].2018.

[31] 全国汽车标准化技术委员会.汽车驾驶自动化分级:GB/T 40429—2021[S].北京:中国标准出版社,2021.

[32] 李克强,戴一凡,李升波,等.智能网联汽车(ICV)技术的发展现状及趋势[J].汽车安全与节能学报,2017,8(1):1-14.

[33] 冉斌,谭华春,张健,等.智能网联交通技术发展现状及趋势[J].汽车安全与节能学报,2018,9(2):119-130.

[34] 亿欧智库.2017年中国自动驾驶产业研究报告[DB].2018.

[35] 何佳,戎辉,王文扬,等.百度谷歌无人驾驶汽车发展综述[J].汽车电器,2017(12):19-21.

[36] 申杨柳,朱一方.日本自动驾驶汽车管理体系研究及对我国的启示[J].汽车与配件,2019(22):62-63.

[37] 孙朋朋,赵祥模,徐志刚,等.基于3D激光雷达城市道路边界鲁棒检测算法[J].浙江大学学报(工学版),2018,52(03):504-514.

[38] 孙朋朋,闵海根,徐志刚,等.采用延伸顶点的地面点云实时提取算法[J].计算机工程与应用,2016,52(24):6-10+36.

[39] 赵祥模,连心雨,刘占文,等.基于MM-STConv的端到端自动驾驶行为决策模型[J].中国公路学报,2020,33(03):170-183.

[40] 罗道,姚远,张金换.一种毫米波雷达和摄像头联合标定方法[J].清华大学学报(自然科学版),2014,54(03):289-293.

[41] 黄武陵.激光雷达在无人驾驶环境感知中的应用[J].单片机与嵌入式系统应用,2016,16(10):3-7.

[42] 刘振,王甦菁,李擎.一种3D激光雷达和摄像机的联合标定方法[J].现代电子技术,2019,42(18):18-21.

[43] 王飞,段建民,高德芝,等.一种雷达和摄像机的空间标定方法[J].计算机测量与控制,2012,20(02):454-456.

[44] 叶常青.车载毫米波雷达应用研究[J].电子测试,2019(13):79-80.

[45] 滕飞.智能驾驶汽车毫米波雷达应用[J].轻型汽车技术,2020(Z3):25-27.

[46] ZHANG Z. A Flexible New Technique for Camera Calibration[J]. IEEE Transactions on Pattern Analysis Machine Intelligence,2000,22.

[47] Jigang Tang, Songbin Li, Peng Liu. A review of lane detection methods based on deep learning[J]. Pattern Recognition,2021,111.

[48] 孙鹏飞,宋聚宝,张婷,等.基于视觉的车道线检测技术综述[J].时代汽车,2019(16):8-11.

[49] 朱海琴.基于机器视觉的车道线检测和交通标志识别方法研究[D].重庆:重庆理工大学,2020.

[50] Malmir S, Shalchian M. Design and FPGA Implementation of Dual-Stage Lane Detection, Based on Hough Transform and Localized Stripe Features[J]. Microprocessors and Microsystems,2018,64.

[51] 黄梓桐,阿里甫·库尔班.无人机平台下的行人与车辆目标实时检测[J].计算机工程与应用:1-8.

[52] 江浩斌,羊杰,孙军,等.适应不同距离的三维激光雷达数据处理方法[J].重庆理工大学学报(自然科学),2020,34(08):22-28.

[53] Wu J,Xu H,Zheng J. Automatic background filtering and land identification with roadside LiDAR data. In:20th International Conference on Intelligent Transportation(ITSC),2017,pp. 1-6.

[54] Wang Z J,Turko R,Shaikh O,et al. CNN Explainer:Learning Convolutional Neural Networks with Interactive Visualization[J]. 2020.

[55] Zhao J,Xu H,Liu H,et al. Detection and tracking of pedestrians and vehicles using roadside LiDAR sensors[J]. Transportation Research PartC:Emerging Technologies,2019,100(MAR.):68-87.

[56] Arcos-Garcíaálvaro,álvarez-García Juan A,Soria-Morillo L M. Evaluation of Deep Neural Networks for traffic sign detection systems[J]. Neurocomputing,2018,316(NOV. 17):332-344.

[57] 许明文,张重阳.基于显著性特征的交通信号灯检测和识别[J].计算机与数字工程,2017,45(07):1397-1401.

[58] 董波.2014款上海通用新君越加强型安全系统介绍[J].汽车维修技师,2014(01):28-34.

[59] 杨澜,马佳荣,赵祥模,等.基于车路协同的高速公路车辆碰撞预警模型[J].公路交通科技,2017,34(09):123-129.

[60] 惠飞,穆柯楠,赵祥模.基于动态概率网格和贝叶斯决策网络的车辆变道辅助驾驶决策方法[J].交通运输工程学报,2018,18(02):148-158.

[61] Wang Z,Zhao X,Chen Z,et al. A dynamic cooperative lane-changing model for connected and autonomous vehicles with possible accelerations of a preceding vehicle[J]. Expert Systems with Applications,2021,173:114675.

[62] 周文帅,李妍,王润民,等.自动紧急制动系统(AEB)测试评价方法研究进展综述[J].汽车实用技术,2020,45(18):34-40+49.

[63] Jing S,Zhao X,Hui F,et al. Cooperative CAVs optimal trajectory planning for collision avoidance and merging in the weaving section[J]. Transportmetrica B:Transport Dynamics,2021,9(1):219-236.

[64] Jing S,Hui F,Zhao X,et al. Cooperative game approach to optimal merging sequence and on-ramp merging control of connected and automated vehicles[J]. IEEE Transactions on Intelligent Transportation Systems,2019,20(11):4234-4244.

[65] Wang Z,Zhao X,Xu Z,et al. Modeling and field experiments on autonomous vehicle lane changing with surrounding human-driven vehicles[J]. Computer-Aided Civil and Infrastructure Engineering,2020.

[66] Zhao X,Jing S,Hui F,et al. DSRC-based rear-end collision warning system-An error-component safety distance model and field test[J]. Transportation research part C:emerging

technologies,2019,107:92-104.

[67] 徐亮亮,陈丽,胡红峰.载货汽车自动紧急制动系统研究[J].重型汽车,2020(04):5-6.

[68] 全国智能运输系统标准化技术委员会,全国汽车标准化技术委员会.智能运输系统 车辆前向碰撞预警系统 性能要求和测试规程:GB/T 33577—2017[S].北京:中国标准出版社,2017.

[69] 全国智能运输系统标准化技术委员会.营运车辆自动紧急制动系统性能要求和测试规程:JT/T 1242—2019[S].北京:人民交通出版社股份有限公司,2019.

[70] Wang Z,Zhao X,Xu Z. Offline mapping for autonomous vehicles with low-cost sensors[J]. Computers & Electrical Engineering,2020,82:106552.

[71] 康俊民,赵祥模,杨荻.二维激光雷达数据角点特征的提取[J].交通运输工程学报,2018,18(03):228-238.

[72] 康俊民,赵祥模,徐志刚.基于特征几何关系的无人车轨迹回环检测[J].中国公路学报,2017,30(01):121-128+135.

[73] 康俊民,赵祥模,徐志刚.无人车行驶环境特征分类方法[J].交通运输工程学报,2016,16(06):140-148.

[74] 刘经南,詹骄,郭迟,等.智能高精地图数据逻辑结构与关键技术[J].测绘学报,2019,48(08):939-953.

[75] 潘霞,张庆余,朱强.高精度地图在自动驾驶领域的作用及意义解析[J].时代汽车,2019(04):49-50-53.

[76] 李德仁,刘立坤,邵振峰.集成倾斜航空摄影测量和地面移动测量技术的城市环境监测[J].武汉大学学报:信息科学版,2015,40(4):427-435.

[77] 陈无畏,谈东奎,汪洪波,等.一类基于轨迹预测的驾驶人方向控制模型[J].机械工程学报,2016,52(014):106-115.

[78] 李立,徐志刚,赵祥模,等.智能网联汽车运动规划方法研究综述[J].中国公路学报,2019,32(6).

[79] 朱大奇,颜明重.移动机器人路径规划技术综述[J].控制与决策,2010,25(007):961-967.

[80] 张杰.移动机器人路径规划研究[D].上海:上海交通大学,2014.

[81] 王春颖,刘平,秦洪政.移动机器人的智能路径规划算法综述[J].传感器与微系统,2018(8):5-8.

[82] Zhou J,Zhao X,Cheng X,et al. Vehicle Ego-Localization Based on Streetscape Image Database Under Blind Area of Global Positioning System[J]. Journal of ShanghaiJiaotong University (Science),2019,24(1):122-129.

[83] 周经美,赵祥模,程鑫,等.结合光流法的车辆运动估计优化方法[J].哈尔滨工业大学学报,2016,48(09):65-69.

[84] 闵海根,宋晓鹏,程超轶.车联网环境下车辆协同高精度定位研究进展[J].无人系统技术,2021,4(01):8-14.

[85] 闵海根,赵祥模,徐志刚,等.基于稳健特征点的立体视觉测程法[J].上海交通大学学报,2017,51(07):870-877.

[86] 景首才,惠飞,马旭攀,等.信号强度与运动传感器融合的智能手机室内定位算法[J].

计算机应用研究,2016,33(06):1849-1852.

[87] 马旭攀,惠飞,景首才,等.一种基于蓝牙信标的室内定位系统[J].测控技术,2016,35(04):55-58+66.

[88] Zhao X,Min H,Xu Z,et al. An ISVD and SFFSD-based vehicle ego-positioning method and its application on indoor parking guidance[J]. Transportation Research Part C:Emerging Technologies,2019,108:29-48.

[89] Min H,Wu X,Cheng C,et al. Kinematic and dynamic vehicle model-assisted global positioning method for autonomous vehicles with low-cost GPS/camera/in-vehicle sensors[J]. Sensors,2019,19(24):5430.

[90] Zhao X,Min H,Xu Z,et al. Imageantiblurring and statistic filter of feature space displacement:application to visual odometry for outdoor ground vehicle[J]. Journal of Sensors,2018,2018.

[91] 周文帅,朱宇,赵祥模,等.面向高速公路车辆切入场景的自动驾驶测试用例生成方法[J].汽车技术,2021(01):11-18.

[92] 张心睿,赵祥模,王润民,等.基于封闭测试场的DSRC与LTE-V通信性能测试研究[J].汽车技术,2020(09):14-20.

[93] 赵祥模,王文威,王润民,等.智能汽车整车在环测试台转向随动系统[J].长安大学学报(自然科学版),2019,39(06):116-126.

[94] 赵祥模,承靖钧,徐志刚,等.基于整车在环仿真的自动驾驶汽车室内快速测试平台[J].中国公路学报,2019,32(06):124-136.

[95] 李骁驰,赵祥模,徐志刚,等.面向智能网联交通系统的模块化柔性试验场[J].中国公路学报,2019,32(06):137-146.

[96] Zhao X,Li X,Xu Z,et al. An optimal game approach for heterogeneous vehicular network selection with varying network performance[J]. IEEE Intelligent Transportation Systems Magazine,2019,11(3):80-92.

[97] Xu Z,Li X,Zhao X,et al. DSRC versus 4G-LTE for connected vehicle applications:A study on field experiments of vehicular communication performance[J]. Journal of Advanced Transportation,2017.

[98] 熊璐,杨兴,卓桂荣,等.无人驾驶车辆的运动控制发展现状综述[J].机械工程学报,2020,56(10):127-143.

[99] 郭景华,李克强,罗禹贡.智能车辆运动控制研究综述[J].汽车安全与节能学报,2016,7(2):151-159.

[100] 陈慧岩,陈舒平,龚建伟.智能汽车横向控制方法研究综述[J].兵工学报,2017,38(6):1203-1214.

[101] 宗长富,李刚,郑宏宇,等.线控汽车底盘控制技术研究进展及展望[J].中国公路学报,2013,26(2):160-176.